桃李成蹊

桃園文史藝術與社會研究

主編：何彩滿、魏立心
策劃：中原大學通識教育中心

主編序

　　2017 年秋天，中原大學通識教育中心以深碗課程 2+1 學分的形式推出《桃園學》課群，小班教學之外，最大的特色是帶著學生走出校園，以身體親自體驗桃園的人事物與空間。與此同時，教育部正在推動大學社會責任計畫，中原大學沒有缺席，從學校所在地的桃園出發，以《團結經濟、文化夥伴－桃園大海社區文化創生計畫》獲得教育部的支持，這樣的機緣，令我們重新審視課程、桃園社區與校方的資源，規劃並整合，朝著讓三方都能獲益的執行方向邁進。

　　走出校園雖然是學習方式的突破，但是要帶著甚麼心智能力去認識桃園這座城市呢？沒有一本「桃園學教科書」的教師們難免有點忐忑不安，所幸有關桃園的研究已經累積了一些成果，可以成為我們認識桃園的起點。2019 年由中央大學與桃園市政府文化局共同出版的《經緯桃園》所收列的研究論文，共有「方志與文獻」、「制度與社會」、「文化與實踐」、「金流、物流與人流」、「生活與美學」五個主題，用不同的角度探討這座城市，深化與實踐了關於桃園的研究方向。在各方研究先進所累積的基礎上，《桃李成蹊》這本桃園文史藝術與社會研究，文稿來源有中央大學、中原大學和地方文史工作者，真實響應了許雪姬教授對桃園學發展的期許，我們一方面匯聚能量推動桃園學的研究，另一方面透過教育，讓桃園學成為可以引導市民及學生有感的歷史研究。

　　《桃李成蹊》本書所收納的七篇文章含括「物與環境」、「人與文化」，以及「跨領域教學與社區關懷」三個主題，每篇文章內容均體現桃園這座城市變遷的特質，作者描述了桃園的「變」與「不變」之間，也在對桃園研究提出新問題或是新的思考框架。

物與環境

　　偉大的城市通常有條美麗的河川貫穿全城，例如巴黎與塞納河，倫敦與泰晤士河或紐約與哈德遜河等。生活在桃園，我們可曾認真地凝視流經桃園的河川？本書第一篇〈環境史視野下桃園水污染問題（1970-2019）〉帶領讀者直視桃園老街溪的變化。作者皮國立是老中壢人，童年記憶裡的老街溪，流放出來的卻是五顏六色的汙染泡沫，孩童時候的他如何也難以想像這老街溪曾經是父親可以游泳的一條河流。這切身的生活印象讓我們透過皮國立的書寫，認識了流經龍潭、平鎮、中壢、大園等地的老街溪的環境變遷史。一條河流承載著農業、工業以及家用等各種來源產生的廢水汙染，此外，還被傾倒著各種各樣的垃圾，環境的災難總是回到生態鏈，逼使人們仍得去面對處理。皮國立的環境史一方面揭露桃園在台灣工業發展史扮演的角色與功能，另一方面闡述桃園因承受這些經濟功能而有的環境災難。從 1980 年代直至現今，悠長的整治仍持續中，最後，文章告訴我們，老街溪的整治要能見效，必須結合科技、法令、公民自主意識與民主力量一起共同效力。

　　人的生活與文化的產生離不開物質與環境，本書第二篇，鄭政誠的〈縱橫四方：桃園市的交通設施與發展歷程〉蒐羅各種史料，詳細論述桃園跨世代，涵蓋水、陸、空的交通史研究，展現了桃園地區清領時期的水陸交通路線、日治時期的鐵公路及河港運輸，以及戰後的陸路系統與航空設施的總體交通面貌。其中，桃園國際機場名稱演變的故事也映照台灣史的變遷。

人與文化

　　在「人與文化」主題下，陳康芬的〈桃園客家行政區域與特色發展〉（第三篇）介紹台灣第一大客家城市，桃園依生活地理分為「近山客家」、「濱海客家」、「都會客家」的三種客家族聚。作者描述經濟地理、族群人文所

形成的在地特色、歷史敘述與藝文薈萃，針對桃園客家之於桃園市的都市核心形成、邊際生活風格所對應的現況發展，反思客家主體之於「近山客家」、「濱海客家」、「都會客家」地方形象與意象風格的整體規劃並呈現未來桃園「多元客庄」城市的想像。

　　為了生存，人類尋找資源移居至桃園的過程，也同時體現了桃園人的信仰與物質交互的面貌。關於人的信仰文化，鄭芳祥的〈桃園廟宇文化紀實－以六座古蹟廟宇為例〉，從桃園市六座古蹟級廟宇的介紹回溯先民開發桃園的足跡。作者賞析廟宇的建築藝術，藉由磚瓦窗櫺、匾聯彩繪、剪黏及跤趾陶敘說桃園的歷史故事。除了這六座廟宇的重要祭祀、信仰活動及文物，桃園的聖蹟亭更呈現古人的惜字文化。

跨領域教學實踐與社區關懷

　　本書第三個主題，「跨領域教學實踐與社區關懷」回應了近來關於空間與地方（space and place）和教育關聯的反思，這種扎根於地方的教學設計，有助於挖掘社區與地方更深的價值。這兩篇文章可視為這類教學實踐的回應，他們以城市的社區和空間作為思考的對象，帶領學生以身體直接參與（involve）體驗城市的空間，而在智識訓練的養成過程（intellectually）以「有距離」的方式進行思辨。

　　何彩滿除了於〈中原大學的桃園學：《桃學趣》與《桃學趣探索》的設計與發現〉分享中原大學的全人教育理念，也介紹其召集的桃園學通識課群，展示中原大學通識教育中心培育學生公民素養宗旨的實踐。何彩滿以地方學和社會參與為理論基礎，運用桃園都市的多元歷史、文化、地理和故事為教學資源，充滿熱情與好奇心地帶領桃園學師生一次次探索桃園的豐富。課程參與者藉由認識其求學與工作的「第二家鄉」，增強環境關懷思維的同時，也深化在地聯結與認同。

　　魏立心的〈聆聽桃園：聲音行走的地景描繪〉，不單單引介 Soundwalk

的理論，並將之應用在課堂教學，藉由作業設計鼓勵行動者在日常生活中，就有能力以聽覺作為觀察都市環境的媒介。學生從課堂中開發聽覺能力，並且能使用聽覺親近與感知桃園。成果展的作品顯示學生可以利用現代科技進入桃園的聲音地景，結合錄音檔和視覺描述，使桃園各區的地景描繪更加立體生動。關於桃園研究的累積，除了文史探究外，以 Soundwalk 與 listening walk 的理論應用下所編制的桃園聲音地景，更加拓展了《桃園學》累積的想像力和邊界，有關桃園的聲音文獻，更值得進一步開發。

此外，我們特別邀請社區工作者巫秀淇共襄盛舉，收錄的〈平鎮田野箚記〉成為本書壓軸，該篇文章以散文形式，描繪了構築桃園這座城市的庶民生活。巫秀淇謙遜地形容自己是「在地蹲點多年的社區工作者」，事實上他長期投入客家文化與歷史文料的收集，凡進行桃園文史踏察者，秀淇是他們諮詢的對象；從事社區總體營造者，更常來向他請益組織與社區培力等相關事宜。城市的輪廓與相貌，其實就展現在這些行動者身上，他們與社區交織成的故事才是城市魅力與動力的來源。文章裡的小紅樓，正是他用來發展平鎮社區協會的據點。秀淇提供的這篇文章由數篇短故事構成，每篇短文都鋪陳了社區工作者對於人事物最細膩的觀察，以及對桃園這地方的深情。他描述了平鎮的日常，有傳承也有人情世故的包容；他聊伯公談信仰，讓讀者可以從他的文字一窺桃園平鎮人生動過活的點滴。

展望桃園學

無論是桃園各族群的遷徙與文化發展、信仰與建築藝術、交通與水的環境史、全人教育觀點的跨領域學習體驗，或是社區工作的細膩反思，本書展現當今生活於桃園者對在地的探究與關懷。在回應有感的桃園研究方面，《桃李成蹊》的出版可以有些小小貢獻，拋磚引玉，讓更多有志能者一起來投入地方學的有感教育與研究，用聽覺、用五感來記錄桃園的地景，一面深掘桃園歷史故事、一面拓寬人們對都市的想像；實踐探索桃園豐富的多元文

化、多重發展的可能性。

　　本書的出版，是由中原大學通識教育中心與〈團結經濟、文化夥伴 - 桃園大海社區文化創生計畫 II〉共同策劃。藉著此書的出版，讓我們向長期支持中原大學通識教育的單位表達由衷謝意。首先，教育部的高等教育深耕計畫、中原大學教務處的深碗課程教學補助，以及中原大學學生學習發展中心在不同層面上的支援和協助，表示懇切謝意；其次，前學發中心主任院繼祖教授與中原大學產運處創新創業發展中心前主任李明彥教授，均熱心促成學生的學習資源與桃園在地課程活動的整合，我們銘感於心。沒有這些單位與教師一起熱情的襄助，我們無法發展有趣、有感又能結合地方知識的桃園學課群。我們更要向通識教育中心的前主任黃信二教授和現任主任閻兄宗教授的大力支持表示衷心謝忱，沒有他們的鼓勵，桃園學課群的經營難以獲得成效。本書的出版，也要謝謝三位匿名審查委員提供的寶貴意見，令各篇作者可以加以修正並豐富內文。出版本書期間，通識教育中心行政助理黃宜焄、〈團結經濟、文化夥伴－桃園大海社區文化創生計畫 II〉專案助理陳晨風居中協調，與出版社聯繫編務，感謝幫忙。儘管我們已經努力校正和增補，礙於才疏學淺，難免出現錯漏，懇請各專家與讀者惠予指正。

何彩滿　魏立心

目錄

物與環境

環境史視野下桃園水污染的問題（1970－2019）

皮國立 *

壹、前言：本文關懷與大園工業區設立之背景

　　小時候筆者住在桃園市中壢區白馬莊，出來的大馬路就是中央西路。靠西側的盡頭就是國立中央大學附屬中壢高中，往東走去則是去市區必經的道路。每當從家中走去街區看電影、逛街時，都會經過中央橋，它跨越在老街溪上。老街溪全長 36.7 公里，主要流經龍潭、平鎮、中壢、大園等地。1983年，我剛唸國小，每次經過那座橋時，都會爬到橋梁的護欄上，把三分之一的身軀懸在外面，往下俯瞰河水流動。印象中，對溪水只有「黑色」和「惡臭」兩個印象而已。我會往溪中丟擲石塊，彷彿裡面有有一隻很黑很臭又很醜的怪物，多丟一些石頭或許就可以殺死它。我常常想，掉下去的人應該不是被淹死而是被臭死的吧？父親總在後面催促：「臭水溝有什麼好看的？」據說父親小時候曾在溪中游泳，令我非常驚訝，這是當時的我是完全無法想像的。這條對我來說像謎一般的河川，與另一條在中壢的新街溪齊名。在清代所編修的地方志中常常被合稱為芝巴里溪或中壢溪，因為這兩條溪流分別流經澗仔壢（今中壢）的老街與新街而得名。此二溪皆發源自桃園台地東南側鄰近內山的霄里社域，幾乎平行地向北流經中游南桃園的澗仔壢地區，再向北經下游的大坵園地區之後入海，而許厝港正是此二溪流域範圍的出口港，但我當時並不知道它的歷史。[1]

---

*　國立中央大學歷史研究所副教授

[1]　賴澤涵總纂（2010）。續修桃園縣志・地理志。桃園：桃園縣政府，頁 187。

　　回到正題，筆者是道地的中壢人，從小在這塊土地長大，但我們卻往往忽略身邊最貼近的人、事、物，從未關心過地方的成長與問題。過去，黃宏斌曾運用公部門報告書來書寫老街溪的治理，雖具有專業的視角，頗能點出問題，但對於民眾的所見與感受，以及整體歷史溯源的部分，則略嫌不足，此乃本文可以努力之方向。[2]最新的歷史學研究趨勢，其中有一主軸就是環境史。過去人們只重視「人」的歷史，卻忽略了整個環境、地球總體的物所帶給人類和文明的影響。[3]本文希望能夠透過這樣的呼籲與關懷，分析環境（河川）與產業、人群生活之關係，並提出一些自己對於整個桃園環境史發展的觀察。本篇論文，主要運用舊報紙蒐集資料，希望能梳理整個老街溪流域的水污染歷史，一方面喚醒人們對地方環保與事務的重視，另一方面則可以解答筆者小時候的感知，而這或許也是大多數桃園人的困惑：我們中壢、甚至可以說是大桃園的「母親河」老街溪，是怎麼樣、何時開始發黑發臭的？歷來曾有哪些環保事件？又是透過怎麼樣整治與技術改善，而呈現新風貌的整個歷程。

　　所謂事出必有因，桃園地區水污染情況之嚴重，有很多歷史因素。最早可溯源至行政院於 1972 年間核准編定桃園縣大園工業用地。此規定引進工業種類以排出大量廢水汙染之工業（包括造紙、纖維染整、皮革及非爆炸性、易燃性化學工業而用地面積較大者）。1973 年 8 月，桃園縣大園鄉公所為配合大園特殊工業區開發之需要，開始接受化學、造紙、印染、染整、皮革等廠商設廠登記。大園鄉鄉長張茂松指出：「該工業區佔地 120 公頃，為我國目前唯一專門容納各種特殊工業如造紙、化學、印染等工廠之工業區。交通方便，距桃園國際機場一公里、距高速公路五公里、距桃園商港一公里，更距桃園火車站十五公里，電力、自來水及勞力充足。」據當時該鄉長說：

2　黃宏斌（2015），都會河溪整體治理－以桃園老街溪為例。工程環境會刊，第 35 期，頁 85-102。
3　威廉‧H. 麥克尼爾等著（2020）。王玉山譯。世界環境史。北京：中信出版社，序言頁 1-4。研究中國史的學者也已注意到歷史上的水污染問題，參考余新忠（2013）。清代城市水環境問題探析－兼論相關史料的解讀和運用。歷史研究，第 6 期，頁 71-85。余新忠（2013）。醫療史研究中的生態視角芻議，人文雜誌，第 10 期，頁 78-83。

「該工業區之開發,係為淨化空氣與免除水汙染等公害,凡涉有公害之工廠,均可遷至該工業區。」[4] 亦即容納重汙染工業設廠,竟對其表示歡迎。後來計畫雖一度停擺,行政院又以桃園地區工廠設立已接近飽和為由,且針對具有汙染性之工業,經濟部業已於屏東開發造紙專業工業區,並在高雄開發林園、大寮等石油化學工業區,已足敷容納該項工業需要,故對大園工業區決定暫緩開發。但民間發展需求孔急,[5] 後來不但設置第一區,甚至增闢第二區擴大規模,當時報紙指出:「臺灣的汙染工業將盡量集中到大園,預防公害繼續嚴重化。」顯見此政策對於大園乃至桃園地區的民眾,都相當不公平,臺北人不需要的重汙染工業,為什麼要桃園人來承擔?

當時臺灣省政府建設廳表示,北部地區的汙染性工業,政府並將勸告及協助業者遷移至大園,只表明說會事先對汙染工業的廢水、廢氣提供完善的處理設備。[6] 當時桃園縣政府可能是出於無奈,或是真心想要逢迎拍馬,竟說此項計劃如經行政院核定,不僅可供設在龜山、桃園、中壢等地區之化學、造紙、印染等特殊工業遷廠之用,並且尚有餘地,歡迎外縣市特殊工業遷廠或設廠。此話一出,臺北的重汙染工業,竟都躍躍欲試,要將工廠遷至此。對於環境與產業之描述,當時報導:「該區地勢平坦,在新街溪與老街溪之間,而該兩溪河川除可供給水、排水之用外,污水亦可由該兩溪下游直通台灣海峽。」最後一句話在今日看來頗不可思議,汙水排入大海是一種便利嗎?當時沒有人提出質疑,反倒是看上大園區地價便宜,故北部的工廠更希望能移入此地。[7]

一項政策總有優、缺點等不同面向,撇開環境汙染,大園工業區的設置有何好處?當時主辦規劃的建設廳第一科科長高辛揚指出:「加速工業發展為政府重要政策之一,為配合臺灣有限的土地,使其能合理有效利用,更為

4   1973.8.14。開發大園特殊工業區:受理設廠登記至二十日截止。經濟日報,第 5 版。

5   1975.11.7。大園工業區決暫緩開發。經濟日報,第 2 版。

6   1979.2.26。大園專業區第二區開發,積極籌畫中。經濟日報,第 2 版。

7   1976.12.19。大園特殊工業區公共設施今施工,已有四七家廠商購采廠地。經濟日報,第 4 版。

防止公害，集中設廠，便於管理，達到輔導工業的目標。」[8] 加以桃園市東北部為角板丘陵地，正好阻擋由宜蘭方向來襲之颱風，且地質堅實，地層為鵝卵石集結，不虞地震災害。且該區氣候溫和，雨量少，年雨量僅在 1600 公厘以下，地下水充足，掘地 10 公尺，即可見水，水質良好（筆者：在污染前，當然良好），且又有桃園農田水利會灌溉用水及池塘兩口儲水；桃園國際機場完成後，又有國際機場專用變電所可資供電，工業產品可利用桃園國際機場及高速公路向內運輸。而該鄉居民多達十五萬人，工業區提供了工作機會，男女勞工均可利用腳踏車等交通工具上下班。這是該工業區之所以能夠成立的外緣因素，[9] 也將是以下探討河川污染的源頭與縮影。

貳、難堪的各項歷史紀錄

　　大園工業區自成立到營運後未滿六年，環境污染問題已浮上檯面。1983 年，桃園觀音、蘆竹皆爆發「鎘米」事件，突顯重金屬廢水汙染農地的嚴重性。報紙揭發當時大園工業區營運已有一段時間，竟然還未興建污水集中處理廠；政府主管單位明知區內劇毒廢水橫流，卻不設法改善，坐視附近居民及環境遭受危害。這些汙水含有各種劇毒，包括鎘、鉛、鉻、鎳、銅等重金屬及大量有機汙染物的廢水，都被排入鄰近的老街溪、新街溪和沿海一帶漁場，造成嚴重而深遠的危害。經濟部工業局發現問題嚴重，利用臺灣省政府衛生處環境保護局規劃毗鄰該區的大園擴大工業區污水處理廠工程的機會，多次建議增加處理容量，將大園工業區廢水一併納入處理，卻遭省衛生處環保局拒絕。省環保局當時被攻擊，肩負管理工業污染的重任，不但平日疏於督導，這時又推諉卸責。該局所持的藉口則是「政府法令並未規定工業區內一定須設污水處理廠」，致使大園工業區廢水處理被排除在污水處理工程之

8　1978.1.21。容納臺北市污染性的工業，大園工業區初步規劃完成，百餘業者參觀，建局盼他們搬遷。聯合報，第 6 版。

9　1972.1.28。桃園大園濱海籌設特殊工業區工業用地複勘小組昨天前往實地考察。經濟日報，第 5 版。

外，把一切責任又推給區內工廠。至於工廠廢水處理成效如何？主管官員很少去檢查，廠商樂得輕鬆，當然敷衍了事。重金屬廢水污染，不但毒性烈且潛伏期長，短期內或看不出危害程度，但附近居民、動植物，乃至食用該區沿海漁獲的其他民眾，長期受其影響，難保不出問題。「鎘米」就是最好的例證。[10] 時任立法委員的黃主文建議政府，應速在桃園大園工業區內興建汙水集中處理廠，且在未建廠之前，也要拿出一套有效辦法，限制各工廠任意排除廢水。[11]

　　1985 年 5 月，桃園縣才開始全面管制水汙染，管制河川包括南崁溪、埔心溪、新街溪、老街溪、大堀溪、觀音溪、新屋溪等溪流之主流、支流，管制使用農藥及化學肥料若超過農林主管所定標準而導致汙染水體者，或在水體及其沿岸 100 公尺以內，棄置垃圾、水肥，及其他汙染物者。[12] 當時，桃園的水污染已成了不能說的秘密，臺灣省環境保護局等有關單位檢驗石門水利會灌區農田的工業汙染情形，竟發現二千多公頃遭到鎘、鉛、鋅等重金屬及氫酸鉀、硫酸等劇毒化學汙染。另外，石門水利會所有的一千四百多口池塘，至少有八百口遭受嚴重汙染，所養殖的魚貝類已無法在市場公開出售，只能在私下賣給一些不知情的消費者。報紙揭發：「其嚴重程度已被各有關單位列為『極機密』，將不對外公開。」水利會長傅國雲指出，石門水利會對於灌區一萬三千公頃農地水源規劃為，百分之四十八仰賴石門水庫給水，另百分之五十二仰賴天然雨量，而後者天然水源，主要仗賴攔截灌區內老街溪、新街溪、社子溪及茄冬溪等四條溪流水源，以及蓄留在灌區內一千四百多口保留池塘，這些水資源在當時都被嚴重汙染。四條溪流中又以老街溪水量最充沛，但遭受汙染程度也最為嚴重。除了前述大園工業區外，其實中游還有老街溪的主要汙染源——來自平鎮工業區六十七家無汙水處理設備

---

[10]　1984.6.5。大園工業區毒水橫流環境及漁場慘遭危害鎘污染斲喪生態令人膽顫心寒！集中處理廠遲不設立道理何在？。聯合報，第 2 版。

[11]　1984.6.8。大園工業區內，應建汙水集中處理廠：立委質詢促請政府維護環境品質。民生報，第 6 版。

[12]　1985.5.2。全面管制水污染，桃縣十日起實施。民生報，第 10 版。

的工廠，其次依序為無法作妥善處理的平鎮工業區汙水處理中心及沿溪兩岸十六家無汙水處理設備的大型工廠和垃圾的汙染。他分析，平鎮工業區雖設有汙水處理中心，但規定汙水排到該中心的工廠，必須在各工廠內作初級處理，使達規定水質標準才得排進該中心再作處理。由於這項規定，使得工業區內九十九家工廠中，只有卅二家肯充分配合，在設廠時規劃設置汙水處理廠。他表示，另有六十七家工廠為圖取不當利益，不肯增加投資改善初級汙水處理，導致這些工廠的廢水悉數逕行排入老街溪，成了老街溪最主要的汙染源。其次，平鎮工業區汙水處理中心所排放的第二階段廢水，曾為石門水利會多次查出未達放流標準之汙水。經向桃園縣政府反應後，該中心曾連續二次被開單告發，處以罰款。石門水利會管理師沈源輝表示，省衛生處環保局最近檢驗直接引用老街溪水灌溉的過嶺支渠一千九百多公頃及興南分渠一百多公頃農田土壤及稻作。檢驗結果顯示出這一大片農田和所產稻作，含有極嚴重的鎘、鉛、鋅等重金屬及氰化鉀、硫酸等劇毒化學劑。為因應灌區水質遭嚴重汙染，石門水利會除設法引導乾淨的石門水庫水源相調和稀釋外，並在各工作站遍設水質、水量監視站。可是，水利會雖有監視權，卻無執行權，往往測得某工廠排放劇毒汙染廢水後，再經輾轉呈報告發，經常已時隔半年，更何況罰款金額極輕微，依規定應罰五千元至一萬元之間，根本無法收到懲罰的效果。石門水利會希望有關單位不要再隱藏真相，才能確實改善水質。[13] 可見這個問題的嚴重性與層層推諉、隱瞞之情況。上文經媒體揭發後，引起輿論不小震撼，因為當時高雄也在整治河川，記者報導：「高雄市整治愛河成功，桃園縣的民眾從報紙和電視中看到「高雄人」又是遊河、又是游泳、又是釣魚摸蟹的，『真是要嫉妒死了』。」桃園人感嘆，桃園縣早已成為臺灣全省各縣市中河流最髒、最可怕的一個縣了，雖然當時臺北縣的基隆河和淡水河也又髒又臭，但跟桃園縣的相比，不過是小巫見大巫。桃園

---

[13]　1985.9.7。灌區農田汙染，列為最高機密？石門水利系統惡化情況嚴重！千餘池塘養殖魚貝，偷偷零賣，工業廢水流毒害人，罰則太輕。聯合報，第 3 版。

老街溪除了工業廢水汙染外，在流經中壢和平鎮時，還承受當地四十萬居民和大批學校、機關產生的廢汙水，河床一度還淪為公立垃圾場。[14] 而老街溪河床的垃圾星羅棋布，歷史悠久，早在 1982 年間，中壢市爆發垃圾大戰，當時清潔隊就把無處可去的垃圾往老街溪和新街溪裡面倒，[15] 簡直不堪入目，官方和民間皆可謂麻木不仁。

　　當時水汙染被稱為「公害」。1980 年代末，不僅政治上逐漸民主化，也正是環保意識開始高漲之際。桃園縣防治公害美化環境協會指出，全縣六千餘家工廠，半數以上排放廢水不符合放流水標準，建議中央政府強化環保單位功能，並嚴加取締公害源。桃園縣內龜山、中壢、大園、幼獅、平鎮等工業區共有工廠七百九十三家，未納入廢水處理者高達四百九十家，占總數六成以上，已嚴重污染各河川及取水水源，尤其南崁溪及中壢老街溪，整條河水已變成褐色，臭味薰人，根本無法取水灌溉。該協會建議中央政府，對於新設廠家要辦理工廠設立登記時，應有詳盡的「環境評估報告」，並由環保機構加以嚴密調查與審核。還要嚴厲取締公害源，從立法、修法方式提高罰款，並課以適當刑責，也建議儘速成立各縣市環保所（局）。[16] 當時仍已經指出「每當下雨的時候，工廠即趁機排放廢水」的公害防治，不過還是要靠民眾的支持與業者的共識，才會是最好的解決辦法。[17]

　　至 1988 年，問題依舊，引用老街溪溪水灌溉的桃園縣中壢、楊梅、觀音三行政區五百多公頃農地，所生產的稻穀、穀粒顏色異常，收成後未作任何檢驗，有的賣給政府或流入市面。使得多年以來，中壢地區民眾擔心吃到這些「問題米」。當時老街溪中壢段還有數以百計的各類地下工廠排放汙水，導致老街溪中魚蝦滅絕。水利會被媒體抨擊，把汙水引入過嶺支渠，灌溉廣

14　1987.3.1。桃園人嚮往仁愛河！縣內河川汙染嚴重，整治迫不及待。民生報，第 9 版。

15　1982.9.1。中壢垃圾無去處，堵住桃園縣政府，九車穢物臭氣四溢，麻煩縣長找個出路。聯合報，第 3 版。

16　1988.1.24。桃園工廠沒得「混」了：半數以上排放廢水不合標準防治公害協會建議嚴加取締。經濟日報，第 3 版。

17　1988.5.19。「廢水」入河「黑滾滾」，桃園縣民苦盼「河清」。民生報，第 23 版。

大的農田，使最多 2000 多公頃農地盡遭汙染。中壢市過嶺里里長許學繁說，重度汙染區內十幾口大池塘的魚類，十多年前便全部死光，相關單位對汙水汙染農業、種菜、水產養殖業，都視而不見，農民不敢吃自己種的米，將稻穀的一部分交給農會賣給政府，其餘統統賣給糧商，各農會也根本就沒有任何器材與技術化驗，自然無法確定這些稻穀受汙染的真相。[18] 大家都在思考，為什麼水汙染嚴重到這種程度？水汙染防治不是 1985 年就啟動了嗎？結果就爆出桃園縣衛生局負責汙染防治的第二課課長曾憲一在內的 3 名官員，因涉嫌對汙染工廠處罰時「放水」，以予處罰或重罰改輕罰的方式處理，涉及圖利廠商。[19]

參、1990 前後的改善措施

使整個臺灣環保意識抬頭相關的，是當時中央政府也開始重視各縣市河川汙染整治，時任臺灣省政府主席邱創煥（1925 年－ 2020 年）指示臺灣省政府環境保護處（以下簡稱「省環保處」）協調各縣市，選定轄區內一條河川，在 1990 年底以前務必做好汙染整治，兩年內讓「魚蝦悠游」，使民眾得以享受沿溪垂釣之樂。根據省環保處調查研究，臺灣省各縣市的河川汙染源，工業廢水佔 55%，養豬業排放的豬糞尿佔 23%，其餘為都市（家庭）廢水。環保處人士指出，都市廢水的汙染，不是很快能夠改善的。因為各市鄉鎮的汙水下水道系統建立曠日廢時、耗費龐大，即使 10 年內都不可能做好。省及縣市環保單位決定加強取締工業廢水及畜牧業廢水，此乃非做不可的工作。桃園縣當時就是選擇老街溪來做為示範河川，[20] 真可謂不可能的任務。

18　1988.8.26。老街溪水飽受汙染，用以灌溉：收成穀粒顏色異常，民眾擔心。聯合報，第 15 版。
19　1988.10.21。桃縣衛局「污染」了自己？涉嫌「放水」調查局約談三官員。聯合晚報，第 9 版。
20　1988.12.27。邱主席給各縣市兩年時間選一條河川讓魚蝦存活，都市廢水難改善，整治汙染沒把握。聯合晚報，第 4 版。

　　實際上達到了嗎？當時中央的政策在 1990 年被自己人打臉，中央環保署發布近年臺灣地區主要、次要河川汙染程度排名表，以往從未公布河川汙染排行榜，今年首度公開，用意是希望各縣市重視河川汙染問題。全臺河川汙染冠、亞軍分別是：南崁溪、老街溪。[21] 真是讓桃園人感到顏面無光，可惜當時一般民眾環保意識非常薄弱，似乎對公權力與行政效能之監督，力道不夠。當時全臺有 83 處工業區，設有污水處理廠者竟然只有 27 處。各種水汙染源中，其中工業廢水比例最重（55‧5%）其次為畜牧廢水（23‧1%）、市鎮汙水（21‧4%）。各類法條包括水汙染防治法、放流水標準、水體分類及水質標準、下水道法、自來水法等等，因分屬不同機關主管，而造成的事權不清，被加以檢討。中央則開始思考、提出未來需朝高科技低汙染工業來發展。[22] 筆者認為，這是經過十年來的慘痛教訓得到的結論，這些重汙染的產業，必須減少。同一年，環保署推展「藍波計畫」，當時署長簡又新昨天偕同多名立法委員，兵分四路，對染整、纖維、造紙等工廠排放廢水展開廢水抽查，結果跑了十三家廠商中就有九家不合格，不合格率約七成，桃園縣籍立委楊敏盛、許國泰、朱鳳芝等人亦同行。[23] 可惜藍波計畫是暫時的，臨時地抽查並無助於阻斷整個汙染源。

　　1989 年，中壢市公所欲改善河道周邊市集因欠缺適當管理，而衍生交通混亂、民生污水任意排放等問題，做了一項錯誤的決策——在老街溪覆上水泥蓋，加建成一座商城和停車場。當時，建築物橫跨中正、中山、中央西路等市中心的主要幹道，中間有六座空橋連接。從此，中壢主要市區已看不見河川。並於 1991 年動工，由縣長劉邦友（1942-1996）剪綵，而在河川上加個蓋子，其實是有一很重要的因素——阻止民眾將垃圾丟入老街溪內。[24] 當時環境教育開始被重視，桃園在地教師也開始參與，逐步重視，要將環保意

---

[21] 1989.4.20。河川烏賊排行榜揭曉，北港溪、南崁溪，分居主要次要河川汙染冠軍。民生報，第 18 版。

[22] 1990.1.3。1990 臺灣趨勢探索：環境篇（三）：水汙染像黑死病一樣蔓延，從地上到地下，從河川到湖泊。聯合晚報，第 16 版。

[23] 1990.3.23。「藍波計畫」再度出擊染整造紙廢水不合格率達七成。聯合晚報，第 7 版。

[24] 1991.1.6。中壢老街溪加蓋工程破土，可容納 800 個攤位，1200 個停車位。民生報，第 20 版。

識桼根於教育中。[25] 同年，臺灣省環保處宣佈，一直到 1996 年年底止，要執行臺灣省主要河川汙染防治五年計畫，南崁溪、老街溪、新街溪等都在列管河川內。當時省環保處說要加強處理這些河川沿岸縣市的垃圾，並推動興建主要市鄉鎮汙水下水道工程。[26] 中央環保署也重視沿海的汙染，而老街溪與南崁溪又被點名嚴重汙染，為加強沿海海域水質的監測，環保署當時決定在 1 年內建立「海域環境品質監測站綱」，包括 146 處人工監測站及 5 處自動監測站，定期監測沿海水質，以確保海域生態環境品質。[27] 而隔年的檢驗，老街溪水質檢查過關，達到水質檢測合格。[28] 可惜，兩年後經濟部水資源統一規劃委員會完成「臺灣地區水資源水質概況」報告，指出北部河川汙染長度達百分之卅七點八，汙染嚴重的有淡水河、南崁溪、老街溪、社子溪、鹽港溪。桃園臺地的地下水偏酸性，部分地區鐵、錳亦高。所以老街溪汙染依舊嚴重。[29]

　　1990 年代另外出現的創舉，就是重罰加上停工，遏止老街溪流域工廠排放廢水。其中最具指標性的案件，即為「智晟停工案」。桃園縣政府環保局官員表示，早在 1992 年底，環保署就根據民眾陳情，查證智晟的確有埋暗管排放廢水入海洋的事實，智晟後來坦承，環保局有開出一張處以六十萬罰鍰的罰單，[30] 並要求封管。但事隔兩天後，環保署督察大隊協同地方環保人員，卻又在離工廠不遠處，發現同屬智晟的一支水利渠道不明管線，正流出黑水。所不同的是這次為「暗管群」，尚有大洋公司、三義公司、義芳公司、

---

[25] 1991.7.13。海岸保育巡禮，北桃竹地區愈往北走，海水愈黑。聯合晚報，第 15 版。

[26] 1991.1.17。河川污染防治計畫已開跑，列管工廠排放廢水要當心，85 年底前，要讓 32 條河川清潔溜溜。聯合晚報，第 9 版。

[27] 1991.10.2。大林蒲：鎘、銅；南方澳、鉻；枋寮：鋅，海域重金屬高汙染，環保署出對策。民生報，第 1 版。

[28] 1992.7.23。國內河川水質汙染喊救命，環署調查現有卅條河川只有五條百分之百達成水質目標。經濟日報，第 30 版。

[29] 1994.3.14。那裡去找乾淨的河川水和水庫水。聯合報，第 6 版。

[30] 1987.8.22。行政院衛生署環境保護局升格為「行政院環境保護署」，故下文之「環保局」，皆指桃園縣政府環保局。

桃園紙廠等多家公司的河底暗管，整條水利渠道像是「陰陽海」。桃園縣政府環保局官員表示，桃園縣工廠林立，不肖業者藉暗管排放廢水的案子不勝枚舉，深藏河底的暗管非常多，可用「密密如麻」來形容。隔年，行政院環保署下達首宗工廠埋暗管排廢水被停工的處分令，桃園縣政府對於這項措施表示支持。這也是首次揭露桃園的河川汙染大問題，各河川底面暗管綿長數公里，很難追查，有時發現不明暗管後，雖會公告封管，但環保局預算有限，沒有錢完全封死，導致行政作業上的困難，如今正好有環保署這項已確立的「有暗管就停工」的行政處分原則，將來環保局也將比照模式處分，挽回桃園河川生機。[31]

在細部的計畫方面，環保署已擬妥九條以事業廢水汙染為主的河川流域汙染稽查計畫，將全面稽查流域內工廠、養豬場的空氣、水和廢棄物、毒性化學物質的汙染，希望在短期內減少一半的汙染量。這項稽查計畫優先稽查的河川流域包括（依事業廢水汙染量佔總量比率順序）：二仁溪（92‧1%）、林子溪（66‧6%）、北港溪（77‧0%）、急水溪（93‧4%）、將軍溪（93‧6%）、大漢溪、南崁溪（60‧8%）和老街溪（77‧0%）。環保官員指出，以家庭汙水為主要汙染源的河川，必須依賴汙水下水道或截流系統建立才能改善（例如淡水河系汙染整治），不是短期內能夠奏效的。一直到 2013 年，都還在苦惱中壢市的雨水下水道與家庭廢水回收系統。其中家庭廢水更是累計超過 20 年都無法解決。不得不說，其效率真可謂顢頇遲緩。[32] 甚至還發生過在即將過年的時候，居民開始居家清理，使得大量生活汙水大量排到溪中，並出現惡臭之情況。[33] 而以事業廢水為主要汙染源的河川流域，如果能管制好工業區工廠、養豬場，效果將會更顯著。[34] 環保署會一個流域一個流域邀

---

[31] 1993.2.18。埋暗管排廢水，一律處分停工：環署確立行政處分原則，下波指向八德鄉茄冬溪。經濟日報，第 9 版。

[32] 2013.6.4。老街溪汙染，疑家庭廢水惹禍。聯合報，第 B1 版。

[33] 2014.1.21。整治後……義民路老街溪畔，臭到睡不著。聯合報，第 B2 版。

[34] 1993.4.23。擬出事業廢水汙染河川元凶，環署鎖定 9 條河川張隆盛上任來首次強力稽查計畫由中港溪先做起。聯合晚報，第 4 版。

集工廠舉行座談會，說明適項稽查計畫的內容，並請工廠主動說明目前廢水處理情形，以免日後被查獲偷埋暗管、廢水處理設備不足，被加重處罰，並限期改善尚無汙水處理廠的工業區。[35] 中央環保署（當時署長為張隆盛）在發布新聞前，也已前往桃園縣大園工業區和平鎮工業區稽查廢水排放情形，前者查獲三家工廠藉雨水下水道等管線排放廢水，後者則查獲一家工廠埋設暗管。令人不解的是，這兩個工業區都設有汙水處理廠，為何還要將汙水直接排出？[36] 其實還是為了省錢，故政府只好祭出先溝通、再重罰的策略。

　　1993 年，桃園縣是臺灣地區第一個提出要做汙水下水道的縣，營建署非常重視。可儘管營建署大力推動地方政府興建汙水下水道，但是地方政府礙於主、客觀條件，進度緩慢，被戲稱為「忍者龜計畫」的汙水下水道，在臺灣地區普及率只約百分之三，而其目標是 1997 年普及率達到百分之十七。營建署表示，中壢地區汙水下水道系統也將配合老街溪及新街溪流域汙染整治計畫，初期工程為汙水處理廠，完成後再做截流設施。[37] 同年，行政院環境保護署也展開首波流域稽查行動，整合中央、省及地方稽查人員，鎖定臺北縣及桃園縣地區，包括大漢溪、老街溪、南崁溪等流域稽查。當時因鋒面過境影響，各地區河水暴漲，有不少工廠趁機排汙水入河，蒙混過關。透過部分熱心民眾主動提供訊息，協助稽查員取締汙染；也有不少工廠，以廠區也被洪流倒灌為藉口，將工廠未經處理的廢水逕流河川。環保人員指出，工廠發生事故無法順利處理廢水，得依水汙染防治法規定，在三小時內向環保單位報備，並於十日內提出詳細的報告書，若沒有報備就視同汙染，仍要告發，而且可以按日按次連續處分。[38] 其中，環保署在會同地方的流域稽查人員在桃園南崁溪、老街溪流域進行流域整治工作時，接獲民眾陳情，指稱桃

---

[35] 1993.5.17。事業廢水排河川下月全面稽查，「汙染大戶」將列為優先對象，若埋暗管偷排決重罰。聯合報，第 4 版。

[36] 1993.4.24。稽查廢水汙染選定十河流域，以工業區為首要對象，期望一年內減少一半汙染量。聯合報，第 6 版。

[37] 1993.6.6。搶在其他縣之前，桃園願做「忍者龜」，將建汙水下水道。聯合報，第 6 版。

[38] 1993.6.8。環署稽查流域，鎖定北縣桃縣。經濟日報，第 10 版。

園縣大園鄉田心仔溪及雙溪口溪附近的許厝一號橋下河流，已呈藍紅兩色「陰陽河」景觀。當場查獲屢次排放染料廢水的強盛染整公司和遠東印染公司。其工廠排放染料廢水，被依法簽請勒令停工，[39] 但即使處在關廠狀況，例如大園工業區臺灣環保工業公司（經營蝕刻廢液等廢棄物代處理業），但廠內藍色硫酸銅廢液溢流汙染十分嚴重，影響老街溪水，也被開罰 60 萬元，原負責人也被移送法辦。[40] 可見法律與公權力之介入環保議題，日趨嚴密與細緻，自此而後，汙染情況才有較為顯著之改善。再加上如經濟部次長楊世緘指出：「工業局基於工業主管機關立場，除參與各種環保政策、法令、標準之研訂外，也成立「工業汙染防治技術輔導小組」、「工業汙染防治技術服務團」積極輔導業者改善汙染問題，也輔導整治如桃園老街溪的工業廢水。」近年來已逐漸使工業廢水汙染量從原本的 82‧77% 降至 22‧9%。隨著進步科技的介入，配合法令，使得河川汙染的整治更見成效。[41]

肆、汙染物的轉型與新問題叢生

1990 年中期，報刊報導，老街溪出海口一帶，曾經是明末清初至中日甲午戰爭間北臺灣的主要港口，但卻被當時的人形容「駐足四望，只見淤沙汙染的水色與遠處工業區冒出的煙霧。」[42] 雖然工廠之廢水汙染已改善甚多，但家庭汙水的問題，仍然懸而未解，且一躍成為當時老街溪的主要汙染源。1998 年，環保署水保處處長阮國棟表示，事業（工業）廢水管制已經有了成效；但是收集處理生活污水的全國污水下水道系統建設進度緩慢，導致過往六年間生活汙水之汙染率快速增加。[43] 不過，這個時候工業廢水的問題並沒有完全解決，而且大園工業區的汙染似乎一度平息，反而是其他的污染源逐

39　1993.6.21。強盛染整被逮個正著：環署可能作出停工處分，遠東印染也遭告發。經濟日報，第 9 版。

40　1994.3.9。硫酸銅廢液溢漏工業區下水道，臺灣環保，廠關汙染在。經濟日報，第 10 版。

41　1993.10.20。工業汙染防治工作，大家一起來。經濟日報，第 16 版。

42　1996.1.30。許厝港，清代的兩岸門戶。聯合報，第 21 版。

43　1998.11.2。民生汙水，河川抹黑最大禍首。聯合晚報，第 7 版。

漸浮上檯面。例如當時鎮興里里長劉明喜就表示，平鎮市老街溪鎮興里段受到上游土地大量開發，工業區長期排放廢水，和溪旁平鎮市公所垃圾場十餘年來不斷朝溪中掉落垃圾的影響，溪中充斥汙泥和垃圾，淤積嚴重。[44] 當地民眾也擔心平鎮淨水廠將汙泥排放老街溪，但在協調後平鎮淨水廠已答應改善。[45] 不過還有偷倒問題。1999 年，桃園沿海沙灘出現大量垃圾，據了解是上游濫倒被沖刷而下。沿海三鄉（蘆竹、大園和觀音）清潔隊員要求環保單位提出改善對策。同年，《聯合報》報導桃園沿海地區常有上游漂流而下的廢棄物，包括死豬、死鴨或廢紙、塑膠袋，甚至還有大型家具匯集沿海出海口，部分大型廢棄物甚至將河川堵塞，造成當地景觀髒亂不堪。桃園縣政府環保局表示，已針對南崁溪、老街溪等河川展開假日和夜間稽查，捉到偷倒者將依水汙染防治法重罰。[46] 一位中壢市江姓居民表示，中壢市老街溪興南到洽溪段，因中、上游有垃圾場，還有很多工廠和住戶，長期排放工業和家庭廢水和垃圾汙水，老街溪溪水經常被染黑，並散發濃濃惡臭，而老街溪因欠缺管理，溪水汙染情形相當嚴重。除了工廠、民宅排放廢水外，老街溪位於偏遠地帶的河床，經常被不肖份子濫倒廢棄物，垃圾順水而下，造成汙染面不斷擴大。桃園縣政府環保局表示，老街溪被汙染情形的確非常嚴重，但因流域面積寬廣，取締有實質上的困難。改由民眾提供被傾倒垃圾的地點，環保局再派員前往蒐證找出垃圾來源，只要查獲一定重懲。[47] 有些報導的事件似乎過去都沒有被重視，現在因媒體發達，言論自由大為改進，汙染之新聞才會「層出不窮」，並非過去就沒有這些問題。中壢市芝芭里里民也表示，桃園大圳和中壢市老街溪交會處，由於地點偏遠，成為不肖分子任意傾倒垃

---

[44] 1999.9.7。老街溪築堤疏濬通樂，消除十多年來廢物，溪畔作物、住戶不再受威脅。聯合晚報，第 18 版。

[45] 1999.9.10。平鎮淨水廠，汙泥排放老街溪令人憂。聯合報，第 6 版

[46] 1999.12.7。生態浩劫，沿海沙灘滿佈垃圾研判上游濫倒漂流而下，三鄉鎮清潔隊盼環局提對策。聯合報，第 19 版。

[47] 2001.2.27。中壢老街溪畔，垃圾成堆，嚴重汙染河川，破壞環境生態，環保局追查來源將重懲。聯合報，第 23 版。

圾的地點，由於當地堆積大量廢棄物，不但桃園大圳灌溉用水有被汙染之虞，連毗鄰的老街溪都受到波及，成為汙染源。不法業者駕駛貨車滿載廢棄物，在晚間趁無人注意之際，倒了就跑。而堆積的垃圾當中，除了家庭垃圾外，還有大型家具及建築事業廢棄物等。[48]

2001 年，納莉颱風高強度降雨造成老街溪多處河堤損毀，老街溪加蓋河段處因受到河道斷面緊縮，河堤被洪水沖毀，河岸兩旁街道及住宅受到嚴重淹水，掏空老街溪沿岸 37 戶住宅地基，此事件可能促使日後政府「開蓋」之決定，也促使地方政府更加重視老街溪的各項整治。[49]

2002 年，有報導指出中壢老街溪和桃園大圳交會的興和里河床上，赫見體型碩大豬隻屍體。民眾表示經常看到疑似動物皮毛以及內臟，懷疑可能是屠宰場把宰殺豬隻的皮毛及內臟，趁黑夜無人之際，以貨車載到此地由橋上往河床傾倒，[50] 連動物屍體都有，真可謂垃圾奇觀。另一種豬隻公害是所謂的排泄物，2002 年龍潭鄉的宗霖牧場就被民眾指責十餘年來，一直將豬隻排泄物直接排入後方老街溪，長期製造汙染。時任平鎮市長的李月琴親自到現場查看後發現養豬場到處汙水橫流，環保局稽查人員當場開單告發並限期改善。但其實[51] 這些都是老問題了，只是過去太關注工業廢水，當工業廢水慢慢處理後、產業轉型後，垃圾、家庭汙水和畜牧業汙水便成了關注焦點。

此外，1990 年代後民主化逐步增強，公民自主意識逐步提高，1999 年，中壢市芝芭、三民、洽溪里民反對翌詮染整、寶復科技公司汙水排放、汙染附近農田稻作，進而向縣政府陳情。此外，三個里的里長、里民成立自救會，反對兩公司設在農業區和該公司擴大電鍍、染整營業項目，而增加汙染源。

---

[48] 2001.11.30。大圳、老街溪交會，如垃圾場，不法業者趁晚上倒了就跑，環局盼民眾提供線索。聯合報，第 18 版。

[49] 曾維德、廖學誠（2017）。桃園市老街溪流域民眾的災害識覺及調適行為之研究。中華水土保持學報 48.3，頁 145-152。

[50] 2002.2.20。老街溪河床，赫見病死豬，在桃園大圳交接處，地處偏遠，如同大垃圾場，環局促速清除。聯合報，第 18 版。

[51] 2002.4.3。養豬廢水橫流，周鄰煎熬，宗霖牧場十餘年來汙染老街溪，環局人員開罰單，要求限期改善。聯合報，第 20 版。

地方人士劉邦土代表中壢里民與市長張昌財溝通，請市公所不要核發許可，阻止兩公司開挖排水溝至老街溪，避免汙染。一旦兩公司開挖排水溝至老街溪中，自救會立即在近日內發動里民進行水泥封廠抗爭行動。[52] 後來寶復科技公司六十多名員工連大門都不得進入，使得地方政府讓步，只能暫停汙染性產業，而對居民有高度疑慮的印刷電路板則委外生產。[53] 還有平鎮和楊梅垃圾場鄰近的農田，在二期稻作收割後，都發生稻作歉收，農民認為禍首是垃圾場的汙水和塑膠袋飛進田裡，所以也不敢食用自己種的稻米，並要求公所負責。可官方認為水沒問題，但民眾皆認為有疑慮，甚至揚言申請國賠。[54] 這樣的公民自發運動與監督愈來愈多，且屢屢見諸於報刊之上。2000 年，大園鄉表面處理專業區的聯合水處理公司未取得排放許可執照卻擅自接受工廠廢水處理，汙水流向不明。當時大園鄉代會主席簡煒欽與十多名代表展開突擊檢查，對現場汙泥、廢水堆置臭氣沖天，且廠方操作流程交代不清十分氣憤，要求環保局限制操作，否則將不惜圍堵。問題是廠方先前已於 1997 年申請試辦，但至今卻仍用「試辦」為由來規避罰責，可見地方政府未能發揮監督與查核的功能，做事往往慢半拍，[55] 非得等立委、鄉民代表、村長介入協調後達成共識，該廠才能繼續運作。[56]

　　另外，過去在老街溪汙染中未曾出現的工業區、工廠，也都慢慢浮出新聞版面。例如平鎮工業區共有一百五十家工廠，也被「爆料」仍有廿餘家工廠未接汙水管，造成周圍地區汙染。而工業區工廠排放的廢水，經常出現白色泡沫，並流入老街溪當中，使得靠溪水灌溉的農田被迫取用疑似被汙染的溪水。對此，平鎮工業區服務站表示：「有關工業區工廠納管之事，工業局相當重視，在今年年初，已花費兩億兩千萬餘元擴建汙水處理廠。目前工

---

[52] 1999.9.18。反汙染，中壢三里成立自救會，市代稱兩公司如開挖水溝排汙水，將發動水泥封廠抗爭。聯合報，第 19 版。

[53] 1999.10.22。寶復科技，決暫停汙染性產業。聯合報，第 19 版。

[54] 1999.12.12。稻作歉收，農民怪罪垃圾場。聯合報，第 19 版。

[55] 1999.10.22。無照處理廢水，大園鄉代突檢。聯合報，第 19 版。

[56] 2000.3.1。大園表面處理專區抗爭已趨緩。聯合報，第 19 版。

程已經完工，每天處理汙水量可以增加五千噸。」[57]市民代表鄧仁艾表示，平鎮市鎮興里一帶老街溪流域，受到上游長年汙染，早就形同一條死溪，而汙染源來自平鎮工業區部分未納入汙水處理廠的工廠，部分工廠為了節省經費，將未處理的廢水直接排放到老街溪中，造成環境浩劫。[58]後來平鎮工業區管理中心指出，工業區排放的廢水都符合環保標準，環保局也經常檢測，帶有白色泡沫的廢水可能不是工業區內的廠商排放，而是區外廠商私接暗管把廢水引入工業區汙水處理場的放流口，企圖魚目混珠，嫁禍在工業區頭上，真可謂道高一尺、魔高一丈。不過，對於同一事件，民眾則有不同的解讀。沿岸農民則指出，這條緊鄰放流口的野溪如同「變色河」，包括紅色、黑色、咖啡色和藍色等，經常變色，顯然汙染源不少，可能是工業區內的染整廠偷偷排放廢水，也可能是工業區汙水處理場處理能量不足，造成少數廠商的廢水根本沒有通往汙水處理場就任意排放。關於這點[59]還須注意，像這樣的消息被報導出來，顯示民眾關切自身的權益和對環保問題的關心，但新聞對於這類汙染的報導，往往熱度不高，零星見報後，就消失一空。往往政府機關得過且過，廠商也利用這樣的弱點，能閃就閃，過一天是一天，這是值得注意的現象。

　　廠商「偷排」的問題可謂層出不窮，這次來到下游。報載大園鄉老街溪下游溪段遭不明物汙染，溪中魚類大量死亡，數千尾死魚翻肚漂浮水面的畫面令人怵目驚心，居民取水澆菜、洗衣，使得手、腳也長出爛瘡。居民指老街溪水已成「毒水」。但環保局調查上游並沒有發現有工廠汙染，懷疑是遭偷倒所致。大園鄉民代表游吾和指出，當時老街溪沿線居民就聞到溪水散發一股怪味，清晨即見到大批溪魚死亡浮出水面，包括有福壽魚、琵琶鼠等，連生命力極強的鯰魚、土虱也都難逃一劫，飄出陣陣惡臭，可見溪水汙染嚴重程度。一名在溪邊種菜的阿婆說，許多人至今還使用老街溪的溪水洗衣服

---

[57]　1999.12.30。平鎮工業區汙水處理場擴建完工。聯合報，第 19 版。
[58]　2000.2.25。大雨沖刷，老街溪難得潔淨。聯合報，第 B2 版。
[59]　2000.4.2。老街溪遭汙染，農民不敢灌溉。聯合報，第 B2 版。

及灌溉農田，但受到工廠日以繼夜排放汙水汙染，老街溪水已成「毒水」，
她指著長滿爛瘡、紅腫的手腳說，「這都是碰觸到溪水造成的」。環保局公
害中心表示，尚未接獲民眾報案，但已派人實地了解，經調查老街溪的上游
並無工廠排放汙染，可能是不肖業者趁夜偷倒廢水所致。[60]

　　2002 年，平鎮市著名的天然水庫伯公潭也被懷疑遭受長期汙染，水域刺
鼻味道充斥，水色五顏六色，還被發出陣陣惡臭的白泡沫覆蓋，危及下方老
街溪水質。縣議員陳萬得、平鎮市代劉邦銅、游禮龍說，伯公潭水庫位於老
街溪、大坑缺溪交會處，伯公潭長期遭上游工廠廢水汙染，大量廢水排入老
街溪、大坑缺溪，河道嚴重惡臭，溪水盡墨，實著怵目驚心。陳萬得等人接
到市民陳情趕到場查看後發現溪水表面覆上一層白色泡沫，撲鼻惡臭令人作
嘔，流水呈深色漿糊狀，明顯異於平常。而伯公潭橋下方，垃圾卡滿橋墩，
阻塞流水，可謂慘不忍睹。[61]

　　從農業發展來看，水汙染更是一項嚴重的問題。2000 年，中壢市三民里
一帶農田因老街溪和灌溉水圳被上游工廠、住宅廢水汙染，百餘公頃農田遭
殃。為了解農田被汙染情形，立委黃木添和環保署督導大隊北區阮姓技士，
及三民里里長陳文虎等人，分別到當地農田會勘。陳文虎表示，三民里十一
鄰沿高速公路旁的灌溉水圳，上游是中壢市光明里、舊明里和平鎮市接壤地
帶，成千上萬戶的家庭和工廠廢汙水，全部都排放到這條水圳，灌溉水質早
已惡化，連地下水都受到波及，目前已經無法飲用。由於此灌溉水圳流經三
民里、芝芭里、永光里等中壢主要米倉，範圍達百餘公頃，且因當地地勢較
低，無法引用桃園大圳水源，農民汲取被汙染的水源灌溉，嚴重影響稻米品
質。陳文虎坦承，他和其他農民，都不敢食用自己種植的稻米。經會商後，
決定由市公所提計畫，在上游覓地設置截流設施，先把汙水處理後再行排
放。至於溪水帶來之汙泥和垃圾田問題，若檢出證實汙染，將建議上級區段

---

[60]　2000.5.17。大園老街溪汙染，溪魚暴斃。聯合報，第 B2 版。
[61]　2002.4.22。伯公潭遭汙染，陣陣惡臭，攔河堰下方充斥白泡沫，危及老街溪水質，地方質疑工廠
　　廢水是禍首。聯合報，第 17 版。

徵收，解決農地無法耕種的問題。[62] 奇怪的是，為什麼不是檢討與管控工廠呢？這樣的會勘真的有用嗎？擬訂計畫後落實的情況如何？卻無下文。

　　工廠偷排汙水在前面已經敘述過，最慘的是還有業者偷倒，但這兩者差異在哪呢？一則陳年舊案即可看出端倪。八年多前，大園鄉埔心國小對面溝渠發現被傾倒大量有機溶劑，民眾深夜被刺鼻氣味驚醒，後經相關單位現場勘查後，發現是被人偷倒有機溶劑，現場凡被濺到的樹葉、草叢，最終都枯萎。而這件事過沒有多久後，大園鄉大同重電廠旁的排水溝，也被人以油罐車滿載有機溶劑偷倒汙染。近幾年南崁溪、老街溪、新街溪都發生過有機溶劑或廢酸鹼汙染事件。其中，大園鄉新街溪被倒入廢酸鹼是因為民眾發現行跡可疑的車輛而跟蹤，當場堵住一輛未及駛離的槽車才被發現。經報警處理後，派出所以公共危險罪法辦。這對污染駕鴦，男子曾勝豐、女子簡美珍涉嫌在承租地傾倒廢酸液及廢鐵片製作供豬食的氯化鐵、硫酸亞鐵。桃園地檢署依廢棄物清理法把二人提起公訴，並要求法官從重量刑。但這幾年來的汙染也不是只有這兩人就能成就的，這個案件可能只是冰山一角，由此更可見老街溪整治之困難與複雜。事發[63] 隔週，環保署稽查大隊北區分隊人員檢測包括南崁溪、老街溪、雙溪口溪等，分布在沿海的蘆竹和大園二鄉，三條溪在上週相繼傳出遭不肖人士偷倒廢液，後來情況如何，該新聞並未追蹤。而且稽查人員在前往大園擴大工業區汙水處理場排放口檢測時，恰好看見現場正在排放黑褐色廢水。官員們現場檢測水溫，檢測結果為攝氏三十七度，水質酸鹼值在 PH 七點六左右，接近中性，符合法定標準，這是非常奇怪的現象，符合什麼標準？民眾為何有疑慮？排出有顏色的水是「正常」的？簡直讓民眾感到滿頭問號。[64] 其實，相關單位的稽查人員確實讓民眾有感到其怠忽職守或消極處事之嫌疑。例如同年一則新聞指出，桃園縣大園鄉內海、

---

[62] 2000.6.21。灌溉水圳汙染，中壢市三民里農田遭殃，百餘公頃受害，農民不敢吃自己種的米，市所將採樣並設截流設施解決。聯合報，第 B2 版。

[63] 2000.7.18。嗚咽的河川，護水當務之急：各類汙染防不勝防，縣內五大河川魚蝦早已死絕，水庫水質漸惡化打擊不法待加把勁。聯合報，第 19 版。

[64] 2000.7.18。環署檢測大園蘆竹河川水質：重點針對有機溶劑含量檢驗。聯合報，第 19 版。

北港村之間的沙灘浮現大量小魚、魚苗死屍，漁民發現後擔心是工廠把有毒汙水偷排入老街溪，才導致魚類大量死亡，雖立刻連絡桃園縣政府環保局人員，對方竟然回答人手不足，天黑後死魚被漲潮帶走，就沒事了，引起漁民強烈不滿。[65]這是很奇怪的，因為很多問題都是「老問題」，卻遲遲不能解決。結果，果然在環保署的桃園縣河川水質監測中發現老街溪部分區段的河川水質有轉劣之情事，由中度汙染轉為嚴重汙染。桃園縣政府環保局代理局長王允宸表示，工業廢水汙染是河川水體遭破壞的最大殺手，他已要求環保局三課將縣內電鍍及金屬表面處理業列為重點稽查對象，尤其排水量較大的事業更要在假日進行稽查，不讓業者趁假日而違規排放。[66]筆者認為，為何不早做？偷排根本就是老問題，拿不出解決的辦法與推諉的態度，才是河川評比成績退步的原因。

　　當然，「偷排」永遠是難以解決的問題，即使官員們積極行動，恐怕也有難以舉證的困擾。例如平鎮市老街溪沿線居民，某發現從東勢里東南橋至平南路南天橋下的水面，浮著一層厚重的褐黑色油汙。經溯源追查，發現汙油是從一家洗衣廠排出。市長葉步來、縣議員謝彰文、南勢里長謝禎亮、市代表鄧仁艾等人獲報後，會同環保局公害陳情中心稽查員及警員前往了解，業者先是否認「偷排」，但因事證俱在，無法抵賴，才改口說是鍋爐不慎漏油所致，願購買去油劑稀釋油汙。由這則案例顯示，民眾早就察覺魚蝦愈來愈少，而且懷疑跟該廠有關，但就是苦無證據，可見水汙染的證據追查與確認是一大問題。[67]

　　當時老街溪的汙染物已開始轉變，例如平鎮市老街溪有一次浮現大量白色泡沫。桃園縣政府環保局就表示，白色泡沫應是介面活性劑所致。年關

---

[65]　2000.8.28。苗栗桃園，屢見魚群暴斃，中港溪港墘里河段已是連續第三起，大園鄉內海北港村民不滿桃縣環局未出面，恐汙染擴大。聯合報，第 17 版。

[66]　2000.8.29。桃園五大河川，水質惡化，環署每半年監測一次要求環局加強追蹤汙染源。聯合報，第 18 版。

[67]　2000.10.3。洗衣廠排重油，老街溪遭殃，平鎮市長會同環保人員稽查，依法告發並要求遷廠。聯合報，第 17 版。

前夕，家家戶戶大掃除，汙水未經處理排入溪中，很可能因此導致枯水期水質惡化。而其轉變在於，環保局對工廠廢水稽查雖一直持續進行，但因經濟不景氣，工廠產能不增反減，廢水量也相對減縮。[68] 當然，這裡面還是顯示一些問題，或許經濟不景氣是事實，但工廠廢水真的就沒有再排放嗎？幾天後，立刻刊出民眾對桃園縣政府環保局之態度不敢恭維的新聞。先是南崁溪沿線，民眾發現整條溪佈滿著一層厚厚的白色惡臭泡沫，緊急向桃園縣政府環保局投訴，要求派員取締。根據縣議員謝彰文轉述，環保局公害處理中心當天竟向投訴民眾指稱：「南崁溪沿岸有上百家工廠，要我怎麼查？你們去查好再告訴我好了。」旋即掛斷電話。事後，桃園縣政府環保局在謝彰文質問下，終於派員到場勘查，表示已經「鎖定一家工廠排放廢水」。幾天後，又有民眾向環保局投訴，指老街溪遭白色泡沫汙染覆蓋，同樣要求派員處理。這一回，環保局官員學乖了，雖然不再要民眾自己去查汙染源，但卻把汙染源推給「家庭廢水」，並以「桃園縣至今仍沒有汙水下水道」為由，把責任推給縣府工務局，被新聞記者抨擊互踢皮球。「倘若環保局可以因此像個沒事人一樣，一付事不關己的態度，新世紀的環保局裁撤掉應也無妨。」這是桃園縣政府當時的大問題。[69]

　　更奇怪的是，怎麼會還有未納入處理和管理的工廠呢？平鎮工業區在 2001 年時竟然還有四十五家工廠廢水未納入汙水處理廠處理，地方強烈質疑有汙染之虞，促使市民代表要求改進。列席市代會的工業區服務站主任姚永明解釋，汙水廠每天只能處理一萬二千五百噸汙水，因此部分工廠汙水無法納入，必需自行處理排放，他爭取經費擴廠，去年六月工程才完工，汙水廠的日處理量提升至已可以處理尚未納管工廠的汙水。[70] 疑惑的問題還在於，當時平鎮市代徐列舜、劉明喜說，他們曾由鎮興里里民帶領，在偏僻雜草堆

---

[68]　2000.10.3。老街溪滿佈泡沫，疑是家庭廢水，環局表示應是水中介面活性劑所致若未經處理可能導致枯水期水質惡化。聯合報，第 17 版。

[69]　2001.1.10。環保局自廢武功。聯合報，第 17 版。

[70]　2001.5.15。平鎮憂心泡沫河汙染，45 家工廠廢水未納管，汙水廠排水疑有不明毒物。聯合報，第 18 版。

中，找到工業區放流口位置，發現被處理過後的工業廢水仍五顏六色，流入下方老街溪，將河水染色。另外，徐列舜質疑，依規定，處理過後的放流水應符合相關規定，但工業區排放的汙水帶有大量泡沫，濃烈的水甚至在河面上凝結成層，使長達數百公尺的溪段均為「泡沫河」。[71] 龍潭鄉代表會主席游正琳也嚴辭抨擊環保單位漠視老街溪上游的長年汙染，希望桃園縣政府環保局切莫待事態惡化後，才後悔莫及。[72]

　　其他案例如 2001 年 7 月的老街溪平鎮市南勢段附近水源汙染事件。該案造成溪魚成群翻肚死亡、徐建新、吳程運二人的魚池魚群全部暴斃，魚屍滿池、惡臭逼人。等到市長葉步來等人前往查看後，才要求環保局緝凶嚴懲。類似例子曾發生多起。[73] 更誇張的案例還有不待民眾報案，只是隨意勘查排水系統，就發現河川沿線漂有藍色泡沫，散發令人暈眩的惡臭，議員謝彰文協請環保局溯源緝出禍首。初步研判是烏林工業區排放的廢水。謝彰文立即要求環保局查察，環保局將溯溪追蹤。這種隨意一勘查就出包的事情，簡直匪夷所思。[74] 而幾年內一直困擾大家的「泡沫河」，也屢屢躍上新聞版面。例如平鎮市代游禮龍、王勝嘉、劉邦銅均接到民眾報案，指出有工廠長期埋暗管，將工廠廢水排入老街溪，在環鄉橋段河川就有多個巨大暗渠出水口，每每利用夜間或假日，偷偷排放帶有惡臭的廢水，周邊住戶經常被化學藥劑臭味嗆得受不了，生活起居大受影響。那段時間黃澄澄的廢水從暗渠排出，沖入老街溪後，激起一堆堆的白色泡沫，綿延數十公尺長，站在橋上清楚可見，整個老街溪彷彿變成「白沫河」。平鎮市清潔隊長葉鴻奎說，空氣、水汙染均屬桃園縣政府環保局業務，市公所只管廢棄物汙染，但既有民眾反映，將馬上派專人前往調查、蒐證，如果有必要，再請環保局人員到場稽查。

---

[71]　2001.5.16。平鎮老街溪，變成泡沫河，工業區廢水五顏六色夾帶濃臭，地方擔心汙染，要求改善。聯合報，第 23 版。

[72]　2001.5.17。老街溪汙染，龍潭鄉代開砲。聯合報，第 18 版。

[73]　2001.7.3。老街溪南勢段汙染，魚群翻肚，徐建新等兩人魚池也遭殃，平鎮市長盼緝兇嚴懲。聯合報，第 17 版。

[74]　2001.7.26。整治踏勘，議員意外發現，老街溪龍南支流，藍沫水飄臭。聯合報，第 18 版。

他有聽說老街溪成不法工廠的「下水道」，且多利用夜間大雨時，趁亂偷排，對此他也將派稽查員盯梢，暗中調查。如發現不法，一定重罰。筆者認為，這段話相當矛盾，說是無法管理而又派人盯哨，暗中調查，怎麼調查？感覺還是敷衍記者和民眾。[75]

2002 年，桃園的水汙染問題受到來自中央政府的關切。當時環保署長郝龍斌前往桃園勘查，地方民眾報以熱烈期待，新聞又一次報導桃園的污染慘況。放眼桃園縣五大次要河川，廿多年前便被歸類為重度或中度汙染，非但河蚌魚蝦死絕，復因這些河川兼負灌溉功能，農民被迫引汙水灌溉結果，所產米粒變墨黑者有之，向有米倉之稱的中壢市過嶺地區，更出現稻穗長霉、生苔現象，當地千餘公頃農地所屬的各水井，經化驗後證實均已被汙染而不得飲用。僅此一般便可顯見桃園縣汙染之嚴重。[76] 平鎮工業區即是一大汙染源，處理量能不足、偷排問題，已如前文所述。工業區管理單位一直拿不出有效的解決辦法，桃園縣政府環保局也同樣一籌莫展，至今仍無解。在地方人士長年「自力救濟」抗爭下，工業局才斥資數億元擴增處理能量，目前雖已全數接管，但因兩溪沿線社區密集，且仍有不少區外工廠任意以暗管排放未經處理的廢水，兩溪水體因而依然呈重度汙染，禍及廣大下游民眾，暗管始終無法有效掌握與查緝，是工業汙染上的頭痛問題。當時檢討到幾個著名案例，包括 RCA、榮民化工化學汙染、東漢邦公司二千噸銅汙泥事件、基力及高銀等鎘汙染案件，多年來同樣無法有效改善，桃園農地可謂遍地瘡疤，情況十分嚴峻，地方政府草草了事，沒有追蹤，因此飽受媒體抨擊。[77]

2002 年底，大園鄉老街溪出海口往北至新街溪間海域，又被不肖廠商偷排廢水，湛藍海水成為暗紅色，形成綿延約二公里的「紅潮」。當地內海村長林文鐘接獲村民通前往，村民們對於這「周期性」汙染雖然早已習以為常，

---

[75] 2001.12.18。平鎮民眾質疑工廠偷排廢水，要求徹查。聯合報，第 20 版。
[76] 2002.3.6。水荒？老街溪新街溪水稀少，灌溉回頭水不足，工業與家庭廢水又排入溪畔，400 公頃農田，雙重焦急。聯合報，第 18 版。
[77] 2002.1.31。署長勘查後，公害未必可望改善。聯合報，第 18 版。

但政府遲無對策,讓人非常氣憤。村民說,去年環保署長郝龍斌還親自來附近的大園工業區抓汙染,才讓廠商們偷排廢水惡習稍獲改善,但事過境遷,如今又是如此。[78] 還有大園鄉老街溪出海口附近兩家砂石場,也被懷疑長期排放砂土汙染水質,近二十名漁民氣憤圍堵砂石場,[79] 大家竟然都把老街溪當成穢物排泄場域,除了顯示人們沒有公德心與環保概念外,政府沒有拿出有效辦法,更是重要的因素。

伍、尋源頭、抓問題:水汙染治理的新辦法

水汙染必有其源頭與原因,怎麼檢舉、發生哪些問題?從 2003 年開始,才有比較明顯的進展。例如位於平鎮工業區的耀文電子工業公司三廠,被桃園縣政府環保局稽查發現排放工業廢水,汙染老街溪,水保課稽查人員一路溯溪,鎖定渠道(暗管),有大量黑褐色廢水如瀑布般宣洩而出。經採樣蒐證,證實是耀文電子排放,環保局隨即開出六十萬元罰單,[80] 這是近年來少見的大宗罰款新聞。這種抓汙染元凶的工作殊為不易,有時工廠排放廢水,在稽查人員趕往現場時,偷排的上游工廠已先警覺,隨即關閉汙水道,追查工作就會受挫。[81] 工廠的先知先覺,極可能是有人通風報信的結果,但卻苦無證據。而且在數次大園鄉的汙染事件中,[82] 鄉代會主席游進龍和鄉長張建隆已無法忍受,除指派鄉公所清潔隊稽查員會同環保局人員到上游採樣調查,還請大園工業區服務中心提供區內染整廠名單,並邀集各染整廠召開說明會。鄉民也自行溯溪追查,追查私接暗管,做為比對的證物。[83]

---

[78] 2002.8.28。大園又見「紅潮」,蔥民怨不肖廠商偷排,「周期性」汙染,取締迄今沒轍。聯合報,第 20 版。

[79] 2002.11.28。老街溪出海口,砂石場疑汙染。聯合報,第 18 版。

[80] 2003.2.25。電子廠排放汙水,罰 60 萬。聯合報,第 18 版。

[81] 2003.4.26。滾滾黃水,汙染老街溪。聯合報,第 B2 版。

[82] 2003.7.2。偷排汙水,老街溪變色。聯合報,第 B2 版。

[83] 2003.6.28。染整廠蔥禍?老街溪水變色,大園鄉民溯溪追查懷疑上游工廠深夜偷排廢汙水,環局已採樣,鄉所近期邀廠商開說明會。聯合報,第 B2 版。

　　還有有一個新方法就是邀請廠商一起做環保。桃園縣濱海生態保育協會和林務局合作推動「社區林業」計畫，以大園鄉內海村到許厝港的海岸為起點，要讓桃園縣海岸再現生機。當時還主動邀請疑是河川汙染「元兇」的大園工業區廠商加入，從此不能再規避環保議題。[84] 大園鄉長張建隆特地開闢一條自行車步道並豎立解說牌，希望融入觀光休閒活動，將自然生態保育觀念普植人心。縣政府文化局也將在十月十八日結合濱海生態保育協會、野鳥協會等單位，在兩塊濕地間舉辦桃園賞鳥季，包括自然生態講座、攝影展、生態及文化之旅等知性活動，讓更多的民眾參與，喚起人們對生態保育的重視。[85] 自 2003 到 2004 年間，老街溪河川汙染、偷倒事件大幅降低，是一個很好的表現。

　　2005 年開始，為運用民力有效改善河川汙染，桃園縣政府環保局大量徵求志工投入巡守行列。南崁溪、大堀溪志工隊陸續成軍，汙染較嚴重的老街溪、新街溪則列入中長期計畫，希望有興趣民眾一起加入的愛河護河川行列。河川志工除了可以接受河川巡守、簡易水質檢測、汙染種類判定等訓練外，環保局還會補助裝備，並投保 100 萬元意外險，巡守以安全為前提，似乎有初步的解套。[86] 淨化河川的工法也開始建置，例如老街溪中正橋段兩處進行礫間接觸工法就是一例，[87] 至今（2021 年）仍是減少汙染的妙法良方。[88] 而在 2006 年，零星偷排或偷倒仍不時出現，例如平鎮市老街溪上游就發現 7 頭死豬被棄置，里長劉明喜建議裝設監視器追查不法。[89] 這是第一次有地方人士提出要裝設監視器來監控汙水，新科技的投入，開始給不肖業者另一種

---

[84] 2004.7.7。內海再見，喚醒保育決心，因一篇報導，林文鐘結合社區力量，維護海岸地、溼地。聯合報，第 B2 版。

[85] 2003.9.24。濕地遍植水筆仔，海岸添生機。聯合報，第 B2 版。

[86] 2005.4.6。守護河川，環保局徵志願軍，將提供志工水質檢測、汙染判定等訓練，期能擴大稽查功效，維護溪河生態環境。聯合報，第 C1 版。

[87] 2005.5.31。低灘披綠衣，汙染一刀切，植生水質淨化工法，讓南崁溪重生。民生報，第 A3 版。

[88] 陳世偉、葉孟芬、蔡元正（2014.11）。新勢礫間淨化，老街溪水岸再造。營建知訊 382 期，頁 4-14。

[89] 2006.1.20。7 頭病死豬，偷偷丟橋下，平鎮老街溪上游，惡臭不堪，昨消毒後就地掩埋。聯合報，第 C2 版。

「壓力」。同年（2006 年），桃園老街溪河水中含銅濃度超過標準 60 倍，環保署督察總隊北區督察大隊持續監控並循水路進行地毯式搜查，終於查獲位於龍潭鄉的榮樺科技，製程產出的廢水未經妥善處理即逕行排放，除予重罰 24 萬元，並勒令其限期改善。[90] 之前的新聞，主要是發現很多偷倒的汙染源，但卻沒有追蹤告發的狀況。從 2003 年開始，陸續實名報導有公司受罰，而且監控的力道加強，不再是民眾報案，才消極到現場查尋，這樣的做法是什麼都查不到的。而且罰款處分可以連續處罰，還會追蹤，再不改善就勒令停工，先前的調查與罰責，很少有如此公開且明確的。這和環保署這幾年積極投入稽查、監測臺灣河川附近非法重金屬工廠之成效有關。此作法使榮樺科技公司工務課課長喊冤，爆料老街溪中上游流域工廠很多，也有可能是其他工廠排放的汙染源。由此可見過去的污染真是「一筆爛帳」。[91] 當時，桃園縣政府環保局也展現鐵腕，先於 2005 年執行南崁溪專案，逮到至少 4 起工廠繞開經過公告申請的放流口，直接排出未處理之「原汁原味」廢水案。這些工廠分別被處以至少 50 萬元的罰款，這些行為也經由中央環保署公告的惡性重大行為，工廠只要再被抓第二次，將處分停工。桃園縣政府已打算針對南崁溪或老街溪沿線重大汙染工廠，處分 1 至 2 家業者停工處分，以達到殺雞儆猴效果。根據當時報紙報導，桃園縣過去為了招商，縣府給人印象是對科技業、電子業禮遇有加，也造成環保上的惡果，自縣長朱立倫連任後，更強調要把桃園縣變成生活大縣，所以環境問題是首要維護的，廠商若有惡性重大的汙染行為，該停工就要勒令停工。[92] 當時有一連串改善污染之新聞，但老街溪下游捕鰻苗的漁民仍抱怨鰻魚苗數量大不如前，他們依舊歸因於是桃園的水污染所導致，[93] 隨後的調查與研究，也證實是嚴重的重金屬汙染所

[90] 2006.2.6。桃園老街溪水銅汙染，環保署揪出元凶重罰。民生報，第 A2 版。

[91] 2006.2.6。含銅廢水，汙染龍潭老街溪。聯合報，第 A6 版。

[92] 2006.2.6。4 工廠濫排廢水，每家罰 50 萬，桃園南崁溪專案已有 22 家受處分，繞流排放「原汁原液」，第 2 次被抓，就罰停工。聯合報，第 C2 版。

[93] 2006.11.25。河水汙染，鰻魚苗歉收，價格雖然比去年好，但捕獲數量銳減，漁民錢難賺。聯合報，第 C1 版。

導致。[94] 事實上，污染還是無所不在，但卻都是「被抓到」，而不是像 2000 年時，幾乎都是得過且過、消極應對的報導。例如 2008 年，平鎮警分局北勢派出所巡邏至平鎮市新貴北街老街溪旁，有員警現場埋伏，沒多久就發現 1 輛水肥清潔車以管線將水肥排入老街溪內，溪面上一下子滿是排泄物，警方當場將業者逮捕。[95]

　　這時，新問題又浮現了。2010 年，中華映管龍潭廠、宏碁智慧園區內的友達光電，長達七年將含重金屬廢汙水排入霄裡溪，汙染兩岸上千公頃農地的灌溉用水，讓新埔鎮三萬居民喝了七年的含重金屬廢水，當時兩公司未提出如何改善現況，反而提議要將廢汙水改排到桃園縣境內的老街溪，[96] 而該決議當時一度受到環保署環評會的支持。幸好這個協議後來也被擋住，當時地方人士如龍潭鄉長葉發海、鄉代會主席邱家泉及多名鄉民代表、村長表示，如果環保署一意孤行，不排除動員鄉民誓死反對。[97] 一位住在霄裡溪畔的民眾說，她先前曾大量取用霄裡溪旁的地下水，導致她和丈夫近 5 年持續出現咽喉痛和手腳關節搔癢，一直無法根治；子宮、卵巢陸續長出不明腫瘤。此話一出更令桃園人感到害怕。[98] 後來僵持到 2015 年，友達、華映兩家高科技公司才把桃園龍潭廠汙水口封管，達到廢水零排放的目標，創下業界首例。環保署表示，廢水零排放工程是把廢水全回收後過濾及蒸發乾燥，剩下的結晶物再委外處理，友達為此投資約 10 億元、華映約 13 億元，算是初步解決了這個問題。[99] 新裝置也將在生技業、化工業與廢水處理業使用，可發揮顯著效益。[100]

---

[94] 劉靜榆（2017 年）。臺灣西北部藻礁海岸重金屬污染分析。臺灣生物多樣性研究 19.1，頁 49-95。

[95] 2008.6.26。偷倒水肥入溪，警循臭破案。聯合報，第 C2 版。

[96] 2008.7.10。華映友達，餵了新埔人 7 年廢水。聯合報，第 A6 版。

[97] 2009.5.16。龍潭老街溪，拒收光電廢水，環保署建議華映友達改排，鄉長憂心汙染加重，不排除動員反對，環局無奈。聯合報，第 B1 版。

[98] 2010.10.16。霄裡溪汙染，民眾盼解決，沿岸居民長腫瘤、關節搔癢，疑與水汙染有關，改排老街溪迄無動靜。環署：正在審查。聯合報，第 B2 版。

[99] 2015.12.30。廠房淨化，創廢水零排放。聯合報，第 A3 版。

[100] 2016.2.25。降低處理熱源、達到零排放，匯能熱泵製程，終結科技業廢水。經濟日報，第 A21 版。

　　回到老街溪問題，政府運用了更多的監控和管理措施，逐漸發揮成效。南崁溪和老街溪重度汙染河段均有縮小，桃園縣政府環保局水質保護科長黃柏弘說，環保署在南崁溪、老街溪和社子溪多個點裝設「水質監測系統」，配合加強沿岸工廠偷排廢汙水稽查、架設網路影像及時監控系統，並委請在地的河川巡守隊工監控，多管齊下，這些過往在南崁溪施行的經驗，2009 年也開始在老街溪流域施行。[101]可以看出，當時環保局長陳麗玲相當受到肯定，常常動員稽查偷排汙水業者，並遏止偷排，開出各類連續處罰之罰單。[102]當年度桃園縣長候選人吳富彤，甚至表示若能當選桃園縣長，一定要求環保單位嚴格控管工廠的排放廢水作業，並鼓勵老街溪沿線居民自組環保團隊，一起監控廢水排放作業。[103]還有當時參選縣長選舉的候選人鄭文燦，也於同時簽署「還我有魚的溪流」，承諾當選以後，以實際行動展現護鄉護溪的決心，全力促成所有溪流河段，可以看到吳郭魚、鯽魚、溪哥，打造桃園成為魚兒故鄉。當時「還我有魚的溪流」運動團體發起人，大堀溪文化協會理事長潘忠政等十餘人，到中壢市鄭文燦南區競選總部拜會。鄭文燦在潘忠政等環保團體人士見證下，簽下「還我有魚的溪流」運動簽署書。鄭文燦表示，桃園縣是工商大縣，要轉型為生活大縣，他在政見中，生活指標第一項就是減少公害案件，解決社區或地方的長期困擾，而有魚就代表溪流恢復乾淨指標，回到童年時的自然生態。他贊成設立護溪小組，政府要有透明度；民間也要參與；廠商則要面對問題。同時透過河川整治，讓民眾可以親近河流及水。[104]這是第一次，桃園的河川整治方法大量成為候選人的政見。

---

[101] 2009.3.14。重度汙染，社子溪快除名，今年可望解除列管，南崁溪、老街溪整治，部分河段見魚蹤。聯合報，第 C1 版。

[102] 2009.6.13。許厝港候鳥亡，動員揪汙賊，多溪交會入海，偷排可能引發綜合汙染，環局將協同巡守隊稽查，並列淨灘重點。聯合報，第 B2 版。

[103] 2009.11.11。蔡勝烘，製作網路民調。聯合報，第 B2 版。

[104] 2009.11.17。鄭文燦，要溪流都有魚，簽署「還我有魚的溪流」運動，承諾治河護溪，讓民眾能親水。聯合報，第 B1 版。

當年新任縣長吳志揚，面對的是桃園縣政府公開調查的河川環境滿意度，163 位受訪的村里長全部認為不及格，統計 5 大民怨排行榜，1 至 5 分別為「工廠、畜牧場廢水排放汙染」、「河面河岸垃圾棄置」、「時常散發惡臭」、「生活汙染排放汙染」、「水色觀感不佳」，其他還包括水質不佳、教育不足、休閒親水設施空間不足等，民眾對過去的河川整治，沒有一項給高分。縣長吳志揚立刻要求相關單位拿出績效改善。吳志揚指出，整治河川首要目標是打開老街溪河蓋，配合捷運工程一起做，估計要花 16 億元。不過為了能帶給鄉親更好的生活品質，甚至能成為全國整治河川的模範，非常值得花。縣府於 2010 年成立「河川汙染整治推動委員會」，並且召開第一次委員會，多位一級局處主管皆有出席。環保局當場播放一段大園鄉沿海被工業廢水染成「紅海」的記錄影片，內容並訪問地方人士，訴說環境汙染的悲哀。吳志揚不諱言桃園縣的工廠居全國之冠，但是過去礙於財政收入不佳等因素，造成汙水接管率不高。他強調，問題一定要改善，河川整治推動委員會由學者與縣府一級單位組成，每半年要檢視一次成績。[105]

雖然吳志揚信誓旦旦，也頗有決心，奈何新聞又爆發大園鄉圳頭村長卓榮騰向環保局檢舉有不肖業者偷倒化學廢液引發汙染，結果縣府愛理不理，被媒體抨擊「麻木了，慢郎中的做法實在不妥。」[106] 平鎮汙水廠設備還曾發生半夜跳電的狀況，才想到要裝設警報設備，24 小時監控，避免再次當機。[107] 民眾仍很擔心這樣的狀況，也不知是否為廠方推諉責任。此外，老街溪平鎮段也疑似遭汙染，新勢里長陳秀榮說，老街溪一下變成「血河」，一下變成「黃河」，也曾經變成「黑麻麻」的黑水，[108] 皆被懷疑是上游不肖業者趁半夜偷排廢水或工程汙泥。通報環保局檢測後，水質 PH 值卻顯示正常，沒有

[105] 2010.8.5。桃縣河川滿意度，統統不及格，在亮麗、清淨度、河川中有魚……等觀感 163 位里長給低分工廠廢水、垃圾汙染……惹民怨，縣長要求改善。聯合報，第 B1 版。

[106] 2010.8.17。新街溪上萬魚屍，3 天了沒人理。聯合報，第 B1 版。

[107] 2010.10.15。平鎮汙水廠，爆汙染超標。聯合報，第 B2 版。

[108] 2013.3.9。老街溪黑麻麻，民眾拍照舉報。聯合報，第 B2 版。

重金屬反應，這樣的懷疑是民眾多慮？還是官員慢半拍，錯失檢驗時機？[109]
至少依據之前經驗來看，通過民眾報案，環保單位再來檢測的做法，往往無
法收效，業者與縣府大鬥法，縣府往往是屈居下風，若不能轉守為攻，情況
是不容易改變的。

　　2011 年 5 月，桃園縣政府環保局長陳世偉指出，已鎖定疑長期非法排放
汙水的工廠，將採用「深度重點」稽查方式，在警力協助下，不排除 24 小
時跟監或進駐工廠，此舉具有指標與嚇阻作用，一定會嚴格執行。陳世偉還
表示，為配合中壢市老街溪拆除加蓋和整治工程，年底前會訂出老街溪上游
主要水源大坑堀溪工業廢水總量排放標準，以恢復老街溪原有的清澈面貌。
環保局指出，將採用高雄「本洲工業區案例」的做法，鎖定長期非法排放汙
水的工廠、工業區、科學園區，透過深度重點稽查，除了 24 小時跟監、跟拍，
甚至還會進駐工廠一段時間，讓違法行為無所遁形。當時縣議員鄧仁艾質疑
環保局稽查、防治水源汙染工作不積極，局長陳世偉答詢時表示會持續取締
不法，也會針對民眾一再陳情的案件，設法從根本解決。包括提報環保稽查
督導會報，也會從源頭管理，必要時通報環保署，共同進行深度重點稽查。[110]

　　讓人難以置信的是，大園工業區的老問題還是沒有解決，這時又再度被
提出來檢討。緣於 2011 年時，經濟部工業局點名桃園縣內 7 處工業區，包
含廢水排放不理想。環保局長陳世偉坦言，舊有的大園工業區是早期建立之
未設汙水處理場統一納管排放的工業區，以致於出現在老街溪下游 61 家工
廠各家專管排放的怪現象，嚴重汙染河川水質，而且難以控管與取締。副縣
長黃宏斌率陳世偉等人，北上與工業局長杜紫軍協調，表達縣長吳志揚整治
河川、淨化水質及老街溪拆蓋的決心。工業局同意要求大園工業區一期所有
廠商，廢汙水統一納管，最遲在 2016 年 3 月完成，否則縣府不再核發新申

---

[109] 2010.12.31。老街溪變黃，疑遭汙染。聯合報，第 B2 版。

[110] 2011.5.14。排汙黑名單，深度重點稽查，環局：不排除 24 小時跟監或進駐，排汙將訂總量標準，
　　一旦違法，比照本洲工業區重罰。聯合報，第 B1 版。

請和換證的廢水排放許可，緩衝期屆滿將全面嚴查重罰。而在 2016 年 [111] 年底前，縣府也將自訂加嚴版之廢水放流標準，希望改善汙水排入河川的不當。[112] 經濟部工業局、縣府環保局也邀集區內事業廠商與相關單位座談、協調汙染削減自主管理計畫，明確訂定改善時程。[113]

同一年，環保局即採用科技設備以填補稽查人力之不足。先以大坑缺溪為示範點，實施水質監測「天羅地網」計畫，只要水質監測器感應異常，稽查員會立刻收到通知，讓不肖廠商無所遁形。環保局過去 3 年共稽查 1906 家廠商，水汙染開罰 438 家，罰金將近 9700 萬元。其中又以印刷電路板、染整業偷排廢水的情況最嚴重。環保局科長張根穆表示，「天羅」是指監視錄影系統，搭配「地網」水質監測器，藉由雲端技術讓稽查員即使人不在汙染源附近，也能在第一時間趕往現場蒐證，減少日後調查的困擾。張根穆說，多數業者通常會在半夜排放廢水，等到天亮收到民眾通報後，稽查人員再前往現場可能就會因為水流因素，使採集的檢體濃度不足，讓不肖廠商因此躲過罰單。天羅地網明年上路後，可解決蒐證不易的問題。但若要全面啟動天羅地網監測系統，約需 1500 萬元，但明年縣府只編列 500 萬預算，因此後續要視大坑缺溪的示範成效，再決定是否擴大到南崁溪、老街溪。不過 [114] 這樣的動作還是太慢，其主要原因竟是地方經費不足。有居民說，她住在老街溪畔五十幾年，眼看老街溪從活水變毒水，日前甚至整條溪水變血紅色，縣府真正該處理的是工廠濫排廢水問題。[115]

此時，又爆出老街溪疑遭汙染的消息，老街溪在平鎮市長安橋至南天橋段約 3、4 公里範圍，水面出現大片白色泡沫。平鎮市長陳萬得、桃園縣立委參選人呂玉玲等人當時會同縣府環保局稽查，呂玉玲譴責惡質廠商，陳萬得要求環保局加強稽查。但環保局稽查人員現場採水樣，水酸鹼度（pH 值）

---

[111] 2011.7.19。61 工廠廢水排入老街溪嗚咽。聯合報，第 B1 版。

[112] 2011.7.19。61 工廠廢水排入老街溪嗚咽。聯合報，第 B1 版。

[113] 2011.8.8。工業水亂排，桃園縣要罰。聯合報，第 C8 版。

[114] 2011.9.7。佈「天羅地網」全天監測水。聯合報，第 B1 版。

[115] 2011.10.19。老街溪礫間淨化「先說清楚」。聯合報，第 B1 版。

為 6‧78，沒有異常，以簡易試紙測試銅、鎳及氰化物也皆無反應，並已將
水樣帶回環保局進一步檢測。縣府的解釋是，老街溪部分河段人口密集，生
活汙水中的清潔劑，含介面活性劑中磷的成分，因溫度變化或流水高低落差
沖刷，就會產生泡沫，換句話說，不一定是工業汙染。而[116]另外一種環保局
的解釋是，老街溪水流湍急、瀝石多，水面易產生泡泡，倒不見得是汙染。[117]
有時官民對汙染的感受會有認知上的差距，例如有一次老街溪下游流域又浮
現大批死魚，引起當地民眾質疑遭工廠排放有毒廢水，不過環保局在檢測過
後，認定是因最近天氣太熱，導致溪水含氧量不足，才使魚群缺氧暴斃，初
步排除老街溪遭汙染可能性。環保局檢驗老街溪水，水質酸鹼度正常，並無
銅、鎳及氰化物等重金屬反應，而現場魚屍全都嘴巴張開，並沒有魚鰭向前
以及滲血狀況，研判魚群是因天氣太熱暴斃而非中毒身亡。「太惡劣了，這
根本是生態浩劫，一定要揪出凶手！」民眾對於環保局的說法仍存疑，他們
表示，清晨二時許就有人聞到一股酸臭味，但這時老街溪還沒有出現死魚
群，研判這股酸臭味就是當時排出的有毒廢水。[118]最可怕的問題仍是在下游，
前文已提及，靠捕鰻苗維生的竹圍漁港漁民，又一次忍無可忍，痛批桃園縣
政府放任大園工業區不肖廠商偷排廢水、造成重油沉積物，魚網一下水就被
染黑，出海經常做白工。「環保不能只出一張嘴！」環保局則表示會加強稽
查和「全天候受理陳情」。高姓漁民指出，捕鰻苗都是晚上出海，工業區的
廢水、汙染物也都是晚上 10 點過後才排放，經海水沖刷後，隔天早上水質
就看不出有異樣，後續通報環保局人員進行水質採樣，化驗結果都是「合乎
標準」，但捕不到鰻苗是事實。環保局技士李純靜說，全縣每年的陳情案有
1 萬多件，人力不足，稽查員每天輪三班制，晚班從凌晨 12 點到早上 8 點，

---

[116] 2011.12.2。黑心商倒廢水？老街溪冒白泡，民眾陳情，不滿溪水又遭汙染，環局派員稽查，採樣
帶回檢測。聯合報，第 B1 版。

[117] 2011.7.19。調查老街溪生態，志工撿撤網。聯合報，第 B2 版。

[118] 2013.6.27。熱爆缺氧？老街溪魚群暴斃里長存疑，指民眾聞到臭酸味，一定要揪出凶手。聯合報，
第 B2 版。

1 個稽查員要負責 13 鄉鎮市，讓不肖業者有機可乘，[119] 人力不足依舊是河川環保的致命傷，但這已是老問題，縣府還是無法解決。

　　2011 年後，老街溪「不堪」的紀錄仍有許多項目。環保署土汙基管會執行秘書蔡鴻德表示，環保署依專家學者建議，分析 11 條河川底泥中銅濃度偏高、鋅濃度偏高、底泥與水質汙染較嚴重的河川，老街溪全部都在前四名，南崁溪更慘，包辦前二名，可以說桃園的河川治理成績，一蹋糊塗。[120] 隔年（2012 年），縣長吳志揚指出，縣府已致力於河川整治，老街溪、南崁溪已呈現不一樣的風貌，未來除了縣政府的努力，更需要各鄉鎮市河川巡守隊幫忙。當時成立的親子水環境巡守隊，代表著河川周邊的鄉親樂意投入河川保護工作，因為可以就近巡守，對河川保護別具意義。[121] 這兩則消息顯示，或許河川看起來汙染有所改善，但實質上重金屬汙染仍相當嚴重，羅馬非一日所能造成，積重難返，也非一朝一夕可以改善，必須看長期改善策略之施行，才有可能盼到扭轉乾坤。

　　地方環保團體與公民監督的力量，雖是督促政府施政的一項強大推力，但相關的報導，卻令地方人士感到前途堪慮。根據 2012 年報紙報導，1993年時有一群熱血鄉民成立觀音文化工作陣，展開桃園縣民為環保的長期抗戰。3 年後（1996 年），時任國大代表的江瑞添組織搶救大堀溪保育聯盟，使偷排廢水的行為大幅減少。1999 年江瑞添試種 6 公頃蓮花淨化水質，意外帶動蓮園農場發展，打響「南白河、北觀音」名號。因此，桃園縣政府開始舉辦「桃園蓮花季」，熱熱鬧鬧，卻又分散關注環保的眼神，廢水悄悄藉暗管回流繼續汙染。近 15 年來，桃園縣沿海飽受中油漏油、工廠暗管偷排廢水汙染，尤以觀音鄉、大園鄉受害最深，危及千年藻礁、海岸濕地生態。2008 年，觀音鄉民潘忠政再度發起大堀溪文化協會，疾呼「還我有魚的溪

---

[119] 2011.12.3。抓不到鰻苗，「魚網下水就染黑」，漁民痛批放任大園工業區偷排廢水，「環保不能只出一張嘴」，環局：全天候受理陳情。聯合報，第 B1 版。

[120] 2011.12.5。農藥、豬糞……沿岸工廠是元兇。聯合晚報，第 A9 版。

[121] 2012.4.26。爸媽帶著小尖兵，守護門前的小河。聯合報，第 B2 版。

流」、「搶救千年藻礁」，鄉民曾仁富卻仍舊空拍到海岸線變成「黑海」，影像震撼全臺。2000 年初以來，大園老街溪、埔心溪出現綿延數公里「紅潮」和泡沫已屢見不鮮，出海口更形成紅藍陰陽海，連浪花都是紅色。桃園縣野鳥學會多次在許厝港海岸發現不少魚、鳥死傷，心疼重要候鳥棲地遭廢水和垃圾破壞，「許厝港」成了生態墳墓的「許臭港」。2009 年引溪水灌溉的西瓜農，雙腳下田泡水便皮膚發癢，才發現最耐農藥的福壽螺也死成一片，不僅瓜爛，稻作結空穗、蔥白也變蔥紅。桃園縣西濱公路沿途空曠，更有不肖業者雇車載運桶裝工業廢液，偷倒進溝渠，抓不勝抓，[122] 顯示桃園的水污染非常嚴重。

　　當然這當中也有正面消息。2012 年報導，來自大溪、平鎮、楊梅三地 45 位河川巡守志工，齊聚老街溪環鄉橋下進行實地訓練，為日後生態調查工作準備。配合農業局生物多樣性推展計畫，老街溪魚類調查工作將陸續展開。有河川巡守志工發現老街溪裡出現鯽魚和泥鰍，證明老街溪「河中有魚」的目標已邁出一大步。[123] 此外，老街溪的整治工程也已近收尾階段，縣長吳志揚於 2013 年初宣布，過年期間老街溪上的橋梁工程全面停工，並開放溪畔的翠堤廣場、林澗生活園區、新勢礫間展示廊道和河川教育中心等地，讓民眾提前造訪老街溪畔，同時也歡迎提供建言，讓縣府了解缺失以便改善。吳志揚表示，去年（2012 年）曾由非政府組織採樣化驗，證實兩條河川的水質是 10 年來最好的，而嚴重汙染的河段，也逐年縮減中。同年 12 月 24 日在老街溪發現泥鰍、鯽魚等魚類，還有夜鷺等鳥類蹤跡，證明整治桃園縣境內河川水質已見成效。[124] 吳志揚還表示，老街溪整治成功的經驗希望能複製到縣內其他河川，至於老街溪旁的新勢公園，未來將改名老街溪中央公園，鄰近的好幾座橋、公園、伯公廟也將納入，統稱為老街溪水岸綠帶，這就是

---

[122] 2012.5.15。偷排、漏油 15 年，魚死鳥傷西瓜爛，民眾成立聯盟搶救大堀溪、種蓮花淨化水質、政府開罰遏阻不了偷排……海岸汙染史不忍卒睹。聯合報，第 B1 版。

[123] 2012.12.21。調查老街溪生態，志工學撒網。聯合報，第 B2 版。

[124] 2013.1.30。踏青老街溪，初一搶先體驗。聯合報，第 B2 版。

「老街溪 web2・0」計畫。[125]

　　桃園縣政府環保局於 2013 年開始加強查緝排放汙染的「烏賊」，環保稽查人員共抓到大園虹冠公司排放高溫廢水、大園豐欣紙業公司未經許可偷排高鹼性廢水，兩工廠均依違反水汙法告發處分，最重甚至停工。[126] 同時，齊柏林《看見台灣》紀錄片拍到臺灣汙染的傷痛，影片直擊觀音工業區汙染河川及老街溪汙染的「黑海」。桃園縣政府環保局長陳世偉表示，齊柏林拍的觀音、老街溪河川兩處汙染畫面，但這是過去的情形，現已改善，也與現況不符。陳世偉說近一年多來，沿海汙染稽查共 1554 家次，告發處分 271 家廠，罰款 5300 多萬元。桃園在地聯盟理事長潘忠政則持相反看法，指出：「桃園環保局常說很認真稽查，卻很少看到一次就停工處分。」環保單位稽查汙染還要再加油，他自己就獨立調查出不少汙染，並對地方政府的環保成效打上一個大問號。[127] 當時根據齊柏林的線索，查核觀音工業區的俊紡、錦美、富順纖維三家汙染工廠，立即處以停工處分。為此，環保局與環保署更訂出觀音、大園沿海工業稽查管制計畫，在 2012 年 9 月成立「貓頭鷹專案」，專門展開夜間、雨天和假日稽查。今年更要求觀音工業區汙水廠設計水量自動監測器、水質自動監測設施及攝錄影監視，如果今年底前仍未與該局連線，該局將連日處罰「一天最重可能罰款 60 萬元」，展現該局遏阻汙染決心。[128]

　　報紙也介紹貓頭鷹專案，就如同警察的霹靂小組。桃園縣政府環保局旗下的貓頭鷹稽查小組於 2012 年成軍，利用高科技儀器抓汙染，績效優異，獲環保署長魏國彥稱許。環保局統計，貓頭鷹稽查專案針對屢遭陳情檢舉的汙染地區和工廠稽查，不論晴雨或白天、黑夜、假日，兩年來專案出動稽查 4915 件次，其中夜間稽查 380 件次、假日稽查 482 件次，取締告發非法汙染工廠 720 家次、處以停工 15 家次、涉刑事移送檢方偵辦 5 家，總共罰款 1

---

[125] 2013.8.25。老街溪有魚耶！小畫家彩繪新貌。聯合報，第 B2 版。

[126] 2013.3.5。排廢水汙老街溪 2 工廠遭告發。聯合報，第 B2 版。

[127] 2014.2.24。在地聯盟調查：桃園縣小溪，埔心溪最髒。聯合報，第 B1 版。

[128] 2013.11.28。看見臺灣陰陽海，桃環局：與現況不同。聯合報，第 B1 版。

億2000萬元。貓頭鷹專案靠的是「各種科學儀器」，環保局局長陳世偉表示，3D 掃描式光學雷達，精準定位找出汙染源，利用遠距紅外線熱顯儀、無人飛機高空攝影，找出汙染點，採用 GPR 透地雷達搜索暗管、利用地下管線探測器讓汙染現形。縣長吳志揚說，桃園升格直轄市需要優質生活環境，不允許屢遭陳情檢舉、一再遭告發取締汙染的惡質企業留在桃園，他全力支持環保局貓頭鷹稽查汙染。[129] 而大學就讀環工畢業的貓頭鷹專案成員王昭凱則表示，一年來，他每周排班值大夜 2 至 3 次，巡查 13 鄉鎮市河川、廠商，專門稽查不肖業者趁暗夜、雨天偷排，這是過去做不到的，甚至可以做到溯溪、埋伏，不能被工廠發現。[130] 這種 24 小時的巡查工作雖累，但遇到民眾加油打氣，就覺得很感動。[131]

　　另外，桃園縣政府環保局今年稽查多家偷排廢水汙染河川的工廠，環保局科長林立昌說，早期有證照的環保專責人員供不應求，行情水漲船高，甚至出現多家工廠一人掛照的情形，但因環保署開始實施一證一照「專責制度」才改善部分不肖業者為節省專責人員費用，以「掛牌」方式雇用環保專責人員，無法徹底落實專責監督工作，甚至還有不肖環保專責人員協助企業鑽漏洞違法偷排。環保局長陳世偉組織的貓頭鷹專案查出遠東精密、台灣友發國際、順凱、瑞太福、台耀化學、耀鼎 6 家公司偷排廢水重大汙染案，發現環保專責人員未盡監督責任，情節重大，也提請環保署撤銷 6 家公司環保專責人員證照資格。[132] 而且不但有貓頭鷹專案、查驗證照，隨著空拍機技術的成熟，也有效嚇阻偷排事件。例如桃園市南崁溪、老街溪多條河川有許多不明暗管、管線，不時有業者偷排不明廢水，桃園市環保局出動空拍機偵察，找到汙染源頭，半年多來破獲 5 件汙染案，成功阻止生態浩劫，將擴大適用到河川巡守隊巡查。[133]

---

[129] 2014.9.14。貓頭鷹抓汙染，「掃黑」風雨無阻。聯合報，第 B1 版。
[130] 2014.9.14。找證據，夜出擊，鑽水溝，穿草叢。聯合報，第 B1 版。
[131] 2014.9.14。環局長點子，夜間稽查奏效，「貓頭鷹」夜巡，年擬偷排 350 件。聯合報，第 B1 版。
[132] 2013.11.12。專人監督？工廠雇環保員「掛牌」。聯合報，第 B1 版。
[133] 2016.8.31。業者排廢水，難逃空拍機法眼。聯合報，第 B1 版。

　　確實，有了天羅地網以後水汙染的發生率少了許多，但零星爆發的魚群暴斃現象，卻還是令桃園民眾憂心忡忡。2014 年 9 月，平鎮市新勢公園裡翠堤橋下的老街溪浮滿大大小小的死魚，桃園縣政府環保局長陳世偉說，環保局在接獲民眾通報後即派稽查人員前往，檢測結果水溫、PH 值皆正常，但水中溶氧量卻只有 1.24ppm，「只要低於 3ppm，魚就會死亡」，由於老街溪沒有固定水源，近日又旱無雨，水流停滯才造成溶氧量不足，魚群缺氧死亡。陳世偉也說，若是被毒死的魚，魚口會緊閉，魚鰓會呈暗紅，魚眼也會混濁，「但今天發現的魚都沒有這個狀況」，加上附近工廠廢水也無異常排放狀況，判定並非毒魚或重金屬汙染事件，讓民眾虛驚一場。[134]

　　2014 年 12 月，桃園縣升格為直轄市，當時民選新市長時，候選人也打出改造老街溪的承諾，例如候選人鄭文燦就說，平鎮的公共設施太少，未來將會爭取在平鎮區建設老人會館、親子館、托兒中心及社區大學，並整治老街溪，讓家用、工業用廢水能分流，「不再讓汙水汙染老街溪。」[135] 為什麼這個政策很重要，在此時才被提出？原因就是中壢汙水廠工程停擺，竟延宕達 6 年之久。市議員邱素芬指出，目前汙水廠已完成基礎設備，但地上權卻仍是包商所有，原本舊縣府要求拆屋還地，結果無論行政、民事訴訟都輸，都是因為合約內容讓市府無法勝訴。桃園市議員張肇良說，舊縣府以整治老街溪引以為傲，但是根本沒有完整的親水設施，汙水處理工程沒有好的整治配套，到現在還是有汙染。民眾對老街溪整治工程打問號，工業、家庭汙水還是流入老街溪。水務局表示，只要中壢汙水廠完工，一定可以改善老街溪汙染問題。[136] 當然，桃園市升格後，水汙染的陰霾依舊存在。2015 年 6 月，老街溪攔砂壩的消坡塊下方到下游沿岸，出現各類魚屍，包括吳郭魚、鯽魚、鯰魚、鱔魚、鱸鰻及琵瑟鼠等各種魚類逾千尾，估計已死亡 2、3 天，民眾懷疑是日前大雨，不肖工廠偷排廢水或有人毒魚，才會造成沿溪死魚。環保

[134] 2014.9.17。老街溪水發黑，魚集體暴斃。聯合報，第 B1 版。

[135] 2014.11.22。鄭文燦八德掃街博感情，晚間到平鎮和議員候選人聯合造勢。聯合報，第 B1 版。

[136] 2015.5.2。中壢汙水廠纏訟，管線工程先做。聯合報，第 B2 版。

局事後才監測到水中含氧度低，該局表示，研判天熱、水中含氧量過低，造成魚群無法適應死亡，也會進一步採樣檢驗查明汙染源。民眾仍認為是工廠排出劇毒廢水，兩方認知有所落差，[137] 不過總體來說，水汙染的新聞與事件在 2014 年後確實降低不少。

市長鄭文燦於 2016 年指出，市府已在新街溪上游設置「環境汙染監控中心」，並有 6 處機動站，以「報案 4 小時內抵達現場稽查處理」為目標，創下全國最快速度；而新街溪下游則預定興建南區水資源回收中心及環境教育園區，積極展開下水道建設。他指出，南區污水下水道系統 BOT 案，過去延宕 6 年，家庭廢水直接排入老街溪、新街溪，影響生態環境。市府決定重新招標，要恢復老街溪、新街溪及黃墘溪乾淨面貌。市府也會支持水環境巡守隊的裝備及車輛，希望在水環境巡守隊及環保局的共同守護下，逐步達到「水清魚現、綠色桃園」的目標。[138] 老街溪也已設置「天羅地網預警監控系統」共 8 處水質監測站，曾有營建工地偷排黃泥水，經檢測後出現警示紅燈，稽查人員到場立刻開罰。而「環境汙染監控中心」自 2015 年 1 月 2017 年 9 月，稽查共 10327 次，告發 1119 次，裁處 1159 次，裁處金額達 2 億 1100 萬元。環保局指出，為防止此類偷倒廢水狀況再發生，未來不排除在更多地區加裝監視器，揪出不法者加以開罰。[139]

汙染新聞與事件減少了，並不代表水汙染防治就已克竟全功。原因在於下游的沿海生態市最明顯的照妖鏡，可以關照整個桃園水域的總體汙染狀況。2017 年 7 月，桃園海生協會在桃園藻礁區進行環境教育及淨灘活動，共有來自日月光中壢廠、復旦高中等數百人參加。協會與財團法人日月光文教基金會合作，先於今年（2021）7 月 4 日，在竹圍漁港、老街溪口北岸、大堀溪口南岸、小飯壢溪口北岸、永安漁港、福興溪口北岸採集野蚵（野生牡蠣），並送研究單位快篩檢測重金屬。桃園海生協會秘書長葉玉珍昨（7 月

---

[137] 2015.6.20。老街溪攔砂壩下游，數千魚翻白肚。聯合報，第 B2 版。
[138] 2016.6.18。志工護河川，永福里全市第一。聯合報，第 B2 版。
[139] 2017.10.1。東門溪口突冒泡泡，送驗。聯合報，第 B2 版。

3 日）表示，送驗結果竟發現銅含量數值最高的是老街溪北岸藻礁上的牡蠣，高達 3859・87ppm；甚至遠在桃園最南端的福興溪口北岸採到的牡蠣，銅含量也超過 2 千 ppm，也就是所謂的「綠牡蠣」。葉玉珍指出，各區所採到的牡蠣都帶有銅綠，只是深淺程度不一，但銅的重金屬含量都超標（按世界衛生組織 WHO 的建議值為 500ppm，美國約 50ppm），代表桃園海岸的汙染有待防治，水質仍須做更嚴謹的調查研究。根據衛福部的建議，70 公斤的成人，食用每公斤牡蠣中銅含量最好別超出 0・5ppm，否則有害健康。[140]

　　為避免河川汙染，環保局前年（2019 年）成立「環境汙染監控中心」，民眾報案後，4 小時之內稽查人員將到場，並追查汙染來源，更在桃園市重點河川南崁溪、老街溪，設置「天羅地網預警監控系統」總共 8 處的水質監測站，過去曾有營建工地偷排黃泥水，經檢測後出現警示紅燈，稽查人員到場立刻開罰。環境汙染監控中心自 2015 年 1 月到 2017 年 9 月，共稽查 10327 次，告發 1119 次，裁處 1159 次，裁處金額達 2 億 1100 萬元。環保局指出，為防止此類偷倒廢水狀況再發生，未來不排除在更多地區加裝監視器，揪出不法者並加以開罰。[141]

　　更進一步的設施，是經濟部工業局計畫斥資 2・6 億元在大園工業區建置放流水管理系統，淨化老街溪水質。市長鄭文燦、工業局長呂正華實地會勘後拍板，預定 2019 年 6 月完成，每天處理 199 家工業區廠商的放流水，且不允許私人處理廢水，以杜絕可能的汙染源頭，讓老街溪恢復清明的舊觀。鄭文燦表示，大園工業區廠商近 200 家，有的納入汙水廠處理、有的自設汙水廠處理，而為了加強水質淨化，建置 2 個礫間帶合成放流水管理系統、共同管溝，讓老街溪水質二次淨化處理，促成老街溪水質變得更好。[142]

---

[140] 2017.7.23。重金屬超標，環團：別吃桃沿海野蚵。聯合報，第 B2 版。
[141] 2017.10.1。東門溪口突冒泡泡，送驗。聯合報，第 B2 版。
[142] 2017.11.23。淨化老街溪，大園工區控管放流水。聯合報，第 B2 版。

陸、結論：未竟全功的防汙工作

　　若非經過本文梳理，讀者可曾專心關心或注視河水有無汙染？一個令筆者感到非常強烈但可能不見得完全正確的印象是，桃園人對於自己居住環境的公共環境衛生和環保議題之注意和關懷，顯然是落後於臺北人的。這從 1980 年間的大園工業區建置和相繼而來懸而未決、長年困擾的水污染問題中，可以窺見一二。不過，我們不能只責怪人民沒有公德心，雖然那是最基本的素養，而是應該轉而檢討整個環保機制和教育落實得太慢，導致地方官、民都缺乏這樣的意識。從全文論述中可以看出，地方政府機關實在難辭其咎，怠慢、敷衍、長期以來的忽視，導致整個汙染延續了三十年以上。地方民意代表，不時接受到陳情，但是水污染顯然不是一時關注就可以的解決的，所以可以看到常常得到「會再調查」或「會持續注意」這樣的官樣回應，而且一些重要的地方產業，民代或許也有另一種壓力，能夠做到「揭發」已很不容易，大多都是一時接受陳情，隨後敷衍了事而已。水汙染問題是來自多方面的問題，非長期關注或跨領域、跨專業的專家來解決與評估不可，對地方民代來說，吃力不討好，所以來自民間的監督力量往往不足，且早期多有作秀的嫌疑。

　　1990 年至 2000 年初，可以看到臺灣民主力量崛起，人民意識逐漸抬頭，國際環保的議題也愈來愈受到地方人士注意，各種水汙染新聞每每躍上版面「被踢爆」，而其實是一種揭露問題的展現。2005 年之後，相關科技進步，包括水質監測、攝影機、空拍機等硬體設備之建置；民眾組成巡守隊，環保意識更形強烈，才使整個水污染情況大幅改善。只是，真正達到河川全境潔淨的目標還相當遙遠。2018 年又有新聞報導綠牡蠣事件。桃園市境內主要河川因長期水質受重金屬汙染，環保團體在南崁溪、埔心溪、老街溪口紛紛挖到綠牡蠣。環團認為，如綠牡蠣般明顯重金屬汙染指標，市府應提出讓綠牡蠣消失在桃園海岸的時程表，才算有擔當。環保局長沈志修表示，綠牡蠣位

在河川進入海洋交界，受河川重金屬汙染影響較為顯著，但現狀無法減少工廠數量，加上每次風災後，雨水將河川汙染底泥不斷往下游沖，現有汙染量很難減少，只能從源頭控管放流水銅含量。當前除了擴大實施銅總量管制，禁止再新設工廠外，原本的工廠排放標準再降到 1‧2mg/L，不到原標準的一半，而未來若發現違規排放，可撤銷工廠許可。恐怖的是，若再舉南崁溪流域，全流域畫為銅排放總量管制區，區內管制對象有 190 家工廠，其中以印刷電路板、金屬表面處理業、電鍍業的家數最多。[143] 顯然削減工廠數量或更嚴格的管控是最好的手段。為了產業發展而犧牲環保，乃臺灣早年經濟政策最惡劣的後果，對於高污染的產業，還未有良好的配套措施，就一味的引進與增設，水汙染不但扼殺了農業發展，也搗毀了民眾的健康和生活品質，至今重金屬汙染農作物的陰影仍在壟罩在桃園民眾的飲食生活中，無法達到有效之改善。[144]

環境史家曾分析歷史上的河川汙染，分為營養型、化學型和熱能型。基於桃園環境和產業之發展，整個桃園河川的汙染，可能都是化學型汙染為主，最致命的就是重金屬的汙染，它會隨著食物鏈往上，影響所有生物，最後禍從口入，受害的還是人類。西方世界的萊茵河、哈德遜河、俄亥俄河、默西河等河川，都飽受工業汙染之苦，[145] 而臺灣桃園則有老街溪、南崁溪等等可為代表；而且，桃園河川的污染一點都不亞於外國。早期桃園的根本沒有完整的食物鏈，因為河中生物幾乎一空，汙染程度常常名列全臺河川汙染排行榜之前茅。老平鎮、中壢、大園等地的人，其實都對桃園河川的「臭名」印象深刻，所以一旦民眾發現溪內有死魚或臭味，都會懷疑是工業汙染。即便老街溪的水質在 2012 年後已大幅度改善，甚至有時經過調查，也不是工業汙染，有時是天氣轉冷，加上下雨攪拌溪水底泥，導致水中溶氧量降低，

---

[143] 2018.1.6。重金屬汙染嚴重，南崁溪擴大銅總量管制，除禁止再新設工廠，原工廠排放標準降到 1.2mg/L，不到原標準的一半，違者撤銷工廠許可。聯合報，第 B2 版。

[144] 黃耀輝、范致豪、顏筠庭、周宜蓁、賴思齊（2020 年）。攝食米食之砷、鎘、鉛、銅暴露健康風險評估－以桃園、彰化、台中稻米樣本為例。臺灣公共衛生雜誌 39.2，頁 170-186。

[145] 威廉‧H.麥克尼爾等著。王玉山譯。世界環境史，頁 303-304。

造成魚群缺氧死亡，但民眾仍會懷疑是附近工廠排放汙染廢水。[146]也就是說，民眾仍對工廠和地方政府的控管感到懷疑。就算退一步來說，那些是家庭廢水而非工業廢水，但問題的根源是即使到了 2019 年，整個桃園市汙水處理系統普及率還是只有 20%，所以有時候河川浮現大量死魚，有可能是家庭民生污水所導致的，[147]汙染物質改變了，但汙染依舊使水質不佳。可見水汙染整治非短期所能克竟全功。透過本文，一方面是讓讀者了解桃園環境汙染的歷史，也提醒廣大讀者保持清醒，持續關注身邊的環保議題、發揮公民力量，監督政府施政與廠商，才能維護自然環境與我們故鄉的生活品質。

[146] 2019.10.30。老街溪漂死魚，飲料廠喊冤。聯合報，第 B2 版。
[147] 2019.11.29。老街溪惡臭，環局：民生汙水汙染。聯合報，第 B2 版。

縱橫四方：桃園市的交通設施與發展歷程

鄭政誠 *

壹、前言

　　今桃園市本為原住民的居住與活動場域，在十七世紀時，曾先後歷經西班牙（1626-1642）、荷蘭（1642-1662）與鄭氏（1661-1683）政權的統治，但因為三個政權對該地留存的資料不多，交通發展面貌遂難以呈現。至西元1683（康熙 22 年）清廷擊敗鄭氏政權後，於西元 1684（康熙 23 年）臺灣劃歸一府（臺灣府）三縣（臺灣縣、鳳山縣、諸羅縣），今桃園地區雖歸諸羅縣所轄，然初期因「渡臺禁令」所限，移墾不前，當時臺灣從半線（今彰化一帶）以北的土地幾本皆為荒地，[1] 據西元 1696（康熙 35 年）編成的《臺灣府志》所載：「半線以北，山愈深，土愈燥，煙瘴愈屬，人民鮮至」[2]，移墾漢人既然罕至該地，交通設施自難齊備。

　　西元 1697（康熙 36 年），自福建來臺採集硫磺的福州師爺郁永河（1645-?），曾自臺灣府城（臺南）一路北上，路經桃園，描繪其所使用的交通工具與沿途景緻，無論搭舟船沿岸航行，抑或搭牛車渡越溪流，所見者也僅是一片荒蕪，尤其因交通不便而備嘗艱辛，[3] 移墾漢人若欲至此，除從沿海的南崁港（位於蘆竹區）和許厝港（位於大園區）登陸外，從臺灣南部北上者多循郁永河模式；從基隆、淡水南下者，則多順著淡水河支流大嵙崁溪（今大漢溪）再分至各地。其後至西元 1733（清雍正 11 年），因臺北至

* 國立中央大學歷史研究所教授兼桃園學研究中心主任

[1] 柯培元（1958）。噶瑪蘭志略。臺北：臺灣銀行經濟研究室，頁 171。
[2] 高拱乾（1958）。臺灣府志。臺北：臺灣銀行經濟研究室，頁 190。
[3] 郁永河（1959）。裨海紀遊。臺北：臺灣銀行經濟研究室，頁 1-45。

桃園間的龜崙嶺（今龜山）山道終於開通，加以新路修築，吸引更多漢人移往桃園，桃園也從仰賴以臺北為出海口的淡水河內陸航運，及以南崁港和許厝港為聯繫中國大陸運輸口岸的海港機能，逐漸演變成水、陸交通並重的區域。

　　至日治時期，在臺灣總督府的規劃與控管下，因桃園人口持續增長，各項交通設施亦漸為發展，尤其西元 1908（明治 41 年）西部縱貫鐵路開通，桃園地區共設有桃園、崁仔腳（內壢）、中壢、安平鎮（埔心）、楊梅、伯公岡（富岡）等車站，各項人流、物流大為增進。此外，桃園地區還有民間經營的私設鐵道與私設軌道，強化桃園各地與西部鐵路縱貫線各車站的聯繫。另方面，桃園各地的公路鋪設也大為向前，使人口、物資流動與工商業發展更有可觀。

　　戰後桃園因緣近大臺北地區，生活型態亦隨社會環境結構而有改變，相較於大臺北地區，由於有較低廉的房價與地價優勢，加以西元 1978（民國 67 年）中山南北高速公路的全線完工通車，之後又因經貿發展與航空城規劃之故，致移居此地者大增，今已成為北臺灣的重要都會區。桃園地區在交通方面的發展，除既有的鐵公路運輸系統外，如桃園國際機場的設置、高鐵桃園站的設立、機場捷運線的開通等，均使得桃園的發展更加一日千里，尤其桃園國際機場的客貨運規模更使桃園成為全臺最重要的對外門戶及東亞航運要衝，桃園一地可謂已由昔日的魚米之鄉蛻變成為工商都市。

　　值得提出的是，桃園市的行政區劃曾歷經多次演變，市境範圍大致奠基於日治時期。西元 1920（大正 9 年）臺灣總督府實施「州—郡—街庄制」，將西部各地劃歸為臺北州、新竹州、臺中州、臺南州、高雄州，其中新竹州在今桃園境內轄有桃園郡、中壢郡與大溪郡，即所謂「竹北三郡」。[4] 竹北三郡中的桃園郡轄桃園街、蘆竹庄、大園庄、龜山庄、八塊庄等一街四庄；中壢郡轄楊梅街、中壢庄、平鎮庄、新屋庄、觀音庄等一街四庄；至於大溪

---

[4]　洪敏麟編著（1999）。臺灣舊地名之沿革，第 2 冊（上）。南投：臺灣省文獻委員會，頁 27-28。

郡則轄大溪街、龍潭庄與「蕃地」（今復興區），三個郡的範圍大致與今日桃園市轄區相同。[5] 待西元 1945（民國 34 年）8 月二戰結束，國民政府接收臺灣後，將原新竹州改為新竹縣，州下之郡改為區，各街庄則改為鄉鎮，唯新竹縣治所在改遷於桃園區。至西元 1950（民國 39 年）8 月，中華民國政府遷臺後，又對臺灣省各行政區進行重劃，將原新竹縣與新竹市二者統合分立為桃園縣、新竹縣與苗栗縣，自此，桃園乃獨立成為一省轄縣，下轄既有的 13 個鄉鎮。[6] 此後隨地方自治逐步落實，中壢、桃園、平鎮、八德、蘆竹等鄉鎮因工商繁榮，人口急速增加，乃先後升格為縣轄市。[7] 至西元 2014（民國 103 年）年底，依地方制度法，人口聚居達 125 萬人以上，且在政治、經濟、文化及都會區域發展上，有特殊需要之地區得設直轄市，[8] 桃園縣符合此一規定，乃由原省轄縣升格為直轄市，原十三個鄉鎮市也一併改為區。

　　本文主要透過方志、文集、檔案、報紙、報告書等一手材料，佐以時人研究，論述桃園地區自清領時期以降之交通設施與發展概況，藉此呈現桃園地區的總體交通面貌與各時期的側重範圍。

貳、清領時期的水陸交通路線

　　清領時期來臺移墾的漢人，除從沿海的南崁港和許厝港登陸外，欲北上桃園境內者，多自竹塹社（今新竹）後濱海北行，渡鳳山溪，越鳳山崎（今湖口鄉鳳山村與新豐鄉接壤處），經紅毛港、石觀音、草漯（今觀音區草漯村）而至南崁社，由鳳山崎至南崁社的路段被稱為「紅毛港道」。若欲至臺北者，則再由南崁社沿海岸北行至八里坌（今新北市八里區）一帶，此條沿濱海而行的道路則另稱為「外港道」。此後至西元 1711（康熙 50 年），紅

5　郭薰風主修（1964）。桃園縣志‧政事志，第 3 卷，民政篇。桃園：桃園縣文獻委員會，頁 29-32。

6　賴澤涵總纂（2010）、林澤田編纂。新修桃園縣志‧行政志。桃園：桃園縣政府，頁 48-51。

7　賴澤涵總纂、鄭政誠編纂（2010）。新修桃園縣志‧卷首。桃園：桃園縣政府，頁 50-52。

8　全國法規資料庫，地方制度法。https://law.moj.gov.tw/LawClass/LawAll.aspx?media=print&pcode=A0040003，點閱日期：2021.9.8。

毛港道又發展出支線，即從鳳山崎一帶分出，經大湖口、三湖（今楊梅區）、芝芭里（今中壢區）抵達南崁（今蘆竹區），此條支線又被稱為「芝芭里道」。[9] 清康熙末年，桃園對外陸路交通更開，從臺北往南可在擺接（今新北市三重、蘆洲、新莊、五股、中和、永和、板橋一帶）、海山（今新莊、板橋、樹林、鶯歌、三峽、大溪一帶）等地，沿大嵙崁溪進入桃園臺地，再經霄裡社（今八德區）抵達鳳山崎；由新竹往北者也可利用鳳山溪河谷進入霄裡地區，再沿山區邊緣至大嵙崁溪順流而下，沿桃園臺地繞龜崙嶺而至臺北盆地，此條利用河谷南來北往的要道，當時則稱之為「內港道」。[10]

　　至清雍正初年，通往臺北的道路已陸續由當地居民自行開闢，最初從南崁社取道海岸向北迂迴開闢，後因商旅需求，再由中壢關經桃園繞過龜崙嶺舊路坑抵臺北十八份莊（今新北市新莊區）之路，此條直接貫通今龜山地區的道路即稱之為「龜崙嶺道」。自龜崙嶺道開通後，境內南北各路接續修築，如大嵙崁通往三角湧（今新北市三峽區）的道路、大嵙崁通往橋仔頭（今新北市鶯歌區）與中壢經靈潭陂（今龍潭區）至咸菜硼（今新竹縣關西鎮）等道路，總計有清一代，桃園境內的道路在康熙、雍正年間所修築者共計五條；在清乾隆、嘉慶年間修築者則增至八條；至道光、光緒年間再延伸四條，全長總計 250 公里。[11]

　　另值得一提的是，清末因「開山撫番」之需，在西元 1874（同治 13 年）時由臺灣海防欽差大臣沈葆楨（1820-1879）奏請修築臺灣縱貫公路與橫貫公路，為清代臺灣較有規模的道路修築。當時共開築以臺灣府為中心，東至莊內（今高雄市旗山區），南迄沙馬磯（今屏東縣東港鎮），北抵雞籠（今基

9　陳世榮（1996）。清代北桃園的開發與地方社會建構（1683-1895）。國立中央大學歷史研究所碩士論文，頁 93、146。

10　陳世榮（1996）。清代北桃園的開發與地方社會建構（1683-1895），頁 96。

11　陳宗仁（1996）。從草地到街市：十八世紀新莊街的研究。臺北：稻鄉出版社，頁 178-180；盛清沂（1980）。新竹、桃園、苗栗三縣地區開闢史（上）。臺灣文獻，第 31 卷第 4 期，頁 164；陳世榮（1996）。清代北桃園的開發與地方社會建構（1683-1895），頁 194-199。

隆市）之中、南、北等三條道路，[12] 其中的北路路線即已途經桃園多處，唯因施工簡陋，距離現代化的公路標準仍有差距。

至於在河運交通部分，清代桃園臺地雖分佈多條河川，如內港南溪（今大漢溪）、南崁溪、埔心溪、新街溪、老街溪、大堀川溪與社子溪等，但多屬「荒溪型」河流，僅內港南溪水量較為穩定，適合通航，其餘多不具備水運條件。[13] 今大漢溪為淡水河三大支流之一，在乾隆中葉前，稱為「內港南溪」或「擺接溪」，同治年間則通稱為「南溪」，光緒年間又改名為「大姑陷河」或「大嵙崁河」，[14] 日治時期稱之為大嵙崁溪，戰後則改稱大漢溪。內港南溪在臺北盆地開發過程中是先民進出海山地區及內山地區（特別指鶯歌、三峽與大溪近山一帶）的交通要道，前述陸路方面的「內港道」也是利用內港南溪的水運，據《板橋市志》所載，促成海山地區開發的要素不少，但「與港道的開通和內港南溪的水運皆有關」[15]，可見內港南溪在水運方面確實扮演著桃園地區對外交通的重要角色。

在康熙 50 年代陳湄川所著的〈滬水各社紀程〉中曾記載到：「淡水港水路十五里至干豆門（按：臺北市關渡），南港水路（按：大漢溪）四十里至武勝灣，此地可泊船。」[16] 其中武勝灣為今新北市新莊區及板橋區江子翠一帶，大漢溪與新店溪會合處。自乾隆、嘉慶年間以降，因此區沿岸聚落多開墾有成，須仰賴內港南溪運輸民生用品及物產，是以同治年間《臺灣府輿圖纂要》會有如下記載：

---

12 蔡龍保（2008）。殖民統治之基礎工程－日治時期臺灣道路事業之研究（1895-1945）。臺北：國立臺灣師範大學歷史學系，頁 175-176。

13 王世慶（1996）。淡水河流域河港水運史。臺北：中央研究院中山人文社會科學研究所；陳正祥（1993）。臺灣地誌。臺北：南天書局，頁 1107。

14 陳培桂（1958）。淡水廳志，第 2 卷，封域志。臺北：臺灣銀行經濟研究室，頁 35-36；臺灣銀行經濟研究室編（1995）。臺灣府輿圖纂要，第 1 冊。臺北：大通書局，頁 41；臺灣府輿圖纂要，第 3 冊，頁 279-280；王世慶（1985）。淡水河流域河港水運史，頁 9；臺北廳編（1985）。臺北廳誌。臺北：成文出版社，頁 21；吉田東伍（1909）。大日本地名辭書續編。東京：富山房，頁 17。

15 盛清沂編纂（1988）。板橋市志。臺北：板橋市公所，頁 54-67。

16 陳湄川（1958）。滬水各社紀程，收於黃叔璥，臺海使槎錄。臺北：臺灣銀行經濟研究室，頁 139-140。

滬尾港海口，港內分南北中三溪，名曰內港。南溪自新莊起，至艋舺
溪邊尾，另有小駁船往來駁貨。艋舺溪東至擺接堡枋橋街（按：新北
市板橋區），亦有小駁船往來。潮漲時南溪至新莊止。[17]

另在同治年間所修纂的《淡水廳志》也提到：「擺接渡，往來新莊；上
通大料崁、三坑仔（按：桃園市龍潭區），下達淡水港。」[18]可見清領時期
的內港南溪航運可從上游的大溪地區一路通達至下游的淡水港。此後至咸豐
年間，隨臺灣對外開放通商口岸，國際貿易崛起，茶葉與樟腦需求大增，桃
園大溪附近山區恰為茶葉與樟腦產地，茶葉與樟腦商品可藉由南溪運往淡水
港出海，[19]是以南溪的航運更臻鼎盛，桃園的人流、物流更趨便利，經濟發
展亦更為向前。

清領時期桃園地區的交通模式除水運及道路外，另值得一提的是，清末
首任巡撫劉銘傳（1836-1896）為海防及商務發展所需，曾興建北起基隆，南
至新竹的臺灣首段鐵路，[20]其中在今桃園境內共設有龜崙嶺、桃仔園、中壢、
頭重溪（楊梅區北方）等四個火車票房（即火車站），[21]雖然當時整體運行
不甚便利順暢，尤其是劉銘傳想透過此段鐵路強化清末臺灣重要輸出商品，
即茶葉與樟腦往北輸送至基隆港的運輸功能，然基隆港因山勢限制，港腹較
小，不利大型船舶停靠，商品無法從基隆港出口，因此如桃園大溪地區的樟
腦與茶葉商品，仍多依循大料崁溪運送至淡水出港，無形中也削弱此段鐵路
的物流功能。[22]話雖如此，繼清朝政權之後的日本殖民政府，來臺後仍循此
鐵路進行運輸規劃、改線與增建，更加強化鐵路的運輸功能。

---

[17] 臺灣銀行經濟研究室編（1995）。臺灣府輿圖纂要，第 3 冊，頁 279-280。

[18] 陳培桂（1958）。淡水廳志，第 3 卷，建置志。臺北：臺灣銀行經濟研究室，頁 69-70。

[19] 林滿紅（1997）。茶、糖、樟腦業與臺灣之社會經濟變遷（1860-1895）。臺北：聯經出版事業公司，
頁 171。

[20] 劉銘傳（1958）。劉壯肅公奏議，第 2 冊。臺北：臺灣銀行經濟研究室，頁 269-270。

[21] 江慶林譯（1990）。臺灣鐵路史，上卷。臺中：臺灣省文獻委員會，頁 33。

[22] 陳家豪（2020）。從臺車到巴士：百年臺灣地方交通演進史。臺北：左岸文化，頁 65-66。

參、日治時期的鐵公路及河港運輸

自西元 1895（明治 28 年）日本領臺後，為促進地區開發、產業經濟、城市發展、觀光旅遊、人口移動等各項目的，達殖民統治之良效，遂以明治維新後國內產業革命之經驗，在臺推展各項近代化交通設施，可謂兼具殖民性與近代性之雙重特質。[23] 桃園地區在此等政策的規劃施展下，鐵、公路及河港運輸也多有可觀，首就鐵路運輸而言：

一、鐵路

清末臺灣鐵路建設雖已有部分基礎，唯成效不佳，日治初期，臺灣總督府有鑑於各項建設及平定抗日之事迫在眉睫，唯經費所需甚鉅，初期希望日本國內民間人士能參與臺灣縱貫鐵路的興建，唯適逢日本國內經濟不景氣，民營公司如「臺北鐵道會社」、「臺灣鐵道會社」等均發生資金短缺，一再延宕開工。為此，臺灣總督府決定改變初衷，以臺灣縱貫鐵路為緊急建設事業，著手實施官營計畫，提出「臺灣事業公債法」解決資金不足問題，[24] 開始進行官方的鐵路興建事宜。

西元 1899（明治 32 年）臺灣西部縱貫鐵路開工後，首先改築清末基隆至新竹間的舊線，其中在臺北至桃園路段，改自臺北城西北隅沿城牆迂迴經下崁庄，過新店溪直達板橋，越大嵙崁溪經樹林、山仔腳（今新北市樹林區山佳）及茶山庄隧道，再沿大嵙崁溪上達鶯歌，轉西經大湖庄（今新北市鶯

---

[23] 有關日治時期交通設施發展的目的與侷限討論，可參閱蔡龍保（2012）。推動時代的巨輪─日治中期的臺灣國有鐵路（1910-1936）。臺北：臺灣書房，頁 313-314；陳家豪、蔡龍保（2016）。日治初期臺灣現代交通建設與產業發展（1895-1908）。收於臺灣制度與經濟史學會 2016 年研討會會議論文集，頁 1-3。http://homepage.ntu.edu.tw/~ntut019/tieha/Chen-Railway.pdf，點閱日期：2021.9.11。

[24] 林淑華（1999）。日治前期臺灣縱貫鐵路之研究（1895-1920）。國立臺灣師範大學歷史研究所碩士論文，頁 40-50。

歌區大湖里）而後抵達桃園。沿途設有艋舺（臺北萬華）、板橋、樹林、山仔腳、鶯歌等五個車站。新線的規劃主要是避開舊線的淡水河巨橋工程及龜崙嶺高坡，藉以減少修復支出與行車危險。[25] 至於桃園至新竹間的路線改建則約略與舊線平行，在總距離 33.8 公里中經改建者多達 30.6 公里餘，沿線又以中壢、崩坡（今桃園楊梅）、大湖口（今新竹湖口）等處改變最大。改建後的路線在桃園境內共設有桃園、崁仔腳（內壢）、中壢、安平鎮（埔心）、楊梅、伯公岡（富岡）等六個車站。另在新竹以南之新設鐵軌工程中，臺灣總督府則分別自高雄與新竹兩端鋪設，至西元 1908（明治 41 年）4 月，西部縱貫鐵路全線貫通，全長計 405 公里。[26]

　　自西部縱貫鐵路開通後，全線客貨運輸量逐年增加，為因應實際需求，臺灣總督府又陸續興建淡水線、屏東線、宜蘭線及臺東線等支線鐵路。至西元 1919（大正 8 年），另興建基隆至臺北間的鐵路複線；西元 1923（大正 12 年）再修築竹南至彰化間的海岸線鐵路，使其與既有山線縱貫鐵路併行使用，並在臺中彰化間（今追分車站）銜接舊有縱貫線；西元 1927（昭和 2 年）再鋪設臺北至竹南間及臺南至高雄間的複線鐵路。經過桃園境內的臺北至竹南間鐵路複線，在崁仔腳以南路段，於西元 1929（昭和 4 年）10 月 31 日通車，崁仔腳以北路段也在同年 11 月 15 日通車。南北貫穿桃園境內的縱貫鐵路均設有複線，北通基隆，南達高雄，堪稱便利，且各站之客貨運輸量也大為增加。[27]

　　除西部縱貫鐵路外，桃園境內尚有「桃崁輕便鐵道株式會社」（簡稱桃園輕鐵）、「中壢輕便鐵道株式會社」（簡稱中壢輕鐵）與「楊梅輕便軌道株式會社」（簡稱楊梅輕鐵）等私人集資興建的輕便鐵道。桃園輕鐵創建於西元 1903（明治 36 年）11 月，為桃園地方士紳簡朗山（1872-1954）與大溪

[25] 鄭政誠（1996）。三重埔的社會變遷。臺北：學生書局，頁 118-120。

[26] 桃園縣文獻委員會（1966）。桃園縣志·經濟志，下卷。桃園：桃園縣文獻委員會，頁 12-13。

[27] 王珊珊（1999）。近代臺灣縱貫鐵路與貨物運輸之研究（1887-1935）。國立成功大學歷史研究所碩士論文，頁 76-80。

地方菁英呂建邦（1856-1948）、呂鷹揚（1866-1924）、王式璋（1862-1923）、
江健臣（1872-1937）、林國賓、李家充、陳嘉猷、趙玉牒（1869-1925）、徐
克昌等人集資 10,000 圓所共同成立。[28] 初設之際，行駛路線僅從大溪至龍潭
市街 2 哩 16 町（約 9.6 公里）之距離；[29] 至西元 1910（明治 43 年）又鋪設
桃園車站到桃園市街、八塊車站到八塊厝庄（今八德區）兩條短線，並於翌
年完工。[30] 至西元 1912（明治 45 年），增加桃園至許厝港間的路線，西元
1913（大正 2 年）再鋪設桃園至大溪間的複線工程，並興建桃園至南崁、桃
園至嶺頂之間的軌道。西元 1915（大正 4 年）延長嶺頂至臺北新庄間的軌道；
西元 1919（大正 8 年），再進行桃園街埔仔庄到竹圍庄（今大園區竹圍）間
的竹圍線鋪設工程。[31]

　　桃園輕鐵原以客運為主，自西元 1915（大正 4 年）起改以貨運為主，無
論客貨運，營運狀況皆十分良好。至西元 1920（大正 9 年），原經營者簡阿
牛（1882-1923）、簡朗山、呂鷹揚等人另立「桃園軌道株式會社」，除收購
原有路線、設備與人員，經營交通運輸事業外，還兼營造林事業，藉此獲得
枕木與橋梁修建原料。[32] 西元 1920（大正 9 年）後，受經濟不景氣及公路運
輸衝擊影響，「桃園軌道株式會社」業務逐年萎縮，相繼拆除各線軌道，至
西元 1939（昭和 14 年）時僅剩桃園至大溪路段。西元 1943（昭和 18 年），
在戰時臺灣私設軌道統合政策下，全體股東決議將最後一條軌道售予「臺灣
輕便鐵道株式會社」經營。自此，「桃園軌道株式會社」結束輕軌經營轉改
為公路運輸，並更名為「桃園交通株式會社」。[33]

[28] 臺灣總督府鐵道部編（1926）。臺灣總督府鐵道部第 13 年報。臺北：臺灣總督府鐵道部，頁 144-
145；桃崁輕便鐵道開通式，臺灣日日新報。第 1693 號，1903.12.22，第 2 版。
[29] 新築崁坡輕便路，漢文臺灣日日新報。第 2626 號，1907.2.5，第 3 版。
[30] 桃園驛之改築，漢文臺灣日日新報。第 3529 號，1910.2.3，第 4 版；臺灣總督府鐵道部編（1925）。
臺灣總督府鐵道部第 12 年報。臺北：臺灣總督府鐵道部，頁 116。
[31] 臺灣總督府鐵道部編（1934）。臺灣總督府鐵道部第 21 年報。臺北：臺灣總督府鐵道部，頁
106。
[32] 桃園軌道成立。臺灣日日新報。第 7061 號，1920.2.8，第 5 版。
[33] 陳家豪（2007）。日治時期桃園輕鐵的營運與發展（1903-1945）。國立中央大學歷史研究所碩士

　　至於中壢輕鐵則成立於西元 1918（大正 7 年），初名為「中壢軌道組合」，西元 1922（大正 11 年）5 月更名為「中壢軌道株式會社」。其經營路線有四，大致以中壢庄為中心，向鄰近觀音庄、新屋庄、平鎮庄與龍潭庄等地連結。首條路線從觀音庄經中壢庄而至龍潭庄；第二條路線則為中壢庄至新屋庄；第三條為下大堀至草漯線，以中壢庄為中心，經下大堀、塔子腳而至觀音庄內的草漯；最後一條則為石頭至東勢線，亦以中壢庄為中心，經石頭、北勢、平鎮而到東勢。[34] 中壢輕鐵早期以客運為主，至西元 1926（大正 15 年）起改以貨運為主，在西元 1928 年（昭和 3 年）時營運量達到高峰，其後受公路運輸力高、運費低廉、行駛快速等優勢衝擊而漸走下坡，最後於西元 1941（昭和 16 年）被桃園輕鐵所收購。[35]

　　另楊梅輕鐵成立於西元 1913（大正 2 年），後於西元 1928（昭和 3 年）5 月 3 日改組為「楊梅輕軌株式會社」，先後鋪設本線及支線共約 16.7 哩（1 哩約等於 1.6 公里）的軌道。[36] 楊梅輕軌主要營運範圍為楊梅庄與新屋庄二地，經營路線有三：一從楊梅庄經新屋庄新屋、下田心子而到崁頭厝，全長計 17.1 公里；二從楊梅庄上陰影窩經員笨、下陰影窩、新屋庄、十五間而至大坡，全長計 10 公里。第三則為伯公岡至新屋線，全長計 5.8 公里。[37] 楊梅輕鐵早期也以客運為主，後改營貨運，至西元 1929（昭和 4 年）時營運臻於鼎盛，後受公路運輸衝擊而消退，不過，有別於桃園輕鐵與中壢輕鐵能在營運衰落後短暫復甦，楊梅輕鐵自高峰期後便快速衰退，後於西元 1941（昭和 16 年）底被桃園輕鐵所收購。[38]

論文，頁 53-96。

[34]　王珊珊（1999）。近代臺灣縱貫鐵路與貨物運輸之研究（1887-1935），頁 107。

[35]　陳家豪。日治時期桃園輕鐵的營運與發展（1903-1945），頁 89。

[36]　葉爾建（2020）。輕便車：遺忘的路線、記憶的場站。人社東華，第 26 期。http://journal.ndhu.edu.tw/2020/ 輕便車：遺忘的路線、記憶的場站，點閱日期：2021.9.11。

[37]　王珊珊（1999）。近代台灣縱貫鐵路與貨物運輸之研究（1887-1935），頁 108。

[38]　陳家豪（2007）。日治時期桃園輕鐵的營運與發展（1903-1945），頁 89。

二、公路

　　除鐵路外，桃園地區在公路方面的發展亦多有可觀，日人治臺之初為對付各地抗日活動，強化軍事控制以求軍事交通便捷，乃利用兵工趕築道路，唯這些「速成」公路多顯粗糙。迨西元 1896（明治 29 年）4 月，臺灣總督府廢除軍政實施民政後，由專職單位負責路線調查與道路、橋梁修繕，方有效完成臺灣西部縱貫道路及東西連絡幹道的修建。[39]

　　西元 1897（明治 30 年）10 月，臺灣總督府制定道路設備準則，將臺灣重要道路分為三等，一等道路寬 12.72 公尺以上，二等道路寬 10.91 公尺以上，三等道路寬 9.7 公尺以上，並將道路修建事業逐漸移轉給地方政府辦理，各地政府在經費有限的情況下，亦積極訓諭轄區民眾捐獻土地、勞力、經費、材料，以加速地方道路的修建。[40] 據統計，自西元 1900（明治 33 年）至西元 1921（大正 10 年），桃園境內的州道共計有十五條，總里程數達 212 公里。[41]

　　除縱貫、橫貫型之重要幹道外，桃園境內亦有稱之為「指定道路」者，所謂「指定道路」係指以國庫或地方經費維修養護道路，但由各地政府管理登記並列入道路臺帳中，[42] 約等同於今日的縣（市）道。在西元 1930（昭和5 年）臺灣總督府評議會通過「道路費國庫補助規程」後，日人即開始有計畫修建此等指定道路，[43] 當時桃園屬新竹州管轄，全州指定道路共三十一線，位於桃園境內者則佔有十五線，路面寬度為 7.4 至 10 公尺不等。自西元 1931（昭和 6 年）開始，臺灣總督府即發動地方民眾捐輸土地、金錢與義務服勞役來協助施工，預計以十年時間完成全部指定道路，後因軍事及經濟需求迫

[39] 蔡龍保（2008）。殖民統治之基礎工程－日治時期臺灣道路事業之研究（1895-1945），頁 246。

[40] 蔡龍保（2008）。殖民統治之基礎工程－日治時期臺灣道路事業之研究（1895-1945），頁 247；陳俊（1987），臺灣道路發展史。臺北：交通部運輸研究所，頁 218。

[41] 陳俊（1987）。臺灣道路發展史，頁 250-251。

[42] 陳俊（1987）。臺灣道路發展史，頁 262。

[43] 蔡龍保（2008）。殖民統治之基礎工程－日治時期臺灣道路事業之研究（1895-1945），頁 277。

切，桃園大園道、中壢觀音道、平鎮關西道、楊梅老飯店道、桃園大溪道等州指定道路共計十四線，提前於西元 1937（昭和 12 年）完工，而各地修建道路需跨越溪河之橋梁，如月眉橋、龜山橋、渡船頭橋、大溪橋、南崁溪橋、汶水橋等，也相繼在西元 1938（昭和 13 年）前修築完成。

至於在指定道路外的公共道路則總稱為「街庄道」，其屬性約等同於今天的鄉鎮（區）道路。街庄道之修建工程主要由各州廳政府統籌計畫，並責令各街庄執行，倘若遇有重要經濟、軍事價值或屬工程特殊路線，各主管州廳或臺灣總督府則給予經營與技術上的協助。各州廳依西元 1930（昭和 5 年）臺灣總督府交通局公告規定，自西元 1931（昭和 6 年）起年起分十年期完成街庄道路網。[44] 新竹州所轄街庄道路原計畫長 2,000 公里，路面寬度為 4.5 至 11 公尺，但直到日本戰敗，全州實際完成街庄道路僅 870 餘公里，其中分佈於桃園境內者計九十線，全長 366 公里，唯此等街庄道路多從原有車馬行人道路改修，大部分雖可通行汽車，但仍屬較簡陋型的道路。

三、港運與河運

桃園境內除鐵、公路貫穿外，港運與河運部分亦值得介紹，清領時期境內許厝港、南崁港、石觀音港、崁頭厝港與蚵殼港等已是與大陸商貿往來的重要港口。日治初期臺灣總督府為管理此等港口與稅收之需，旋即於西元 1903（明治 36 年）設「稅關監視署」於許厝港，該年各港進港船隻共計 270 艘次，總噸數達 1,865 公噸，出港船隻則為 263 艘，總噸數亦達 1,820 公噸，[45] 港務頗為興盛。唯此後各港因淤積嚴重，以致海上交通運輸漸為陸上交通所取代。[46]

另有關河運部分，清領時期即為桃園境內重要貨物運輸通道的大嵙崁溪，至日治時期仍持續運作，據西元 1898（明治 31 年）底臺灣總督府的調

[44] 陳俊（1987）。臺灣道路發展史，頁 263、724。
[45] 陳正祥（1993）。臺灣地誌，頁 1134。
[46] 陳世榮（1996）。清代北桃園的開發與地方社會建構（1683-1895），頁 144。

查，大嵙崁溪自海山堡大嵙崁三坑仔起至大稻埕止，平均河寬約 300 公尺，[47]
從大嵙崁至大稻埕 40 公里的航程中，若上午九點從大溪出發順流而下，中
午可到新庄，下午三點左右即可抵達大稻埕。[48] 又據西元 1906（明治 39 年）
底的調查，大嵙崁溪自桃園廳海山堡新溪洲庄起（大溪以南）至擺接堡江子
翠庄止（今新北市板橋區江子翠一帶），約 39 公里水路皆可通船。另有二
條支流亦可通航，一為「湳仔溝」，自擺接堡員林仔庄起至社後庄止，長約
3.4 公里可通船；另條支流為「三角湧河」（三峽河），自海山堡大埔庄起，
經三角湧至挖仔庄與大嵙崁溪會合，長約 5.9 公里之距離，亦可通船。[49]

　　大嵙崁溪原有的航運功能，自西元 1919（大正 8 年）起，因臺灣總督府
興建桃園大圳，雖然在西元 1924（大正 13 年）該圳完成通水後，桃園地區
的旱田可獲溪水灌溉而得以水田化，但因為從石門開鑿水口，建造攔水堰，
反造成大嵙崁溪流量減少，加以上游淤砂嚴重，[50] 致大嵙崁溪原有的河運功
能漸為衰退，原有的產業經營也多受影響。據西元 1920（大正 9 年）出生，
戰後曾擔任大溪鎮民代表的簡玉溪所追憶，謂幼時印象中，在大嵙崁溪上已
看不到大型商船，僅剩下接駁河東與河西的接運船，還有一些比較小型的貨
船及捕魚船而已。[51] 而據歷史學者王世慶（1928-2011）的研究，則謂大嵙崁
溪雖然受桃園大圳通水及淤砂堆積影響，但在西元 1940（昭和 15 年）前後
仍有河船十餘艘，利用淡水河及其支流，往來於臺北大稻埕、新店溪苳蕉腳、
基隆河北勢湖等河港。[52] 至於日人富永豐所編纂的《大溪誌》一書則言，大

[47] 臺灣總督府民政部文書課（1900）。臺灣總督府第 2 統計書。臺北：臺灣總督府民政部文書課，
頁 419。

[48] 富永豐編（1985）。大溪誌，昭和 19 年版。臺北：成文出版社，頁 136-137。

[49] 臺灣總督府民政部文書課（1908）。臺灣總督府第 10 統計書。臺北：臺灣總督府民政部文書課，
頁 798-799。

[50] 賴澤涵總纂、陳立文編纂（2010）。新修桃園縣志·開闢志。桃園：桃園縣政府，頁 185。

[51] 簡玉溪口述訪談（2014）。收於羅景文主編，大溪鎮志增修篇·人物篇。桃園：大溪鎮公所，
頁 550-551。

[52] 王世慶（1998）。淡水河內陸河港水運史的考察。臺北：中央研究院中山人文社會科學研究所，
頁 55。

崁溪在西元 1943（昭和 18 年）後，因淤積嚴重，除渡船與竹筏外，已無法供其他船隻航行。[53] 可見大崁地方雖受桃園水圳開通影響，水路交通不若以往，唯在日治時期可謂仍多利用大崁溪河運載運各種商品，有其航運之利。

肆、戰後至今的陸路系統與航空設施

　　二戰結束以降，隨臺灣整體社會經濟的演變，桃園地區的交通設施更為完備，除既有的鐵公路系統外，隨國家總體交通建設的規劃與營運，如國道一、二、三號，臺灣高速鐵路及桃園機場捷運等，皆途經桃園地區。此外，在境外運輸部分，桃園國際機場的設立與營運，無疑也使桃園地區的交通發展更趨活耀且全球化。

一、臺灣鐵路

　　臺灣西部縱貫鐵路在二戰時受盟軍轟炸影響，致全線鋼軌磨損長達 150 公里，枕木腐朽過半，橋梁載重不足者有 926 孔，站場設備與行車保安裝置也都殘缺不全，損毀停用的火車頭幾占半數，破陋待修的客貨車輛也占總數的 20％，所有設備器材也因供應不繼而使鐵路營運陷入困境。至西元 1945（民國 34 年）11 月，臺灣省行政長官公署成立「鐵路管理委員會」，翌年（民國 35 年）春開始進行接收工作，主要針對工務、運務、機務與行政事項進行修復與整頓，以維持行車安全與正常營運。實際修復鐵路的工作包括路基整修、涵洞疏導、翼牆修補、腐朽枕木及磨損鋼軌與銹蝕彈穿橋梁的抽換加固、行車號誌與站場聯鎖機械裝置的檢修強化等。至於毀損擱置的客貨車輛也進行拼裝改造，另對於各車站的倉庫、月臺、天橋、雨棚及站欄等設備亦悉數檢修以供使用，唯在戰爭甫結束之際，各項事務百廢待舉，桃園境內各

---

[53] 富永豐編（1985）。大溪誌，頁 95。

火車站的營運仍多受影響。[54]

　　西元 1948（民國 37 年）3 月，臺灣省政府結束接收階段的鐵路管理委員會，正式設置「臺灣省交通處鐵路管理局」，旋即改稱為「臺灣鐵路管理局」（以下簡稱臺鐵），掌管臺灣鐵路的管理與營運。[55] 雖然臺鐵對相關設施的修造添置多積極處理整頓，力謀改進，使運輸能量日漸增強，但因戰後初期經濟凋零，稅收減少，致鐵路重建速度甚為緩慢，就桃園、中壢車站而言，西元 1949（民國 38 年）10 月臺鐵方才完成桃園車站第一月臺雨棚的新建工程；西元 1949（民國 39 年）9 月完成中壢車站重建工程；西元 1953（民國 42 年）5 月，完成中壢車站月臺雨棚新建工程，同年 12 月再完成中壢車站的跨站天橋工程。[56]

　　雖然戰後鐵路重建較顯緩慢，唯自西元 1954（民國 43 年）起，為配合國家實施經濟發展計畫，臺鐵也朝「鐵路電氣化」、「設備現代化」、「管理科學化」與「營運企業化」等目標前進，使鐵路運輸步向新的里程。臺鐵除強化西部幹線的功能外，也注意到支線鐵路連結的功能，如西元 1968（民國 57 年）3 月所完成的林口支線（俗稱桃林鐵路）乃臺灣電力公司為配合林口火力發電廠運煤所申請修建，起站為桃園火車站，沿途經過現今桃園區、龜山區、蘆竹區而至新北市林口區下寮，營業里程共 19.2 公里。由於該鐵路線專為運煤之用，所以除終點站為林口站之外，尚鋪有七條專用側線，即製鹽總廠線、新竹化工桃園廠線、糧食局頭汴坑加工廠線、中國石油公司桃園廠線、嘉新水泥公司桃園廠線、臺灣水泥公司桃園廠線、大洋塑膠工業公司線。[57] 由於支線、側線的鋪設，桃園境內的原料運輸乃更為便捷。

[54] 臺灣省文獻委員會（1969）。臺灣省通誌，第 4 卷，經濟志‧交通篇。臺中：臺灣省文獻委員會編印，頁 96-97。
[55] 臺灣省文獻委員會（1969）。臺灣省通誌，第 4 卷，經濟志‧交通篇，頁 160。
[56] 臺灣省文獻委員會（1969）。臺灣省通誌，第 4 卷，經濟志‧交通篇，頁 111、113。
[57] 臺灣鐵路管理局。臺灣鐵路統計年報（1976），頁 13-14、66；臺灣鐵路統計年報（1987），頁 112-113；中華綜合發展研究院應用史學研究所（2005）。桃園市志，桃園：桃園市公所，頁 580；林栭顯（2006）。臺灣鐵路管理局所屬車站之沿革，南投：國史館臺灣文獻館，頁 57。

　　自西元 1973（民國 62 年）起，由於政府全力推動十大建設與相關建設，桃園境內的鐵路建設更與時俱進，如西元 1979（民國 68 年）3 月 31 日，完成中壢車站越站地下道；[58] 西元 1985（民國 74 年）完成桃園、中壢車站防盜警鈴系統工程；西元 1987（民國 76 年）12 月完成第二大漢溪橋重建工程。[59] 另自西元 1990（民國 79 年）起，由於政府推動「積體電路」、「通訊」、「電腦產業」、「光電」、「精密機械」和「生物科技」等六大產業經濟，[60] 臺鐵為配合國家政策，發展國際化生活環境，故繼續改善鐵路運輸設施並提升服務品質，與桃園境內相關者為西元 1994（民國 83 年）完成中壢至新竹間光纖電信系統新設工程、桃園車站播音系統改善工程；西元 1997（民國 86 年）完成鶯歌桃園段懸臂更換工程及基隆桃園段的鐵件構架油漆工程。[61] 至西元 2004（民國 93 年），為因應臺灣高速鐵路興建所帶來的衝擊，臺鐵實施「臺鐵都會區捷運化暨區域鐵路改建計畫」，將西部幹線改以中短程及捷運化之營運模式為主，而桃園境內在此計畫下，桃園、內壢、中壢等三個車站也相繼展開改建工程。[62]

　　綜觀臺鐵西部縱貫線的營運，以基隆到新竹路段最為繁忙，其中桃園車站，內壢車站（舊名崁仔腳）、中壢車站、埔心車站（戰後初期仍稱平鎮車站）、楊梅車站、富岡車站（舊名伯公岡）皆在今桃園境內，境內各站除行駛普通客車、貨運列車與通勤電車外，在桃園、中壢、楊梅三站另停靠復興號、莒光號與自強號等特快列車。戰後臺鐵曾根據營收、客運、貨運、車站與所在地環境等四項指標對各大車站進行評比，在西元 1961（民國 50 年）時，桃園車站曾列為一等乙級站，中壢車站列為二等甲級站，至於楊梅車站、

[58]　臺灣鐵路管理局。臺灣鐵路統計年報（1977），頁 2-3；臺灣鐵路統計年報（1979），頁 2-3。

[59]　臺灣鐵路管理局，臺灣鐵路統計年報（1984），頁 10；臺灣鐵路統計年報（1985），頁 10；臺灣鐵路統計年報（1986），頁 8-9；臺灣鐵路統計年報（1987），頁 8-9。

[60]　施建生（1999）。臺灣經濟發展經驗與體認，收於施建生編，1980 年代以來臺灣經濟發展經驗。臺北：中華經濟研究院，頁 19-20；于宗先、王金利（2003）。一隻看得見的手－政府在經濟發展過程中的角色。臺北：聯經出版事業公司，頁 270、283。

[61]　臺灣鐵路管理局。臺灣鐵路統計年報（1994），頁 21；臺灣鐵路統計年報（1997），頁 28。

[62]　臺灣鐵路管理局。臺灣鐵路統計年報（2004），頁 16。

內壢車站、埔心車站、富岡車站則同列為三等車站。[63] 此後至民國 90 年代，臺鐵重新分類，依各車站屬性分為特等站、一等站、二等站、三等站、簡易站、設備站與招呼站，其中桃園境內的桃園與中壢車站被列為一等站，內壢、埔心、楊梅、富岡車站則被列為三等站，當中較值得注意的是，過去桃園車站在等級區分中一枝獨秀的情形不再，中壢地區因工業區設立及多所公私立大專院校的設立，成為一兼具文教與工業機能的高度都會市鎮，是以中壢車站的營運量大增，逐漸與桃園車站並駕齊驅。[64]

二、臺灣高速鐵路

除臺鐵外，桃園境內於西元 2006（民國 95 年）起亦設有「高速鐵路」桃園（青埔）站，所謂高速鐵路（以下簡稱臺灣高鐵）係指營運時速在 200 公里以上的鐵路系統。由於臺灣西部城市既往的鐵路交通運輸端賴臺鐵，但臺鐵限於路線單一、車站繁多與機械動力不足等因素，致無法滿足長途旅客時間縮減的需求，為此，臺灣高鐵乃應運而生。臺灣高鐵列車時速可達 300 公里以上，將南北交通時間縮短在 90 分鐘以內，因此非常適合島內長距離的客運移動。臺灣高鐵具有強大運輸能量，每日可載運 30 萬人次以上的旅客，效率為國道一號中山高速公路的 3.7 倍、國道第二高速公路的 2.5 倍，對傳統以鐵公路為主的運輸方式帶來不小衝擊。

臺灣高鐵從臺北南港到高雄左營，全長共 350 公里，沿途經過 11 個縣市、76 個鄉鎮區，沿線原設有臺北、板橋、桃園（青埔）、新竹（六家）、臺中（烏日）、嘉義（太保）、臺南（新化）及高雄（左營）等八站。後因地方需求，又先後於 2015 年新增苗栗（後龍）、彰化（田中）、雲林（虎尾）三站，並於 2016 年新加入南港站，總計為十二站。[65] 其中屬桃園境內的桃園（青埔）站

---

[63] 臺灣省文獻委員會。臺灣省通志，第 4 卷，經濟志·交通篇，頁 141-142。

[64] 臺灣鐵路管理局。臺灣鐵路統計年報（2004），頁 40。

[65] 臺灣高鐵。臺灣高鐵簡介，https://www.thsrc.com.tw/event/Governance/2020THSRC_Introduction.pdf，點閱日期：2021.9.11。

位於桃園國際機場東南方 6 公里，桃園區中心西南方約 10 公里，中壢區北郊
與大園區交界處。公路可以市道 110 線或 113 線連接中壢區與大園區，或以市
道 110 線銜接國道一號高速公路。此外，尚可利用高鐵橋下兩側的快速道路市
道 31 號，往北連接國道二號及蘆竹區，往南則可連接楊梅區，以迄新竹。[66]

　　桃園（青埔）站為考量鄰近國際機場飛航安全，採地下化設計方式，站
區由「車站主體」、「運務管理中心」與「立體停車場」等三部分構成。車
站主體為地上一層、地下二層建築，包括旅客大廳、候車室以及月臺大廳，
四周設有出入口八處。旅客大廳置有售票處、補票機、商業區等設施；候
車室內設有育嬰室。乘車月臺有兩座，長 420 公尺、寬 9 公尺，另附設兩座
逃生梯。車站主體設計樣式採「燈籠」意象，並運用大片玻璃帷幕及高達 8
公尺的細長鋼柱為主體支架，車站四周寬度計有 72 公尺。車站主體北方的
立體停車場為地上三層與地下一層的建築，可停放 896 輛小型車和 620 輛機
車。[67]桃園（青埔）站於西元 2006（民國 95 年）11 月 25 日正式啟用，在桃
園縣政府（今桃園市政府）的規劃下，其服務範圍包括境內的國際機場、桃
園、中壢、大園、南崁、觀音、新屋及鄰近新北市的鶯歌、三峽等地，站場
有市區公車、計程車排班區和租車服務櫃檯，搭配桃園機場捷運，旅客亦可
轉搭機場捷運快速前往機場，境內的中壢、蘆竹市區和新北市的林口、新莊、
三重及臺北市等地，交通可謂十分便利。[68]

三、桃園捷運

　　為增加桃園國際機場聯外交通的效能，分擔桃園國際機場捷運沿線通勤
客群及觀光旅遊之大眾運輸需求，一方面提供機場出入境旅客更舒適便捷之

---

[66]　亞聯工程顧問公司編（1994）。高速鐵路車站站區交通及聯外運輸系統規劃・附件一：桃園青
　　埔站規劃報告，臺北：交通部高速鐵路工程籌備處，3-1。

[67]　桃園旅遊網。http://taoyuan.emmm.tw/，點閱日期：2021.9.11。

[68]　亞聯工程顧問公司編。高速鐵路車站站區交通及聯外運輸系統規劃・附件一：桃園青埔站規劃
　　報告，3-1；桃園旅遊網。http://taoyuan.emmm.tw/，點閱日期：2021.9.11。

交通工具，另方面也提供一般捷運系統的城際運輸及通勤效用，便利臺北市及新北市三重、新莊、泰山、林口及桃園市蘆竹、大園、中壢等地民眾的移動，交通部乃召集桃園縣政府、臺北縣政府（今新北市政府）及臺北市政府，共同籌設桃園大眾捷運股份有限公司，並委其負責營運機場捷運，藉此提供旅客更安全可靠之捷運服務。[69]

　　桃園捷運其實早在西元 1998（民國 87 年）即委由民間以 BOT 方式興建營運，然期間歷經多種波折，最終遲至西元 2017（民國 106 年）3 月方正式營運通車。[70]桃園捷運沿線自 A1 臺北車站起至 A21 中壢環北站，共設有 21 站，其中除 A1 臺北車站位於臺北市，A2 至 A9 站位於新北市外，其餘 A10 至 A21 站，皆分布於桃園市境內。

表一　桃園捷運各站編號、站別及位置

站號	站名	地址
A1	臺北車站	臺北市中正區鄭州路 8 號
A2	三重站	新北市三重區捷運路 36 號
A3	新北產業園區站	新北市新莊區五工路 37 號
A4	新莊副都心站	新北市新莊區新北大道四段 188 號
A5	泰山站	新北市泰山區新北大道四段 431 號
A6	泰山貴和站	新北市泰山區新北大道六段 460 號
A7	體育大學站	桃園市龜山區文化一路 688 號
A8	長庚醫院站	桃園市龜山區文化一路 6 號

[69] 孫承武（2008）。機場捷運共構標明開工國家門戶重要工程。臺灣英文新聞，。https://www.taiwannews.com.tw/ch/news/825043，點閱日期：2021.9.11。

[70] 中正機場捷運議約民生中選。《聯合報》。1998.5.27；曾宏儒、卓怡君、楊謙信。不玩了龐巴迪就開跑。自由電子報。2005.9.7，http://old.ltn.com.tw/2005/new/sep/7/today-life2.htm；統包商頻違約，高鐵局求償 72 億。蘋果日報。2016.3.5。https://tw.appledaily.com/headline/daily/20160305/37094968/applesearch/ 統包商頻違約高鐵局求償 72 億；江禹嬋，機捷通車陳副總統。北北桃 1 日生活圈。大紀元。2017.3.20，http://www.epochtimes.com/b5/17/3/2/n8866311.htm，點閱日期：2021.9.11。

站號	站名	地址
A9	林口站	新北市林口區八德路 290 號
A10	山鼻站	桃園市蘆竹區南山路三段 155 號
A11	坑口站	桃園市蘆竹區坑菓路 460 號
A12	機場第一航廈站	桃園市大園區航站南路 17 之 1 號地下 1 層
A13	機場第二航廈站	桃園市大園區航站南路 9 之 1 號地下 2 層
A14	機場第三航廈站	（尚未啓用）
A14a	機場旅館站	桃園市大園區航站南路 1 之 2 號
A15	大園站	桃園市大園區橫沔一路 50 號
A16	橫山站	桃園市大園區大竹南路 1180 號
A17	領航站	桃園市大園區領航北路四段 351 號
A18	高鐵桃園站	桃園市中壢區高鐵北路一段 5 號
A19	桃園體育園區站	桃園市中壢區高鐵南路二段 350 號
A20	興南站	桃園市中壢區中豐北路一段 685 號
A21	環北站	桃園市中壢區中豐北路一段 26 號

資料來源：桃園捷運，https://www.tymetro.com.tw/tymetro-new/tw/_pages/travel-guide/road.html，點閱日期：2021 年 9 月 11 日。

　　桃園捷運路線總長為 34.03 公里，營運模式分「直達車」及「普通車」二類，車體塗裝也分別以「紫色」與「藍色」加以識別，直達車主要由臺北車站至桃園國際機場，沿途僅停靠 A1 臺北車站、A3 新北產業園區站、A8 長庚醫院站、A12 機場第一航廈站及 A13 機場第二航廈站，另自西元 2018（民國 107 年）3 月起，部分直達車也增停 A18 高鐵桃園站與 A21 站環北站。[71] 從上述各站別的規劃，皆可見桃園機捷的營運不僅對桃園沿線地區民眾的求學、工作、商貿、行旅帶來更大便利，即便連外縣市的民眾抑或國外旅客也能增添新的選擇。

---

[71]　桃園捷運。https://www.tymetro.com.tw/tymetro-new/tw/index.php，點閱日期：2021.9.11。

四、公路

　　公路與鐵路相輔相成，是促進人口移動、均衡區域發展與推進產業經濟活動的公共基礎建設之一，其重要性亦不容小覷。西元 1945（民國 34 年）二戰結束後，國民政府來臺接收，當時臺灣省行政長官公署交通處下曾設「鐵路管理委員會汽車處」，負責相關公路接收事宜，[72] 待接收工作告一段落，由於公路部門範圍龐大，非鐵路管理委員會汽車處所能掌理，[73] 是以臺灣省行政長官公署遂將其與「通運汽車業務部」合併，並於西元 1946（民國 35 年）8 月 1 日成立「臺灣省公路局」，負責公路工程、公路運輸與公路監督三大業務。[74] 西元 1947（民國 36 年）5 月，臺灣省政府成立後，臺灣省公路局改隸臺灣省政府交通處，至西元 1949（民國 38 年）續接管「臺灣省公共工程局」所掌理之全臺公共工程業務。[75] 西元 1980 年（民國 69 年）10 月 2 日，政府又將原臺灣省公路局職掌之運輸業務改由新成立的「臺灣汽車客運公司」承接，[76] 至此，臺灣省公路局所負責業務剩「公路工程」與「公路監督」二類，迄西元 1993（民國 82 年）7 月 1 日，因政府實施精省政策，臺灣省公路局再改隸交通部所轄，待「交通部公路總局組織條例」通過，臺灣省公路局便於西元 2002（民國 91 年）1 月 30 日更名為「交通部公路總局」。[77]

　　分佈於臺灣各地之公路在戰後至西元 1984（民國 73 年）以前，主要區分為國道、省道、縣（市）道及鄉（鎮市）道四類，此後根據「公路法」的規定，將市街道路不合規定者剔除，並針對公私機構興建專供本身運輸之道

---

[72] 臺灣省文獻委員會。臺灣省通誌，第 4 卷，經濟志・交通篇，頁 15。

[73] 臺灣省行政長官公署公報（1946）。函復新竹市參議會本署正籌設公路局改善交通請查照，秋字第 38 期，頁 284。

[74] 臺灣省行政長官公署公報（1946）。令知設立公路局，秋字第 39 期，頁 604。

[75] 中華民國交通部公路總局。本局沿革，https://www.thb.gov.tw/page?node=41871325-c9d4-4929-8e76-bcf24682973d，點閱日期：2021.9.11。

[76] 鐵路昨開駛冷氣對號車，列車滿座，站票不少。臺北火車站月底前全部裝冷氣，臺灣汽車客運公司下月初成立。中央日報。1980.7.17，第 3 版。

[77] 臺灣省文獻委員會。臺灣省通誌，第 4 卷，經濟志・交通篇，頁 16-17。

路納入系統中,因而區分成國道、省道、縣道、鄉道及專用道(或稱專用公路)五類。[78] 值得提出的是,桃園市至西元 2014(民國 103 年)底方由省轄縣升格為直轄市,故原屬「縣道」者也改稱為「市道」。

途經桃園市的國道系統主要有國道一號、國道二號與國道三號。國道一號又稱中山高速公路,以紀念國父孫中山(1866-1925)而得名,自 1971(民國 60 年)起動工,至 1974(民國 63 年)時已可通車至桃園,至 1978 年(民國 63 年)後更可北起基隆,南至高雄,全線通車。國道一號在桃園境內共設有桃園交流道、機場系統交流道、中壢服務區、內壢交流道、中壢轉接道、中壢交流道、平鎮系統交流道、幼獅交流道及楊梅交流道等多處交流道及服務區,交通流量不小。至於國道二號,則為西起桃園國際機場,往東匯入國道三號的橫向國道系統。1980(民國 69 年)完成西段(機場端—機場系統)的機場支線,至 1997(民國 86 年)再完成東段(機場系統—鶯歌系統)的桃園環線,沿途共設有大園交流道、機場系統交流道、南桃園交流道、大湳交流道及鶯歌系統交流道。最後的國道三號則是為分擔國道一號的車流量,並且為促進西部村鎮經濟發展而興建。國道三號又稱福爾摩沙高速公路,自 1987(民國 76 年)開始動工,至 2004(民國 93 年)全線通車,在桃園境內共設有大溪交流及龍潭交流道,而在鶯歌系統交流道部分亦可銜接國道二號以達桃園國際機場。

其次,在省道工程方面,主要是進行路面混凝土的鋪裝與橋梁修建,其中途經桃園的省道計有臺 1 線、臺 1 甲線、臺 3 線、臺 3 乙線、臺 4 線、臺 7 線、臺 7 乙線、臺 15 線等八條。其中臺 1 線又名「一省道」,經過龜山、桃園、八德、內壢、中壢、平鎮與楊梅等區,為貫穿桃園市境與出入市境最重要的道路,交通狀況繁忙,壅塞問題持續存在。另臺 1 甲線又名「二省道」,主要是紓解臺 1 線的交通流量,進入桃園市境後途經龜山與桃園各區。至於臺

---

[78] 郭薰楓主修(1966)。桃園縣誌・經濟志,第 4 卷(下)。桃園:桃園縣文獻委員會,頁 20-21;公路法,1984.01.23。

3 線又稱為「山線」，概沿近山與丘陵地區開闢之故，所經市鎮也多為近山地區，如三峽、大溪、北埔、三灣等地。臺 3 線進入桃園市境後，途經大溪、龍潭等區。至於臺 4 線則由東而西橫貫市境，為溝通市境內之重要道路，沿途經大園、蘆竹、桃園、八德、龍潭、大溪等區，經由該線亦可從濱海地區的竹圍一路通達內山的石門水庫一帶。至於臺 7 線即「北部橫貫公路」，從大溪開始，沿途經三民、羅浮、高坡、榮華、高義、巴陵、明池等地，直到宜蘭縣境。

　　至於縣（市）道工程方面大部分在日治時期已修建完成，其中桃園大園段、桃園大溪段、中壢觀音段、平鎮關西段以及楊梅老飯店段等主要縣（市）道，相繼於西元 1935（昭和 10 年）後完成，唯當時路面狀況不甚理想。[79] 戰後縣（市）道工程即著眼於原有道路的勘測、修復、加寬、舖設、養護與新路線的規劃。至西元 1952（民國 41 年），已先後完成大溪角板山道路延築及加寬工程，桃園大溪道及桃園大園道延長工程，中壢觀音道路面混凝土鋪設工程，以及桃園竹圍、大園竹圍、大園觀音、中壢新屋、觀音新屋、新屋崁頭村、楊梅新屋、平鎮龍潭、大溪龍潭、桃園鶯歌、大溪洞口等重要道路的整修工程；並組織養路班，擔任桃園大溪、桃園大園、中壢觀音、中壢崁頭村、平鎮龍潭、中壢龍潭等道路的修護工作。[80]

　　今桃園市境內的市道計有 105 線、108 線、110 線、110 甲線、112 線、113 線、113 甲線、114 線、115 線等九條路線。其中 105 線連接新北市八里區到桃園市龜山區，共 22 公里長；[81]108 線則連接大園區與新北市林口區之間，途經蘆竹區，整體而言交通量不大。至於 110 線則自大園區往新北市新店區，共計 45.45 公里，沿途經大園、蘆竹、桃園等區。[82] 市道 110 甲線屬110 線的支線，但交通量大於 110 線，為境內重要市道之一，110 甲線如同市道 110 線，皆從大園區往外延伸，不過市道 110 甲線向東南方連接到中壢

79　陳正祥（1993）。臺灣地誌，頁 1133。
80　桃園縣文獻委員會（1979）。桃園縣志・經濟志，第 4 卷，交通篇。桃園：桃園縣政府，頁 30。
81　李春茂（1994）。公路行駛時間調查。臺北：交通部運輸研究所，頁 2-19。
82　李春茂（1994）。公路行駛時間調查。臺北：交通部運輸研究所，頁 A3-4。

區，而市道 110 線則是向東連接到大臺北地區。市道 112 線則連接觀音區與
大溪區，途經中壢區，總長共 26.15 公里，在大溪交流道附近因車流量大，
阻塞延滯較顯嚴重。[83] 至於 113 線則是桃園境內另一條重要道路，全長約 10
公里，連接大園至龍潭石門之臺 3 乙線，進入中壢區後交通流量大，至平鎮
派出所附近是交通量最大之地，尖峰時刻可以「車滿為患」形容。另 113 甲
線則是連接中壢與龍潭區。最後 115 線為連接觀音區與新竹縣芎林鄉之市
（縣）道，途經新屋與楊梅二區，全線里程 36.2 公里，由於該道路所經市鎮
多非繁榮地區，故車輛不多，交通尚稱順暢。[84]

　　至於桃園境內各區道路，多就日治時期原有之車馬行人道改修而成，因
此道路狀況不佳。西元 1945（民國 39）二戰結束後至西元 1951（民國 40 年）
間，桃園縣政府建設部門與各鄉鎮公所為便利各鄉鎮間的交通往來，乃相繼
整修舊有街莊道路，並針對載重不足的橋梁加寬、加固及重建。[85] 此後由於
經濟繁榮，各縣市都市化程度日深，都市規模持續擴大，原道路交通設施已
不敷使用，亟需新建或改善現有道路，因此，內政部營建署從西元 1995（民
國 84 年）起便開始與各縣市政府共同辦理市區道路之交通特性研究，除提
供地方所需之交通特性資訊外，並依此分配道路建設預算至各地政府。[86] 桃
園縣政府為此而相繼提出整建的鄉鎮道路計有：龜山坪頂道、桃園竹圍道、
山腳后壁厝竹圍道、竹圍下寮道、林口海湖道、大園許厝港道、大園中壢
道、中壢大溪道、觀音崁頭村道、新屋伯公岡道、龍潭新埔道、三坑子石門
道、大溪鶯歌道、大湳八德霄裡道、八德機場道、南崁坪頂大湖道等，共計
113.68 公里。至於待興修的橋梁則有：海湖橋、大湖道第一號橋、埔心橋、

[83]　李春茂（1994）。公路行駛時間調查。臺北：交通部運輸研究所，頁 2-21。
[84]　李春茂（1994）。公路行駛時間調查，頁 A3-4、A3-5。
[85]　桃園縣文獻委員會。桃園縣志‧經濟志，第 4 卷，交通篇，頁 50。
[86]　此項調查研究共進行「路口轉向交通量調查」、「路口車輛延滯調查」、「幹道車行速率與延滯
　　　調查」、「行人延滯與干擾車流調查」、「路段長期交通量觀測」等 5 個項目。見私立淡江大學
　　　承辦、內政部營建署委託（2000）。臺灣省市區臺灣省市區道路交通特性研究桃園市、中壢市、
　　　平鎮市、八德市，臺北：內政部營建署，頁 1-1、1-2。

強厝橋、龍潭新埔道第二號橋、老飯店南圳橋、石門第一與第二號橋、北勢橋、望間橋、竹卷橋、大坑缺橋、老街橋、東社橋、金門橋、祖厝橋、龍潭橋、藍埔橋、塘尾橋、深圳橋、大欄橋、太平橋、月眉橋、水美橋、水樂橋、霄裡四號橋等。[87]

　　戰後桃園境內公路交通建設一日千里，不僅跨越縣市、鄉鎮的道路橋梁工程規模日益擴大，品質逐漸提升，且道路數量與里程亦顯著成長，其中與一級產業（農林漁牧礦業）發展相關之產業道路也在西元 1987（民國 76 年）後開始進行全面興修。其實產業道路和地方發展息息相關，被視為基層道路建設，所以又稱為村里道路（日治時期稱為「保甲道路」），乃各村內部鄰與鄰、村與村間的交通小徑。迄西元 2004（民國 93 年）為止，桃園境內產業道路共有 124 條，規模小者以「農路」命名，規模大者則劃入鄉鎮道系統，以「桃」字進行編號，至西元 2004（民國 93 年）止，以「桃」字編號之道路共編有 118 號。[88] 隨產業道路的拓寬、延長、鋪裝柏油路面及建造橋梁等，桃園地區的農業鄉鎮景象也隨之煥然一新。[89]

五、客運公司

　　桃園境內外旅客的移動與交通聯繫，除前述的鐵路、高鐵與機捷外，在公路部分則主要為客運公司的運輸服務。自戰後以來，臺灣各地的公路運輸主要由臺灣省公路局負責，然至西元 1980（民國 69 年）11 月，公路運輸業務移交給新成立的「臺灣汽車客運」（以下簡稱臺汽客運）後，[90] 臺汽客運便成為旅客利用國道、省道等中長程運輸的主要交通工具，並以提供便利、經濟與安全為其主要訴求。臺汽客運在桃園境內原設有桃園站、中壢站、大溪站、中正機場站、楊梅站等五個站，然至西元 1996（民國 85 年）底，因

---

[87] 桃園縣文獻委員會。桃園縣志，第 4 卷，經濟志・交通篇，頁 50。
[88] 吳振漢主編（2004）。大溪鎮志。桃園：大溪鎮公所，頁 37-39。
[89] 謝公滄主編（1986）。觀音鄉志。桃園：觀音鄉公所，頁 222。
[90] 臺灣汽車客運網。http://www.thb.gov.tw/main_01.htm，點閱日期：2021.11.9。

運輸機能下降及成本考量，廢除楊梅站，並將該站的營運路線及業務整併到中壢站內，由其統一調度經理。[91]

　　至於桃園境內的客運運輸則以桃園客運為最，桃園客運前身為前述日治時期的桃園輕鐵，西元1946（民國35年）1月8日更名為「桃園交通有限公司」，西元1947（民國36年）元月再定名為「桃園汽車客運股份有限公司」，資本額為舊臺幣450萬元，原有日股由省公路局接收為官股，後於同年改組為民營。桃園客運自西元1951（民國40年）起，先後增闢聯繫桃園各鄉鎮市之客運路線，如桃園八德間、桃園龍潭間、八德中壢間、桃園中壢間、桃園大溪間、大溪大園間、桃園復興間、中壢埔心間，甚至跨境到鄰近的新北市鶯歌、林口等地，或與新竹客運聯營部分路線等，對地方交通貢獻甚大。[92]曾任大溪鎮鎮長的簡欣哲（1916-2010）曾回憶桃園客運說：「（大溪）當地有許多民眾必須大清早趕搭火車至臺北上學及上班，如果不是桃園客運全力配合第一班車發車時間及加開更多班次，而且提供學生優待票，恐怕這些民眾每天趕搭火車會非常困難」[93]，可見桃園客運對地方運輸之貢獻。

　　經營桃園境內的客運路線除桃園客運外，新竹客運也值得一提，新竹客運前身為日治時期的「臺灣輕鐵」，戰後臺灣省公路局於西元1946（民國35年）接收時將其改為官股，西元1947（民國36年）1月再改為官商合營的「新竹汽車客運股份有限公司」，旋將官股讓售民股成為民營。[94]新竹客運在桃園境內原本只經營中壢龍潭線，平鎮經龍潭至關西線，同年11月開始接辦桃園客運經營的中壢觀音線、中壢新屋線、楊梅崁頭村線、中壢大溪線、中壢新竹線，以中壢與楊梅為二大要站，此外，還經營楊梅鎮（區）內路線。[95]除上述桃園境內及與新竹接軌的營運路線外，自西元1997（民國85年）10月起，新竹客運還與三重汽車客運聯合承接國光客運民營化後所釋出

[91]　賴澤涵總纂、朱德蘭編纂（2010）。新修桃園縣志・交通志。桃園：桃園縣政府，頁321。
[92]　賴澤涵總纂、朱德蘭編纂（2010）。新修桃園縣志・交通志。桃園：桃園縣政府，頁335-339。
[93]　桃園汽車客運（2003）。桃園汽車客運創立壹百周年特刊，桃園：桃園汽車客運，頁30。
[94]　賴澤涵總纂、朱德蘭編纂（2010）。新修桃園縣志・交通志。桃園：桃園縣政府，頁343。
[95]　桃園縣文獻委員會。桃園縣志・經濟志，第4卷，交通篇，頁40。

的楊梅臺北路線，積極投入國道客運的競爭市場。[96]

有別於桃園客運、新竹客運早在日治時期即已開始經營，中壢客運卻因中央與地方交通權限問題，遲至西元 1979（民國 68 年）方獲准成立。中壢客運原名「皇后客運股份有限公司」，其服務據點除中壢總站外，尚有中壢南站和桃園站兩處。中壢客運為服務長途旅客及火車未及地區之民眾，避免轉乘困擾，其行駛長途公路客運班車有中壢新竹、林口桃園兩線。前者從中壢發車沿臺一線經埔心、楊梅、新豐、竹北等地到新竹；後者則由桃園發車沿臺 4 線，經林口、大溪等地再到復興區。近年來，中壢客運也與多家優良客運公司聯合申請經營國道路線，期能為桃園境內民眾提供更優質的大眾運輸工具。[97]

六、航空

桃園境內除有鐵公路的綿密鋪設與營運機構外，作為進出國門之國際機場亦設立於桃園境內。西元 1949（民國 38 年）中華民國政府遷臺後，民用航空局也隨同政府播遷來臺，民航局鑒於民航事業須迅速恢復，以為經濟發展之需，故經行政院核准指定臺北松山機場為國際、國內共用機場，並著手進行民航建設。[98] 至西元 1967（民國 56 年）已相繼完成飛機跑道、滑行道、停機坪、貨運航空站和倉庫等設施。[99]

自西元 1961（民國 50 年）起至西元 1972（民國 61 年），由於政府施行勞力密集產業出口擴張政策，致國際民航與國內民航的需求大增，國內外航班起降頻繁，原松山機場已無法因應與日俱增的航空運輸量，為謀解決之道，一為擴建松山機場，二為新建民用國際機場以為因應。[100] 由於松山機場位於臺北市區，礙於地形與徵收土地不易，在數度擴建後已無大規模增建工程的可能，

---

[96] 賴澤涵總纂、朱德蘭編纂（2010）。新修桃園縣志‧交通志，頁 347-348。

[97] 賴澤涵總纂、朱德蘭編纂（2010）。新修桃園縣志‧交通志，頁 351。

[98] 臺北國際航空站。臺北航空站成立五十週年回顧。http://www.tsa.gov.tw，點閱日期：2021.9.11。

[99] 松山機場擴建完工，二十一日舉行揭幕禮，可起落世界最新飛機。中央日報。1957.5.19，第 3 版。

[100] 松山機場業務日繁，目前設備不切需要，專家認為覓址另見國際航空站，現場地專攻國內線使用）。中央日報。1967.7.17，第 3 版。

且學者專家也多建議另覓新址建立國際航空站，讓松山機場改當國內航線中心。有鑑於此，政府除讓松山機場維持最大限度的空運量外，為分擔臺北國際機場的空運量，遂決定於臺北近郊另覓一址，興建一座新型國際機場。[101]

　　西元 1970（民國 59 年）6 月，交通部民航局委託美國派森斯工程顧問公司（Ralph M. Parsons Company）進行國際機場規劃，所需經費除利用民航局營運的結餘款外，也向國內外籌募借款，至於機場用地則選定在桃園大園一地共 1,060 公頃之土地。西元 1974（民國 63 年）1 月時桃園縣政府召開協調大會，針對機場用地之土地徵收事宜與當地居民達成共識，會中協議農地每公頃以 46 萬元徵收，地上物補償每戶 8 萬元，如有未收成農作物則支付 3 萬元至 8 萬元不等的補償價。此外，桃園縣政府還安排適當地點供搬遷民眾居住，並對農民提供其他農地以供耕種，歷經半年，桃園縣政府終於順利完成第一期的土地徵收工作。[102]

　　歷經五年的時間，西元 1979（民國 68 年）桃園國際機場完工後，除第一航站大廈外，另相繼增設資料處理中心（Computer System）、中央控制中心（Management System）、中正航空科學館（Aviation Museum）、機場旅館（Airport Hotel）、航空貨運站（Cargo Terminal）、桃園航勤服務公司（TIAS Company）、空中廚房（Fight Kitchen）、修護工廠（Maintenance Hangar）、民航局航空醫務中心（Aviation Medical Center）與中正氣象臺等設施，以利機場的營運管理。至西元 1991（民國 80 年）3 月，隨出入境旅客大增與貨運的需求，政府亦為推動臺灣成為亞太營運中心，遂開始規劃興建第二航站大廈，至西元 2000（民國 89 年）7 月 28 日完工啟用。另為方便機場內外工作人員及轉機旅客通行，在第一、二航廈間設有旅客電車輸運系統（Skytrain），並於西元 2003（民國 92 年）1 月 28 日正式啟用營運。[103]

---

[101] 行政院國際經濟合作發展委員會編（1972）。中華民國第五期臺灣經濟建設四年計畫。臺北：行政院國際經濟合作發展委員會，頁 291-292。

[102] 桃園機場用地徵購問題解決，預定地農民將可獲妥善安置。中央日報。1974.3.1，第 3 版。

[103] 林憶珍（2004）。為歷史作見證－記第二航廈啟用營運，收於中正國際航空站，中正國際機場啟航 25 週年紀念特刊。桃園：中正國際航空站，頁 4。

有關桃園國際機場的運輸成效，首就旅客方面而言，從西元 1979（民國 68 年）起至西元 2019（民國 108 年），四十年間無論入出境與過境人次都呈現穩定增長趨勢。雖然在西元 2003（民國 92 年）因為受到經濟不景氣和非典型肺炎（Severe Acute Respiratory Syndrome，簡稱 SARS）侵襲臺灣的雙重影響，致出入境旅客數量稍有明顯衰退，此後隨全球化的腳步增快與政府開放臺海兩岸交流，出入境旅客更持續高度成長。

表二　桃園（中正）國際機場旅客運輸成效一覽表

年	入境人數	出境人數	過境人數	總計
1979	1,749,997	1,731,817	561,897	4,043,711
1984	2,104,706	2,162,450	1,043,259	5,310,415
1989	3,850,403	3,896,218	912,176	8,658,797
1994	5,825,675	5,792,899	1,730,894	13,349,468
1999	7,519,876	7,495,591	2,028,995	17,044,462
2004	8,865,650	8,856,289	2,361,289	20,083,228
2009	9,830,797	9,732,755	2,053,177	21,616,729
2014	16,122,652	15,885,237	2,132,745	34,140,634
2019	20,122,818	20,243,377	266,503	40,632,698

資料來源：桃園國際機場股份有限公司，「客運量統計表」，https://www.taoyuanairport.com.tw/main_ch/flight/PassengerQuery.aspx?uid=1807&pid=23，點閱日期：2021 年 9 月 11 日。

其次，就貨運量變化而言，桃園國際機場在西元 1979（民國 68 年）至西元 2019（民國 108 年）的貨物運輸量也同出入境旅客情況一般，大體呈現穩定上升趨勢。其中出口貨物載重量一直多於進口貨物載重量，此現象反映臺灣經貿長久以來以出口導向為主，近年來受全球化、自由化開放市場影響，進口貨物量則有凌駕出口貨物量的趨勢。

表三　桃園國際機場貨物運輸成效一覽表（單位：公斤）

年	進口貨量	出口貨量	轉口貨量
1979	26,357,400	85,166,700	0
1984	50,085,400	162,878,000	0
1989	130,291,800	251,497,700	0
1994	253,629,909	346,536,568	48,331,197
1999	394,547,698	571,632,521	78,289,260
2004	493,045,597	670,739,685	524,924,921
2009	389,683,564	482,680,871	472,968,984
2014	483,386,869	560,535,338	602,386,962
2019	509,776,624	446,276,501	808,449,942

資料來源：桃園國際機場股份有限公司，「貨運量統計表」，https://www.taoyuanairport.com.tw/
main_ch/flight/CargoQuery.aspx?uid=1808&pid=23，點閱日期：2021 年 9 月 11 日。

　　再者，就桃園國際機場起降之航機架次而言，自西元 1979（民國 68 年）
至 2019 年（民國 108 年），各年度的定期入出境起降航班約略相當，唯無
論入境或出境的航班，隨臺灣的經貿發展與全球化，四十年間入境航班已從
西元 1979（民國 68 年）的 17,314 架次增至 2019（民國 108 年）的 107,472
架次，超過六倍以上。至於定期出境架次也從 17,314 架次增長至 107,488 架
次，同樣呈現高穩定成長趨勢。由歷年入出境航班的增加，也可反映出桃園
國際機場的現代化設備業已適應國際航空運輸市場的需求。

表四　桃園國際機場航機架次統計表

年	定期入境	定期出境	總計
1979	17,314	17,274	34,588
1984	18,226	18,244	36,470
1989	22,752	22,840	45,592

年	定期入境	定期出境	總計
1994	39,340	39,443	78,783
1999	52,264	52,186	104,450
2004	68,586	68,593	134,179
2009	63,152	63,132	126,184
2014	100,368	100,372	200,740
2019	129,118	129,115	258,233

資料來源：桃園國際機場股份有限公司，「歷年航機架次統計表」，https://www.taoyuanairport.com.tw/main_ch/flight/FlightsQuery.aspx?uid=1811&pid=23，點閱日期：2021 年 9 月 11 日。

　　最後，值得一提的是桃園國際機場的名稱演變，初始桃園國際機場的出入境旅客與裝卸貨物皆以臺北為起迄點，依照國際空運航線慣例，交通部民航局將其命名為「臺北桃園國際機場」，英文名為 Taipei International Airport。[104] 此後至西元 1975（民國 64 年）4 月，因蔣中正（1887-1975）總統逝世，西元 1978（民國 67 年）交通部民航局接納美國紐約華文報社的建議，擬將「臺北桃園國際機場」改名為「中正國際機場」以茲紀念。民航局將此案呈報行政院，至西元 1979（民國 68 年）2 月經行政院同意，正式改名為「中正國際機場」，英文譯名為 Chiang Kai-shek International Airport，[105] 至此，桃園機場遂改稱「中正國際機場」，原桃園國際航空站也同時更名為「中正國際航空站」。迨西元 2006（民國 95 年）陳水扁擔任總統（任期 2000-2008 年）時，提議將「中正國際機場」更名為「臺北國際機場」，然在國內掀起不小波瀾與論爭。[106] 此後經過朝野政黨反覆議論結果，至西元 2006（民國 95 年）9 月 6 日，行政院院會正式通過將「中正國際機場」改名為「臺灣桃園國際機場」之議，英文名稱也改為 Taiwan Taoyan International Airport。[107] 同年 11 月

[104] 臺北桃園國際機場政院正式核定命名，十月先行開放試飛。經濟日報。1978.4.28，第 2 版。
[105] 紀念蔣公偉大貢獻，桃園國際機場命名中正機場。中央日報。1979.2.16，第 1 版。
[106] 中正機場正名？朱立倫反對。《聯合報》。2006.8.13，第 A2 版。
[107] 變「台灣桃園」，中正機場更名 TPE 不變。《聯合報》。2006.9.2，第 A2 版；急就章全球看笑話。

1 日，原「中正國際航空站」也更名為「桃園國際航空站」；至西元 2010（民國 99 年）11 月 1 日，為能即時因應市場變化及國際競爭，提升營運效率及服務水準，且配合政府改造國營事業為民營化之精神，「桃園國際航空站」正式更名為「桃園國際機場股份有限公司」，成為全臺第一家改制為股份公司的航空站。[108]

伍、結語

桃園地區本為原住民的活動場域，此後雖歷經西班牙、荷蘭與鄭氏政權的先後統治，唯因人口不多，致交通不備。清領時期，隨移墾漢人日增，無論北上或南下至此區者，或緣淡水河及其支流入大溪，或藉舟船沿岸航行入南崁溪或搭牛車涉溪沿河谷而至南崁，皆知陸運交通不甚順暢。清雍正年間，因通往北臺的龜崙嶺道開通，桃園境內的南北交通乃隨之開展，尤其清末開港通商後，人物、物流需求更甚。除縱貫公路的修築外，大料崁溪的河運對桃園地區的發展與流動也具一定效能；至於基隆至新竹間的鐵路開通，雖然營運仍顯簡略，但也開啟桃園境內鐵路的興建。

日治時期，臺灣總督府為鎮壓抗日、殖產興業、宣揚政績與攏絡臺人之各種需求，除興建西部縱貫鐵路外，也設立各種鐵路支線，此時桃園境內的桃園、崁仔腳（內壢）、中壢、安平鎮（埔心）、楊梅、伯公岡（富岡）等六個車站即肩負南北貫串運輸之責。而桃園各地的仕紳為求人口與物資運送便利，也相繼設立桃崁、中壢、楊梅等輕便鐵道，以利與西部縱貫鐵路銜接。至於桃園境內的道路系統，除有十餘線約略於現今縣（市）道的「指定道路」外，各區之間也設有類似於現今鄉鎮（區）的「街庄道」近百線，共同承擔

《聯合報》。2006.9.7，A4 版；有必要嗎？中正機場改名代價上億。經濟日報。2006.9.2，第 A4 版。桃園國際機場股份有限公司（2006）。發展進程：民國 95 年。https://www.taoyuanairport.com.tw/main_ch/docdetail.aspx?uid=255&pid=17&docid=28，點閱日期：2021.9.11。

[108] 桃園國際機場股份有限公司（2010）。發展進程：民國 99 年。https://www.taoyuanairport.com.tw/main_ch/docdetail.aspx?uid=255&pid=17&docid=28，點閱日期：2021.9.11。

起桃園各區間的聯繫。至於河運部分，大嵙崁溪仍是桃園與大臺北地區甚或境外最主要的聯外水運系統，遲至二戰末期才因淤積嚴重而喪失河運功能。

戰後，由於桃園鄰近大臺北地區，且具相對低廉的地價、房價優勢，吸引不少人口移入，是以各項交通設施亦大為強化。除日治時期既有的鐵公路運輸系統外，隨西元 1970（民國 60）年代十大建設的開展，其中如國道一號（中山南北高速公路）的開通與桃園國際機場的設立，皆使得桃園的發展一日千里，甚至成為與全球接軌的國門要地。此外，在西元 1990（民國 80）年代國道三號（第二高速公路）的開通，境內八德、大溪、龍潭等內陸區域，也得以透過以一高速公路貫串臺灣南北。時至西元 2000（民國 90）年代，由於臺灣高速鐵路與桃園機場捷運的興建，更使得桃園與臺灣各地民眾甚或境外旅客，得以利用此等交通設施與桃園更為親近。要之，桃園各時期即因人口移動與經濟發展需求，遂發展出各項特有的交通運輸系統。

人與文化

桃園客家行政區域與特色發展

陳康芬 *

壹、前言

一、桃園客家行政區的形成

　　桃園市於 2014 年 12 月 25 日改制升格為直轄市，全市劃分為 13 個行政區，其中，龍潭區、楊梅區、新屋區、觀音區、大園區、中壢區、平鎮區等七個行政區，客家委員會依《客家基本法》第 6 條公告為「客家文化重點發展區」。桃園市政府則將此七大「客家文化重點發展區」依照其對應的地理環境與生活資源環境，再細分為「近山客家」（以下簡稱山客）的龍潭區、楊梅區；「濱海客家」（以下簡稱海客）的新屋區、觀音區、大園區；「都會客家」（以下簡稱都會客）的中壢區、平鎮區。（王保鍵，2016：94）；2017 年，客家委員會將桃園大溪列入新一波客家文化重點發展區名單中，大溪正式列入山客範圍；其他非客家文化重點發展區的尚有蘆竹區、龜山區、桃園區、八德區、復興區等區域。桃園區域不管是否列為「客家文化重點發展區」，特別是都會區，都有客家族群、閩南族群、外省族群、新住民族群的混居特色，顯示桃園是一個具有多元族群融合特色的城市。

　　桃園市八大客家文化重點發展區（以下簡稱桃園客家）促使桃園市成為臺灣唯一「客家文化重點發展區」過半的直轄市，所形成的山客、海客、都會客的多元客家文化屬性，不僅是臺灣多元客家生態的發展模範，其所縱橫於傳統與現代的歷史人文、地理環境的豐富意象，也堪稱全球客家區域之冠。

＊　中原大學通識教育中心副教授暨全球客家與多元文化研究中心主任

　　目前客委會與桃園市政府客家事務局在推動客家事務，採行預算補助機制為主的分配性政策，在施行層面上，則朝向「節慶活動」與「生活營造」（地景文化）二大方向，形塑桃園客家的地方印象。節慶活動反映地方的歷史人文特色，生活營造則呈現地理環境所形成的生態風格。從生活地理來看桃園客家劃分山客、海客、都市客的性質，可以發現自然條件之於桃園客家形成的基礎，以及對於生活營造的影響。

二、桃園客家區域生活地理屬性

　　桃園山客所在地區多為山地丘陵，覆蓋地質以紅土礫石層為主，富含鐵質，且有良好的排水作用，加上氣候溫和多霧、雨量充沛，相當適合種茶，造就桃園茶產業的經濟發展。如享譽臺灣的龍泉茶、特殊風味有東方美人茶之稱的椪風茶；日治時代成立、現已有百年歷史的「行政院農業委員會茶業改良場」，點出桃園發展製茶產業的年代風華。目前桃園山客除了觀光茶園、茶餐廳外，還有花生糖、活魚餐廳、休閒農場、主題遊樂園、觀光工廠等重要經濟產業。

　　桃園海客的產業呈現「半農半漁」依海營生的濱海客家生活方式。農業有新屋區的「新香米」、觀音區的「荷田米」、大園區的「大賀米」；還有酪農業的瑞奇牧場、光泉牧場大園廠；漁業型態則以陂塘養殖、沿岸漁作為主，發展出「石塭」、「牽罟」等特殊的沿岸漁業生活。目前新屋區永安漁港與大園區竹圍漁港，則從傳統漁港轉型兼具休閒功能的觀光漁港，永安漁港甚至為全臺灣唯一客家聚落漁港。

　　桃園都會客反映出客家人與客庄臺灣現代化過程經歷都市化的生態現象，可以再細分為「都市中的客家人」與「都市化的傳統客庄」兩種類型。前者可以看到從桃園移居到更大城市，如台北，為融入而慣用北京話或閩南話的隱藏客家人行為；後者可以中壢為代表，從清朝乾隆年間開發，首先從老街溪東岸開始，形成老街街區後，道光年間又有為避閩竹塹、台北粵械鬥陸續移居而來的客家住民，形成新街街區，為中壢區前身，隨著工商業發展，

中壢發展出兼具傳統與現代特徵的客庄都市形象。

貳、桃園客家行政區域與特色發展

　　桃園客家依照群聚地理屬性分為近山客家、濱海客家、都會客家，其歷史發展與地理屬性緊密相連，分述如下：

一、近山客家－龍潭區、楊梅區、大溪區

（一）龍潭區

　　桃園山客包含龍潭區、楊梅區、大溪區等三個行政區，龍潭區、楊梅區總人口數分別為 119,391 人、162,720 人、客家人口比例分別為 59.07%8.22%（2016 年資料）；大溪區則於 2017 年時被客家委員會列入當年最新一波客家文化重點發展區名單，全臺灣每五個人當中，就有一位是客家人，桃園市大溪區也因客家人口比例推估超過三分之一而列入重點發展區，以推廣保存客家文化。

　　龍潭區以大漢溪為界與大溪相鄰，海拔高度約 150 公尺至 230 公尺之間，東南邊地勢高於西北邊，位居桃園丘陵台地最南端，地形也較複雜，大體可分為丘陵區（銅鑼灣台地及店子湖台地），及平原地區（龍潭台地）兩大部分。

　　由於龍潭區以大漢溪為界與大溪相鄰，河階地形相當發達，包括三坑仔、大坪、十一份河階地。這些地區地勢較平坦，比較容易建立灌溉水圳，適於墾民居住生活。三坑里界三坑圳之灌區分水頭、水尾、河壩底；太平里藉大坪上、下圳，及石門山丘陵地，概分小竹坑、打鐵坑、田頭、田尾、大城、小城、二坪；佳安里沿十一份分十一份、淮仔埔、泉水空等主要聚落；經過數百年的發展，留下不少古蹟與史料。

　　1741 年（清・乾隆 6 年），凱達格蘭族霄裡社通事知母六（漢名蕭那英）與漢墾首薛啟隆合開霄裡後，於 1748 年（清・乾隆 13 年）招漢佃開菱潭陂，

知母六的進墾揭開龍潭開發史首頁。知母六逝世後，其子孫蕭東盛積極整頓社務，進行招佃開墾、修龍潭圳等墾務，吸引大批移民入住。1814 年（清・嘉慶 19 年），大批住在台北盆地的客家籍移民，因漳、泉械鬥，被迫攜家帶眷避難桃澗堡地區，落居於緊鄰老街溪兩側較平坦之埔地拓墾，龍潭陂的黃、羅、楊等姓氏；九座寮的李、鐘姓氏；黃泥塘的劉、徐、謝、葉；八張犁的馮、甘、古、吳、徐、廖、何、張姓市；八窩仔的胡、范、張、溫、黃；四方林的黃、陳、林、葉；另有散居在三角林等聚落，而烏樹林的曾、翁、魏等姓氏人家則是清・道光年間，從三芝遷往龍潭，逐漸開拓奠基，成就今日龍潭客家聚落風貌。（曾新蓋，2018：9）

　　無論是清・乾隆至嘉慶年間的第一次移民，或是道光至咸同年間的二次移民，龍潭的漸次開發都與茶葉植栽、形成產業的起源、興盛息息相關。1869 年（清・同治 8 年），約翰・杜德（John Dodd,1938-1907）帶來茶苗，讓當地農戶栽種收成後，再大量收購直航美國銷售，龍潭開始發達。其中，三坑仔因境內有三條清澈小溪而得名，客家話稱小溪為 Hun（讀音杭），昔日因大漢溪水水利航運之便，曾有貨船進出，運送南桃園北新竹之物產與生活必需品，成為龍潭最早開發成街庄之處。三坑仔老街也因而有「龍潭第一街」之美譽。現在是桃園市龍潭區三坑里的三坑老街，瀰漫著濃濃日治時期小鎮式客庄風情，並保留當年許多先民生活與老屋遺跡，如，「青錢第的張屋」－為傳統伙房形制，方位坐北朝南，宅院坐落在田園之中，背倚蒼鬱山丘，外觀有卵石牆基、斗子磚砌及白灰牆等客家建築元素，正廳門額上有「青錢第」匾額，左右對聯有蝙蝠泥塑，造型十分特殊。又如當地信仰中心的「永福宮」，原主祀三山國王，後因水圳墾戶的時空易轍而改祀三官大帝。三坑老街可以說是龍潭區保留原始客家街庄風味與樣貌最道地的老街。

　　目前，三坑子老街客家聚落與大平紅橋、清水坑自行車環鄉步道，一日時間即可體驗完整的客庄自然美景與人文風情，建議規劃如下：從三坑老街整裝出發（09:00），經過三坑鐵馬道追風賞景（09:20），沿途可觀看三坑自然生態公園的湖光山色（09:50），感受太平紅橋的懷古幽情（10:40），

體驗櫻花步道的浪漫生態（11:20），再回三坑老街享受客家風味美食
（12:00），順道體會黑白洗／永福宮／青錢第／開庄伯公廟等客庄老屋與庶
民生活風情，接著可步行百年風華的挑擔石板古道（13:30），之後至十一份
站搭乘 5044/5048/5051/5055 公車或至文化路活魚街搭乘臺灣好形慈湖線至
客家文化館感受客家文化音樂心靈饗宴（14:00），再搭乘臺灣好行慈湖線至
龍潭大池，接著步行至客家尊重惜字文化的聖蹟亭（15:40），並漫步閒適的
龍潭觀光大池（16:20），完整體驗多元客家元素連結而成「客家文化生活體
驗園區」（萬仁政，2015：70-71）。除此之外，臨近地區每年度亦多客家活
動，如「桃園市歌謠節」、「客家文化節」、「龍潭石門活魚節」、「龍潭
澎風茶節」等，以及「龍潭迎財神」（迎古董）、「桐舟共渡歸鄉文化季」
（龍舟賽）、客家桐花祭（國歷 4~6 月舉辦）等客家在地節慶活動。在地客
家社團推廣活動亦非常熱絡。

　　因龍潭擁有豐富的客家歷史與人文資產，「客家文化生活體驗園區」一
日遊中的景點客家文化館，即是桃園市保存客家精神與文化的綠洲之地。園
區有紀念「臺灣文學之母」的「鍾肇政文學館」、紀念「臺灣歌謠之父」的「鄭
雨賢音樂館」、推廣展示性質的「客家文學館」與「客家音樂館」、以鍾肇
政出生地命名的「九龍書房」、多元植栽的「生態公園」、展現桃園在地與
客家工藝的「特展室」、典藏借閱功能的「影像資料館」與「影音借閱區」、
可舉辦演出的「演藝廳」、進行多元活動的「前廣場」、彰顯客家硬頸精神
的「公共藝術」、以及推廣龍潭在地特色商品的「桐花商店」。（桃園客家
編輯部，2015：10-11）

（二）楊梅區

　　楊梅區分為楊梅、埔心、富岡、高山頂四區域，輪廓略成長方形，東西
距大於南北距。境內南北地貌不同：北部是兩塊向北緩降的單面山台地，高
山頂在東，長岡嶺在西，其間有個缺口，桃園市境內重要河川社子溪由此向
北流向新屋區，注入臺灣海峽。台地靠南的邊緣較陡，頂上頗為平坦，平均

海拔約為 200 米左右。

楊梅區與龍潭一樣，都是傳統客家庄，客家先民在此落腳可追溯至 1708 年（清・康熙 47 年）客籍五華縣人古揚基、古厚基、古尾基的古屋三兄弟入墾；1712 年（清・康熙 51 年）古達光在社子溪東邊開拓「上田心仔」（今楊梅上田里）；1735 年（清・雍正 13 年）以客家人為主的墾區庄「萃豐庄」開墾今日竹北、新豐、新屋、楊梅縱貫鐵路北面部分土地，加上長岡領北側之頭湖、二胡、三湖，形成早期楊梅墾區範圍。1785 年（清乾隆 50 年）來自廣東嘉應州的「諸協和墾團」入墾楊梅壢，大批墾民湧入。1795 年（清・乾隆 60 年）曾坤茂在水美開墾「三七圳」灌溉農田，楊梅農業大興。楊梅壢至此大至開發完成。二百年來，移墾先民在楊梅各區開枝散葉，古屋、鄭屋、彭屋、林屋、張屋、傅屋⋯⋯等以姓氏為名的村落，即為移墾時各族氏的聚集之稱。其中最著名的就是清乾隆年間來自廣東惠州的鄭大模。（吳秀榮，2018：6-10）

楊梅各地亦有許多祖堂矗立，包括：著名吸收日本樣式的客家建築的傅屋「四章堂」；黃家分屬不同支系的多幢三合院式的「江夏堂」；鍾家先祖因墾務殉公而有捐地建錫福宮、保留其長生祿位，以及捐地建伯公祠、而有祠中鑲崁「施主諸協合列列師爺之神位」碑文；「老飯店」（地名，位於楊梅北中部）傳統型式的古家新安堂；高山頂東側下楊屋的「清白傳家」（楊姓宗祠門楣題辭）。這些祖堂與老庄頭成為紀念客家先人披荊斬棘建立家園的艱辛，也凝聚後代家族子孫的向心力，在固定祭典中慎終追遠。（吳秀榮，2018：10-11）

楊梅壢的客家信仰最早起於伴隨先民飄洋過海來台的神像，後因生活安定富裕，始集資覓地建宮寺宮奉，包括錫福宮、回善寺、其他分屬埔心、高山頂、富岡的三座三元宮。錫福宮自 1807 年（清・嘉慶 12 年）於武營街與大華街交界處建廟以來，一直是老坑溪以西七大庄（今之大平、楊梅、秀才、東流、梅新、紅梅、永寧、楊江、水美等 9 里）的信仰中心，主祀三官大帝，三官即天官、地官、水官，分別為民賜福、赦罪、解厄，民間亦稱三

界爺。因日本時代屢遭破壞，庄民決議遷於現今紅梅里大華街現址。但當時該地為伯公祠所有，經擲筊同意合祀，1916 年（日治大正 5 年）重建完成，正式更名「錫福宮」，而今又新建，於民國 103 年 11 月 28 日完成登龕安座大典，主神有三官大帝、福德正神即原配祀諸神外，頂樓另增奉玉皇大帝與十二生肖暨六十甲子太歲星君神尊，時人稱為「楊梅大廟」。

回善寺為楊梅二重溪地區客家家族重要信仰中心，現為罕見的佛、道合祀寺廟。頭重溪三元宮依宮誌記載，早在 1825 年（清・道光 5 年）由古象賢先生自溪南的新豐中崙迎回三官大帝香火，安置於伯公祠中同祀達 10 年之久，1835 年（清・道光 15 年）始另立宮安座，正式命名為「頭重溪三元宮」。高山頂啟明宮則是高山頂地區的三官大帝信仰中心，1900 年（日治明治 33 年）始建一橫兩間宮廟，並於宮前搭棚演戲酬神，後為此地盛事，居民亦稱此地為「高山頂戲棚跡」。

上湖三元宮為現今三湖、上湖、瑞原、員本、富岡等區域的三官大帝信仰中心，與重溪三元宮一樣分自新豐中崙三界爺香火祭祀，但晚 42 年。日本皇民化時期遭到嚴重破壞，直至 1955 年（民國 44 年）擇於現址重建，1979 年（民國 68 年）重新規畫擴建，為楊梅唯一立有山門牌樓的宮廟。（吳秀榮，2018、3：6-10）

楊梅最早成立的市街位於伯公山周圍，又被當地人稱為老街。楊梅區青山二街附近的土牛溝經桃園市文化資產審議委員會到場會勘，確定這段土牛溝為臺灣從南到北僅存的遺跡，2011 年登錄為桃園市文化景觀。與龍潭三坑老街一樣有著日治時期濃濃客家風情的富岡老街，緊鄰富岡火車站，其發展與火車站的興建有著密不可分的關係，為當時原名伯公岡的小鎮，匯聚了川流人潮以及繁盛榮景。而有地利之便的中正路老街區，因此成為伯公岡最早發展的區域，攤商結市、熱鬧非比以往。然而隨著鐵路改道，也將風華歲月畫上休止符，如今只剩下頗具異國情調的洋樓建築，見證昔日車來人往的榮景。座落於中正路上的呂家聲洋樓，是老街最具代表的建築物。橫跨五間店面的面寬、雙層規模，建築外觀即展現壯闊氣勢。華麗的巴洛克元素；中央

穹頂、希臘三角山牆、對稱羅馬柱以及細緻雕紋，透露出屋主富裕無比的生活。呂宅於 1929 年動工，耗時二年完成，歷經數十年仍是老街的醒目地標。相較於呂宅，顯得樸實的信義街街屋，紅磚、拱廊，漫步其中則能感受走入在地尋常人家生活的恬淡平靜，想像時光悠緩回朔到昭和年間的客家繁華。

（三）大溪區

　　大漢溪兩旁原為河階地形之代表。大溪與客家的淵源可以追溯到清朝年間，福建漳州呂、廖、簡、邱等紹安客家人渡海來台，最後在桃園大溪地區落腳、開墾。大溪最早稱為大姑陷，源自於平埔族霄里社人稱大漢溪為 "Takoham" 之音譯；漢人認為「陷」字不吉利，就以地處河崁地形，取「崁」代「陷」成為「大姑崁」。1865 年（清・同治四年），來自紹安的李氏家族中的李騰芳中舉，鄉民為彰顯科舉功名，又將地名改為「大科崁」，最後 1920 年，臺灣總督府將地名改為「大溪」，此名稱就沿用至今。

　　在移墾客家族群遷移大溪地區之時，閩南族群已經先到，後到的客家族群除了部分聚落於丘陵山區與台地邊陲之外，大部分已經融入閩南族群，成為「福佬客」。但客家族群在大溪仍有一定脈絡可循，例如大溪以姓氏排序「一李、二江、三林、四簡、五張廖、六黃、七呂、八王遊、九陳、十雜姓」成立的「十大公號」本籍為客家或擁有客籍姻親血緣。此區在早年經林本源家族開發墾拓，又因地利而迅速發展，至今仍留下許多客家老屋，例如普濟路的濟陽堂江氏宗祠，是漳州平和縣客家人的祖堂；江夏堂是全臺灣黃氏家廟；還有和平老街的古裕發餅舖、下街四十番地工坊、永發牌樓立面；福建紹安李金興家族的李騰芳老屋，格局完整，擁有白牆黑瓦，正廳主祀祖先，外護牆比內護牆長等規局，都有客家建築特色。（范煥彩等，2017：6-7）

　　大溪的地理形勢依山靠水，有便利的大漢溪水的河運之便，沿溪航可到達台北大稻埕、淡水港等地，也有豐富山產資源如樟腦、茶葉、木材、大菁、薯鄉……等經濟作物，可以利用水運輸出流通，造就大溪地區發達的商業經濟。但是，隨著鐵路、台車、公路等陸運交通的崛起，漸漸替代水運交通，

大溪的繁華景況開始漸漸不再。因此，可以說大溪茶產業的興起與繁榮，都跟大溪的河港功能有關。

1860 年（咸豐 10 年）淡水開港，臺灣開始供應大量國際原物料需要如樟腦、木材等，1890 年（光緒 16 年）北路礦腦專賣局設立，使得大溪成為茶葉、樟腦、木材的集散地，船舶可由但江、大稻埕、艋舺（萬華）、新莊，直抵大溪。當時籍盛時期商家高達三、四百家，多集中在現今和平老街老街一帶，並保存許多洋樓。（張錦德，2017：36-37）

1920 年（日治大正 9 年）開始，三井合名會社在北臺灣設置機械化製茶廠，並開始紅茶生產，是師法荷屬東印度公司在南洋區的製茶模式。1926年（日治大正 15 年）建立的角板山工廠，所屬的茶園面積有 500 甲（近 500 公頃）。光復後，角板山工廠由國民政府接手，改名大溪茶廠，1955 年（民國 44 年）轉為民營，1956 年遭遇大火，1959 年重建完畢，開始製作紅茶與綠茶。1970 年代臺灣北部製茶產業面臨困頓，隨著臺灣工業化發展，桃園一帶茶園變成工廠。1995 年，大溪茶廠歇業，2010 年才全面整頓，成為具有文化歷史與休閒特色兼備的觀光茶廠。（張錦德，2017：38-39）

山林產業、河港水運造就了大溪的發達經濟，也造就人口集中、商業交易密集的大溪街屋。大溪街屋代表人口密集、商業經濟興起的繁榮盛景，也意味著富裕人家的增加與物質生活的講究。唐山引進的手藝精良的雕刻匠師與其學徒，加上復興鄉盛產的紅檜、槐木、樟木、楠木等上等木材與大溪出產的特有漆料，造就大溪的木藝手工產業，不僅材質極佳，雕工也相當細緻。大溪木器種類繁多，包括桌、椅、櫃等各色家具；供桌、神案、神主牌等祭祀木器；花台、毛筆架……等玲瑯滿目。木藝因此成為大溪最具代表性的傳統手工技藝。（陳康芬、呂得成，2020:116）也留下許多客家木藝師的動人足跡，如南興社區人稱「阿流師」的呂傳劉先生、員林路上僅此一家製作「客家祖牌」的彭德水先生，人稱「阿炳師」、木工師傅陳鐘明先生。現在大溪當地至善高中已成立「家具木工科」。這是全台第二個以家具木工為主的科班，強調「超越自己、開創未來、傳承工藝」，以實作木工為基礎，佐以

設計藝術訓練，期能為未來大溪地方的木藝工匠發展帶來創新傳統的薪傳生命。

二、濱海客家－新屋區、觀音區、大園區

桃園海客包含新屋區、觀音區、大園區等三個行政區，總人口數分別為48,687人、65,246、86,296人，客家人口比例為76.56%、47.68%、25.98%。（2016年資料）

（一）新屋區

新屋區位於桃園市最西端，東北方臨觀音區、中壢區，東南方臨楊梅區，西南邊與臺灣省新竹縣新豐鄉相臨，西濱臺灣海峽，境內有永安漁港。耕地面積約5,416公頃（2012年），是全市最大的農業區，水稻為主要作物，為北臺灣重要的稻米產區。

新屋地名由來與范姜姓氏有密切關係。清初乾隆年間，廣東省海豐縣人范即景之妻雷氏，因丈夫早故貧寒，攜二子改嫁姜同英，次子范文質感念繼父養育之恩，決定五子冠上范姜雙姓。後此五子先後來台拓墾，取得「姜勝本」墾號後，逐步向內地開拓廣大土地：南以社子溪為界，東至營盤腳（今楊梅區上田里），西抵石牌嶺（今新屋區石牌里），北達大堀坑（今觀音區大堀里）。開墾有成的范姜族人於1854年（清‧咸豐四年）興建祖堂，其後陸續起造不少新屋，當地人引為盛事，以客語稱其為「起新屋」。因此「新屋」便成為當地的地名，沿用至今。目前，「新屋」（五棟范姜老屋群中的范姜公廳，客語「公廳」指祭拜祖先的祠堂）於1985年8月19日經內政部評定為第三級古蹟，是新屋區最珍貴之古宅。

范姜家族對新屋的貢獻不只帶來地方的興旺，還包括捐地擴建長祥宮。長祥宮又有五穀先帝廟別稱，擁有全台最大的神農大帝銅像。相傳清代同治年間，有信士背負一尊五穀神農像到新屋奉祀。長祥宮擴建之時，地主范姜家族還順勢闢建五谷園，提供居民與新客休憩之用；兩側則是社區活動中心

與老人會館。長祥宮除了是當地信眾的信仰中心，長祥宮也會協助政府機關推廣政令，與當地居民的生活、宗教情感緊緊相合。目前長祥宮除了供俸五穀神農大帝，也供奉註生娘娘、天上聖母、關聖帝君等。二殿供奉玉皇大帝、三官大帝，北二斗星君等，可以看到民間信仰彼此融合的跡象。

　　除了范姜氏，位於新屋區永興里的葉氏，也是當地著名家族。1753 年（清・雍正 13 年），葉春日攜子葉特鳳由中國移居臺灣，葉特鳳在新屋出生的在台第一代子孫，分別命名為大榮、大華、大富、大貴、大春，後代子孫稱之為「葉五美公」。葉家開花散葉，香火鼎盛。每年清明節，葉屋萬人祭祖，為當地盛事。

　　打破一般客家族群集地於山陵地的刻板印象，顯示客家人也有群聚沿海地區、發展其特有的海洋客家文化的歷史發展經驗，以新屋區永安漁港為代表。學者莊育城指出，客家移民以崁頭厝（今永安漁港）為港口，沿社子溪而上，推進至楊梅北部，挖土牛溝為界，論證永安漁港為客家漁港。桃園市政府以約 1800 萬的經費，規劃辦理「永安客家漁村生活環境規劃設計暨工程案」，主要施工項目為：形塑永安客家漁港入口意象廣場、改善於漁具倉庫及遊艇碼頭環境空間、東側熱口廣場整體風貌營造。（王保鍵，2016：103）

　　為了讓更多人了解客家海洋文化，桃園市政府亦於 108 年投入 960 萬元整修好客莊園，並將之轉型為「海洋客家牽罟文化館」兼遊客中心使用，並於 109 年 6 月申請環境教育設施場所認證，全力推廣「海洋客家牽罟文化」。「牽罟捕魚」是客家傳統漁業中相當有代表性的一種生活方式。

　　牽罟是先民利用舢舨將曳地網撒到海裡，魚群被圍住後，再由沙灘上的人力將漁網拉上岸。早年漁汛來臨時，漁民會在海邊派出崗哨，發現魚群就會用舢舨出海，將魚群收進網內。牽罟當天需由全村男女老少出動，在有節奏的海螺聲指揮下，從沿岸沙灘共同拉網收魚，充分展現客家先民團隊合作、利益共享的精神。除「牽罟捕魚」，「築石滬」則是利用石滬在海水退潮後，自然困住魚群，也是客家先民留下的智慧環保捕魚技術，目前為臺灣

本島內僅存的石滬文化。

在群聚關係的表現上，不同於臺灣西部沿海地區多為「客家福佬化」現象，觀音的保生村，新屋的永興、永安、笨港，反而有許多「福佬底」的雙語使用者，在家說閩南語、外出說客家話，甚至通婚後「福佬客家化」等獨特海客族群關係。

（二）觀音區

觀音區舊稱石觀音，位於桃園市西部沿海的市轄區，東臨大園區、中壢區，南邊與新屋區相臨，西濱臺灣海峽，習慣性分為觀音地區、新坡地區和草漯地區。觀音地區指大堀溪以南，坑尾以西地帶，包括觀音、白沙屯、大潭、茄苳坑、三座屋、坑尾地段及坡寮一部分。早年移墾較新坡和草漯二區有成就，故庄役場設於觀音，但日治時期交通改道，發展變緩。

草漯地區即本區東北角，指大堀溪以東地帶；範圍最小，卻是最早開發地區。草漯素來與大園區有深厚感情，因其居民大多同為閩南民系，而觀音區則以客家人為主，位於草漯村內，供奉主神為媽祖的草漯保障宮更是香火鼎盛，已有兩百多年的歷史，是當地居民信仰中心，而且廟內建築格局奇特，參拜時不需爬高爬低，僅需要一炷香就能拜眾神，因此，草漯保障宮有通天香的美名。而現今草漯裡由於農地重劃，釋出 150 公頃的建地，成為桃園航空城被徵收戶的標的，房價已大幅攀升。

新坡地區包括新坡、上下大堀、苦練腳、下青埔、崙坪及坡寮一部分。發展迅速是在日治時代以後，尤其 1924 年（大正十三年）桃園大圳完成後，農村的繁榮，使其與觀音地區立於分庭抗禮之地位；觀音地區雖為行政中心，但全區的農會和郵局卻在新坡。公路交通發達後，新坡以接近中壢，地當中壢往觀音中途，且為南北往新屋、大園道路交會點，市況繁榮超過觀音。此次分區因毗鄰中壢，富源里部分區域被劃入中壢都會區城市規劃區。

武威廖屋是觀音罕見的單姓村。祖籍廣東陸豐的廖世崇，1754 年（清．乾隆 19 年）帶著妻兒來台拓墾，廖世崇過世後，其妻兒輾轉來到觀音開墾，

至今已歷經 11 代，從其他家族的長工做起，到成為今日觀音的在地望族，不僅「武威」是廖屋的堂號，整個武威里都是廖屋的土地，當地九成住民也都是廖屋人，為北部罕見的單姓村。（張泓斌，2016：9）

　　值得一提的是，在桃園市北起竹圍漁港、南至永安漁港的海岸線上，有著 27 公里左右的藻礁區，其中在觀音區小飯壢溪口以南、直至新屋區後湖溪口以北處，則是全台最大的藻礁區，名為觀新藻礁。藻礁是海洋生物的育嬰房，長大的魚兒游到近海，形成絕佳魚場。桃園藻礁造就了兩個漁港，分別是桃園北部的竹圍漁港和南方唯一客家漁港的永安漁港。目前世界上的藻礁地形並不多見，桃園藻礁可以說是鑲嵌在臺灣國門口的一顆璀璨珍珠，更是具有世界價值的自然珍寶。（陳世芳，2016：17）

（三）大園區

　　大園區位於桃園市轄西北部的桃園中壢都會區，東北鄰接蘆竹區，西南與觀音區為界，南連中壢區，西北瀕臨臺灣海峽。地勢自西南向東北傾斜，平均高度約海拔 35 米，區內多為平原、稻田、或是廣闊之平地，西北部則是綿長沙灘海岸。是臺灣桃園國際機場和未來桃園航空城的所在地，北濱臺灣海峽，由此桃園市政府持續推展航空城物流西都心之重點發展區。

　　最後總論濱海客家地方的宗族發展，除新屋特殊的「范姜」姓氏，祭祀系統有大園區「四庄輪值」、觀音區與新屋區的「三元三品三官大帝四本簿」、觀音區「佃內石村祭典」、新屋區「溪南溪北八本簿」等「輪簿祭祀」系統與「義民」信仰；飲食文化則就地使用魚材，發展出「海塩」之濱海客家醬菜文化。學者周錦宏指出，「海客」概念是海湆客家族群人文、地理環境、特殊歷史的雜揉（hybridity）過程，雖仍有爭議，但為客家族勾勒出過往所不瞭解或遺漏的「族群圖像」。（王保鍵，2016：105）

三、都會客家－中壢區、平鎮區

桃園都會客家包含中壢區、平鎮區等兩個行政區，總人口數分別為393,288 人、219,965 人，客家人口比例分別為 56.99%、59.28%。（2016 年資料）

（一）中壢區

中壢區位於全市平地的中心位置，由北開始順時針依序與大園區、蘆竹區、桃園區、八德區、平鎮區、楊梅區、新屋區、觀音區共 8 區接壤，鄰接行政區的數量為全市之最。面積約為 76.5km²，全區大致可以分成中壢、內壢、龍岡、大崙四個次分區。

中壢最早街區出現於新街溪及老街溪間之谷地，得名澗仔壢，1780 年間，滿清政府於淡水、新竹兩地設縣，由於地處二縣中心，改稱中壢。另有一說據《康熙臺灣輿圖》裡今中壢位置上有一個平埔族部落名為「澗仔力社」，於客家人大量湧入後漸漸的轉變為「澗仔壢」。

中壢區開發之初多為閩籍移民，之後客籍移民陸續遷入，至 1945 年日本投降為止，本區居民以客家人為主，超過 50%，分佈中心分區、大崙、過嶺、後寮等地區，閩南人則分佈內壢、青埔一帶。由於中壢位於新竹與台北間，很早以前就是商賈與旅人的來往要道，之後縱貫鐵路行經，日本時代的中壢有崁子腳、中壢、平鎮、楊梅、伯公岡等五個火車站，還有中壢軌道、楊梅軌道、臺灣軌道、乾泰自動車及桃園軌道等株式會社的輕便鐵道，交織錯綜的交通網，將中立和觀音、龍潭、更寮腳、楊梅、崁頭厝、新屋、平鎮等地連結起來，形成以中壢街為中心的運輸網。（莊豪濱，2017：6）中壢作為桃園大庄的崛起，與中壢位於桃園中心區域所所形成的交通運輸網絡，以及成為交通轉運中心之後的稻米、茶葉產經發展歷史，息息相關。

根據資料顯示，日本治理時期，隨著桃園大圳的完工，中壢當時也因水源充足而可以興作稻米，中壢因交通轉運方便，帶動中壢客庄成為桃園米穀

加工產業鏈的重鎮，將桃園出產的米穀運送到全台地區，創下桃園客庄產業的第一個黃金時代。除了稻米經濟作物，中壢也是桃園當時茶葉的重要集散地與再製重鎮。1932 年金山面大地主鄭邦泗在中壢設置「中壢製糖公司」；過了幾年，帝國製糖株式會社在中壢崁子腳一帶成立崁子腳製糖所，有接續推動中壢、桃園、大溪一帶廢棄茶園轉種甘蔗，但僅曇花一現，1942 年至1943 年間，日本製糖株式會社因配合日本侵略中國政策，陸續關閉二結、崁子腳、竹南、大湖、沙轆等五家製糖廠。停工後的崁子腳製糖廠，機具被搬至月眉糖廠，原址由大日本製糖與其他會社一起出資成立「臺灣三立製菓株式會社」專營製造金平糖與冰沙糖等糖果，到了戰後，原址廠房以「雍興紡織」樣貌繼續存在中壢數十年之久。（莊豪濱，2017：11）

　　中壢之所以能成為桃園運轉南北交通的第一客庄，與中壢區位於南桃園中心地理位置所串連的通達交通網有關，也反映出中壢區在發展過程、與之密切相關的地理經濟產業屬性與運輸城市特色。1895 年日本統治臺灣，臺灣開始有計劃導入帝國政治與殖民地經濟開發的治理型態，臺灣逐漸走向近現代化發展。隨著總督府陸續興築鐵路、港口、道路、通信等基礎公共建設。中壢也在這一波的近現代化過程，從鄉村型態客庄，啟動產業運輸經濟，蛻變為桃園交通中樞的城市型態客庄。

　　1898 年縱貫鐵路開始從南北兩端往中部興建有關。當時施工餘下的廢棄軌條，便開放給民間鋪設輕便軌道（又稱臺車，其動力來源為人力）。之後20 餘年，輕便鐵道在桃園地區開枝散葉，用來運送貨物，也兼營客運，帶動整個客庄的產業發展。當時桃園第一輕便鐵路的起始點便是中壢驛（即現在的中壢車站），路線經中壢街（即現今中正路、中平路一帶）、三座屋、大崙等客庄到現在的觀音大崛。這些客庄的稻米、茶葉等作物，通過輕便的運輸，使得客庄作物能暢其流通，間接帶動周邊產業發展。（黃子堯，2017：12）

　　1930 年代汽車的道路運輸帶來第二次交通革命，原本用來運輸的輕軌鐵道漸漸轉為更有效率、更能深入地方各處的公路運輸。汽車貨運與客運也隨

之出現中壢。自公路崛起後，中壢開始轉型為公路轉運中心的角色，鄰近地區的貨物可以藉著輕便軌道或汽車運送到中壢後，再藉由縱貫鐵路運送到臺灣各地，或送至港口碼頭出口到國外。（黃子堯，2017：15）

　　雖然中壢是客家族群居多的城市地方，因其位於南桃園中心而得以擁有四通八達的交通網，而漸漸從樸實客庄，轉變為都會機能生活的客庄城市，影響中壢的客庄城市的實質內容並不會循著單一客家族群發展，而是以兼容並蓄的基礎，吸納不同族群的融合與頻繁互動。1949 年起，中華民國政府將原籍雲南省、浙江省大陳島、福建省金門縣以及馬祖等地區部分居民遷移到龍岡、內壢等地居住，並建立數十個眷村。1970 年代由於中壢工業區的完成，也吸引中、南部閩南人及臺灣各地原住民移入。再加上近幾年增多的新移民（主要來自東南亞各國），中壢區族群色彩十分多元。雖然目前仍是以客家人居多，但與過去典型中壢客庄的印象，已經有些不同，漸漸朝向臺灣族群最多元的城市型態發展。

（二）平鎮區

　　位居桃園市中央地帶的平鎮區，早期為平埔族的霄里人居住地，清朝康熙、乾隆期間，廣東客籍人士陸續來此移民墾殖，原住民因而退居南邊山區；因地形適合種植茶葉，成為當時臺灣北部特產烏龍茶主要產地；至日治時期，1906 年（日治明治 39 年），總督府在此設立製茶試驗場，開始現代化採茶作業。

　　相對於鄰近的龍潭區，平鎮區與中壢區接壤而與中壢互為唇齒，成為中壢大商圈的主要腹地，工商經濟活動幾乎與中壢同步發展，是南桃園的次都會中心。其中，東勢位於平鎮區東側，依然保留不少傳統客家農村聚落生活形式。平鎮區作為臺三線沿桃園區的鄰近客家聚落之一，有其在臺灣現代工商經濟轉型開發意義的空間演進史位置。

　　也就是說，隨著臺灣工商業化的經濟開發，平鎮區與臺灣多數曾設置加工出口工業區的市鎮一樣，在地景與常民生活條件上，較難以取得發展具有

特殊辨識度的客家族聚形式。而平鎮區傍隨中壢區的地理條件限制，反而更難以發展出如中壢般的多元族裔文化特色。因此，除了地方自然資源之外，平鎮區自身可凸顯的客家族聚形象與內涵，必須從臺灣現代化經濟發展的脈絡，重新思考平鎮與中壢的都會類型的族聚意義，以及客家文化再現詮釋關係。

因此，平鎮區與中壢區一樣，都存在傳統客家族聚與臺灣工業化開發型市鎮的拼貼式的共在生態特色，可以說是臺灣客家族聚中具有現代意義的典型。從平鎮區的移墾歷史來說，從平埔族凱達格蘭中霄裡社的棲息之地、到清朝（粵籍嘉應州戴宋姓）客家人拓墾之始、到 1906 年（日治明治 39 年）總督府設立製茶試驗場；從經濟地理發展來說，隨著極盛一時的茶產業的沒落，平鎮區的許多傳統客庄漸次隨著現代化發展而消失，而轉型為工業區、商圈進駐的經濟活動生態。然而，現今平鎮區仍保留許多歷史空間的遺痕，有義民信仰的宋屋褒忠祠與土地伯公信仰的廣隆宮等人文資源建物，也有移墾先民闢建的陂塘的自然生態，以及近邊陲未過度開發的農地農村。

平鎮的自然與人文生態基本上揉雜了傳統客家族聚生態過渡到臺灣現代化開發型市鎮工商生活圈的空間共在特質。這種共在特質可以提供現代客庄的敘事基調與論述架構，並具有臺三線沿線桃園市其他行政區域比較傳統與現代化差異的典型市鎮位置與意義。從這個觀點來看，中壢區與平鎮區的「現代客庄」生態，反而打開建構客家時尚與客家新美學的想像空間。

中壢、平鎮的老屋群也是相當珍貴的客家建築文化資產。客家人稱「老屋」並非僅止「老的房屋」，而是專指有歷史的磚瓦屋，與閩南族群的「古厝」同意。桃竹苗地區與台中石岡、東勢一帶的客家人將老屋統稱以「伙房」，南部客家人稱為「夥房」，但桃園一帶客家人則多以「大瓦屋」、「瓦屋」稱之。根據桃園市政府於 2015-2016 年間進行的桃園地區大瓦屋調查研究計畫，資料顯示中壢現存 286 棟老屋、平鎮現存 139 棟（巫秀淇，2016：87）。「伙房」或「大瓦屋」的基本結構有正身的堂屋、護龍的橫屋。堂屋多將主屋與次屋做屋脊落差，左右兩側略低於正廳的正身即被稱為落鵝間。

橫屋間數多為三間，屋脊需低於正身的「落鵝間」亦有橫屋興建屋脊更低的第二段橫屋，一堂二橫即一般常見為三合院。亦有家族使用需要有雙堂屋，即一堂多橫屋形式，楊梅鄭氏雙堂屋、龍潭烏樹林翁新統大屋即為桃園雙堂屋經典代表。（藍博瀚，2019：67-68）

　　較為著名的中壢老屋有「燃藜第」的劉氏老屋，原來是一座見有正身、左右橫屋的傳統客家大瓦屋「燃藜第」，左橫屋旁則另擴建一座有紅樓之稱的日式紅磚洋樓，現在為燃藜地紅樓餐廳，是桃園相當有歷史特色的藝文空間。平鎮地區則簡介文化代表特的四大老瓦屋，包括，第一座東勢庄南陽堂葉諸梁公廳，本座老屋是文獻紀錄最早進入平鎮開墾之葉奕明家族的第二代公廳，奉祀葉家始祖葉諸梁，這座老屋建築相當精緻，正廳內的空間有別於一般的北部客家瓦屋建築，值得登錄為歷史建築；第二座是東勢庄南陽堂葉道高公廳，本座建築是葉奕明第三房派下子孫為奉祀來臺第二代先人葉道高而建，屬於地方性的小公廳。第三座是金雞湖南陽堂葉仁卿公廳建築，這座建築是平鎮地區少數具有門樓的客家老瓦屋，整體建築保存良好，也具有成為歷史建築的潛力；第四座老瓦屋是柑園槐堂衍慶王屋，王屋是平鎮極少數採用燕尾脊的客家大瓦屋，建築量體頗大，雖然有部分被拆除重建為新式鋼筋混凝土建築，但整體而言其建築文化仍相當可觀。（鍾萬梅，2016：92）

參、桃園客家、經濟產業與未來桃園都市發展願景

　　桃園客家由「近山客家、「濱海客家」、「都會客家」組成，反映出客家族群在桃園不同地理環境中所形成的特色脈絡與各自發展的歷史人文風采。桃園客家的多元化與豐富性，不只因為客家人口占多數，最重要的是客家族群在不同自然環境與歷史條件所形成的多樣化客庄文化。這個過程使得客家文化在桃園文化中，有極重要的地位，不僅說明桃園在推動客家文化的得天獨厚條件，也點出客家作為桃園意象與地方印象經營的重要性。因此，

桃園市作為臺灣五都中唯一客家人口最多的都市，客家的在地記憶如何成為一座新興城市的定錨型文化資本，為這座新興城市在未來持續變遷的形貌中，仍能保有這座城市自己的身世？「桃園客家」的在地與全球思維，不只讓桃園成為臺灣五都中唯一的客家文化之都，也期許桃園在未來能晉升成世界唯一的東方猶太人之都。

如果說桃園客家的定位成為未來形塑桃園市的重要公共政策目標與思維方法，桃園客家的地方思維要如何走出文字、影像、調查數值等……砌堆出來的「博物館學」，而成為真實持續發展中的客家城市的心臟脈搏？「近山客家」、「都會客家」如何回應桃園城市的政治、文化、經濟運作？則成為客家族群公共政策不可忽略的發展面向與部署思維。

從桃園客家地區的政治發展來說，主要呈現三種政治型態：「都會客家」中壢、平鎮的的工商型政治動態；「近山客家」龍潭、楊梅的混合型政治動態；「濱海客家」的農業型政治動態。這三種型態都可以看到客家宗親作為一種基礎政治力與不同勢力的結合。如南區客家人最多的中壢而言，從 1951 年桃園縣進行第一屆縣長選舉，桃園縣的政治現實就脫離不了閩客族群、地域觀念、宗親關係與基層利益，不同年代影響的因素逐漸轉變，從 1972 年至 1992 年，地方選舉從開始從家族，轉變到宗親或地方派系，1992 年之後的選舉，則因新住民愈來愈重視其政治力，中壢地區的各項選舉，在轉變成由政黨、宗親、派系、族群等更多元的組合；如龍潭與楊梅這兩個鄉鎮的地方政治，其發展重點都以「街上」為主，其他地區的地方政治菁英必須「聯合」反對派勢力，才足與「街上」的勢力對抗，顯示傳統勢力的根深蒂固，但到了戰後，龍潭農業和地方經濟改變，在「外省人」進駐之後，地方政治則開始趨向於政黨與族群政治發展；如新屋、觀音等農業為主地區，地方產業與人口結構變化不大，至今地方政治仍為傳統的宗族、派系勢力所主導。（江明修、丘尚英，2010：30-34）。

整體而言，客家政治的形成可以分成農業社會地方政治菁英主導的方式、工商較為發展時期的血緣宗親與派系結合，以及晚近因為解嚴及政治開

放而形成政黨與宗親結合之取向。客家人雖然是桃園市人口結構中的多數族群，但是在競爭環境之下，仍然必須與其他族群維持既競爭又合作的關係。桃園客家政治動態所顯示的工商型、混合型、農業型三種型態，顯示客家族群與之於地方政治的發展，除了主導於家族、宗族、血緣為主體所形成的地方派系，也會因地方經濟發展、人口結構改變、社會環境因素，而產生不同的細微變化或隨之轉變。這說明客家政治本身的保守傾向並不是永久性，客家人在桃園地區可以產生影響力，並促使客家族群與不同族群的合作，而有利於穩定桃園的多元族群與文化發展生態。

　　桃園客家的文化多元性表現在客家族群與環境互動的調適性與生活樣態。桃園客家打破「逢山便有客」的刻版印象，以「近山客家」、「濱海客家」、「都會客家」的細緻劃分方式，不僅展現出桃園客家豐富的文化內涵與生活意象，也更能從地方與未來的角度思索、規劃地方的「客家文化重點」發展。此外，由於桃園市具有傳統「山客」、例外「海客」、現代「都會客」等多重客家特色與元素，而這些特色與元素也關乎客庄的產業屬性與客庄地方文化的內容產業設計發展。

　　內容產業的概念來自知識經濟的運作過程中，文化內容作為一種知識資本，透過商品形式或設計概念的展演、詮釋，進入自由市場流通而可轉化成經濟產值，進而成為一門產業。文化創意產業即是內容產業的一個發展面向，對於地方而言，地方的資本除了自然景觀之外，還有在地形形色色的人文活動與歷史故事。這些自然景觀與人文歷史交織成「地方」具有在地特色的「內容」。這些「內容」透過文化觀光或文化創意設計，以經濟活動的形式被體驗、被經驗而得以擁有轉化為經濟產值，進而帶動地方相關的經濟活動，或使得地方重新被看見，而帶動地方觀光旅遊效益。「地方」作為一種知識與文化的內容而得以重新創造而形成一種新的產業形式，帶動地方經濟活動與效益。對於依存於經濟作物產值與運銷而曾經興盛一時的桃園地方而言，「山客」、「海客」、「都會客」的客庄屬性劃分，作為桃園地方的一種「內容產業」的屬性思考，除了薪傳客家族群的多元生活歷史與知識文化

外，也可以看到這些客庄被列入客家文化重點發展區後所預期活絡地方的文化傳播與經濟效益。

因此，當客家與客庄地方作為地方意象與具體呈現內涵，桃園客家地方依循地理位置與歷史人文所區分的「山客」、「海客」、「都會客」，可以更容易針對屬性，規劃桃園市作為臺灣客家之都所對應的客家族群與經濟產業的關聯性。如，「山客」結合桃園米、茶經濟作物產區與文化觀光產業的地方品牌打造與地方基礎建設規劃；又如「海客」海港意象所串連的文化創意經濟的地方市集與客家生活商圈；再如「都會客」以中壢、平鎮為腹地所推廣、具集散客家時尚概念的桃園客家都會生活，以相關產品開發設計交流功能的文創基地等。這些針對地方而來的發想理念或規劃設計，都關乎桃園客庄型態與客家政策的落實與執行，讓桃園市能成為名副其實的「客家之都」或「客家文化之都」。

桃園客家政策與客庄型態的確定有互為幫補的作用，最大的目的在於協助桃園市大造成臺灣五都之中的「客家之都」或「客家文化之都」。除了客家族群人口結構與多元客庄型態之外，桃園作為一個新興的城市，但為何要透過「客家族群」主體與「客庄地方之都」的想像，打造所謂的「客家之都」或「客家文化之都」形象？其原因與桃園客家長期以來維持的人文薈萃盛況有關。

肆、桃園客家的人文薈萃風華

桃園客家的人文薈萃可以從文學、藝術、繪畫、舞蹈、音樂等面向，看到桃園客家人在各個領域的傑出表現，以及其深植客家鄉土的心思胸懷，以及客家族群對土地、文化、語言所澆灌的愛與見證。

一、文學

（一）鍾肇政

　　首先，客家文學首要代表人物一定會提及臺灣文學之父稱譽的鍾肇政先生（以下稱鍾老）。鍾老之所以能成為臺灣文學的核心作家之一，不只是來自他著作本身的文學成就，以及對時代、鄉土的跨時代貢獻，更是在於他在文學路上一路扶持文友、全力提攜後輩的無私大愛，他位居桃園龍潭的「鍾肇政的書房」更是具有臺灣本土文學的第一座基地的代表意義。1957 年發起編印《文友通訊》，連結臺灣本土作家；1960 年第一篇長篇小說《魯冰花》突破外省作家重圍，在《聯合報》副刊連載；其後陸續完成臺灣第一部大河小說《濁流三部曲》（《濁流》、《江山萬里》、《流雲》）、《臺灣人三部曲》（《沉淪》、《滄冥行》、《插天山之歌》）、《怒濤》……等系列重要作品；1986 年鍾老開始以「客家人的文學」為講題四處演講，介紹客屬作家（吳濁流、鍾理和、李喬、龍瑛宗、林海音、林柏燕、鍾鐵民、陳雨航、吳錦發……等）；1988 年參與「還我母語運動」，開啟他對客家公共事務的獻身之路。鍾老透過一生不懈的創作意志，綜觀敘寫人物時代、家鄉風土、客庄茶園、客家庶民生活，為日治時代至 1960、70 年代做出跨族群與跨時代的文學見證，堪稱桃園客家文學之父！

（二）杜潘芳格

　　如果說鍾老是桃園客家文學之父，與鍾老同為「跨語言一代」的詩人－有「永遠的女人樹」之譽的杜潘芳格女士（以下簡稱杜潘），則可堪稱桃園文學之母。杜潘出生於新竹新埔客家望族，一生篤信耶穌基督，將信仰融入她的生活與寫作。她常言：「在我的一生之中影響我最大的，是『宗教信仰』……它是支持我的力量，它不但是我精神上的支持，更是永遠的指導。」、「因為我若是脫離了耶穌・基督留給我們的和平的聖靈，就無法

寫詩或寫文章。」基督信仰對杜潘的影響清楚可見。

杜潘的文學創作歷程起始於日治時期就讀新竹女中時期，為排解殖民時期日籍同學對臺人的歧視與排擠，以日文書寫詩歌、小說、散文。竹女畢業後，考入台北女子高等學院，未完成學業，因戰事爆發返回新埔，於國民學校教書，直到二十四歲與杜慶壽醫生結婚，移居桃園中壢，除短暫留居美國期間，婚後至終老，均在中壢渡過，享年 89 歲。

杜潘一生對於女性自我擁有極敏銳的意識與省察力，但也因此常常擺盪在人女、人妻、人母等女性家庭角色的衝突中。文學書寫成為她的抒發。1965 年加入臺灣本土精神標竿的「笠」詩社，為「跨越語言的一代」的詩人，受到李元貞、李敏勇、鄭清文等人的鼓勵與支持，陸續地發表中文詩作。1980 年積極轉向客家母語創作。1990 年代曾任《臺灣文藝》雜誌社社長，女鯨詩社社長；1992 年年以中文、英文與日文寫成的詩集《遠千湖》，獲第一屆陳秀喜詩獎。2007 年，獲行政院客委會頒發「傑出貢獻獎」及「臺灣新文學貢獻獎」。2008 年獲真理大學臺灣文學家牛津獎。

杜潘的詩語簡單、詩風自然，不強調形式技巧，著重於即物意象融入詩人思想感受的詩思經營。「詩」對杜潘來說，是傳達詩人我，與真理、生活、自然、女性身分、國族經驗等思考與體會的交會結晶，靜默有時，亦言語有時，正如其人其詩。

除杜潘外，客家女作家的黃娟（本名黃瑞娟）則是臺灣首位完成大河小說的女性作家。1988 年，黃娟回顧她幼時在楊梅躲避美軍轟炸臺灣的戰事記憶，開始創作《楊梅三部曲》。《楊梅三部曲》特別之處有二。其一是第三部的《落土番藷》，寫海外臺人對臺灣的觀感與對臺灣民主運動的參與；其二，黃娟以女性視角書寫，從女主角幸子的童年開始寫起，歷經日本殖民統治、國民黨戒嚴專制、1960 年至 2000 年間改革等臺灣三個階段歷史。書中有許多展現客家女性剛毅、堅強、出苦耐勞、重視教育等特質的角色與書寫表現。（王澄，2015：21-22）

（三）鄭煥

同樣出身楊梅，來自高山頂的鄭煥（本名鄭煥生），則是戰後第一代農民文學的作表作家。鄭煥以農村的主體意識，用原始、寫實的筆觸，將農民魂樸且隱忍的性格，轉化為各異其趣的長短故事，在幽暗處閃爍著良善光芒，為臺灣文壇留下難能可貴的一畝畝農村人生百態故事。在鄭煥的農民小說中，時常可以看到客家族群堅毅不饒的生存精神、堅毅性格與生活傳統。靜宜大學臺灣文學系教授彭瑞金曾歸納道：「他的作品，大部分寫農民和農事，從土地的依違關係，到農民的思想、感情世界，以及農民世界的特有價值觀，鄭煥的作品表現了相當純粹的農民文學。」（林丞閎，2019：14）

（四）以文吟社

除了現代客家文學，「以文吟社」是臺灣僅存的兩個客家調詩社之一，也是桃園目前唯一傳統詩社。前身乃西元 1912 年（日治時期大正元年）由中壢名人吳榮棣邀請當地生員邱兆基、張燊威、宿儒楊星庭、梁盛文、古道興、劉汶青、古炳、劉世富、古清雲等先進，藉後花園望月亭作文酒之會，西元 1921 年（大正 10 年）正是邀約文人雅士以文會文，定名「以文吟社」，公推吳榮棣為社長，朱傳名為副社長，除原有成員，尚有吳鴻森、古少泉、黃坤悅、蕭林石、徐代清等文人賢士。後來因皇民化政策，暫停集會，又因日本當局管理政策，合併區內原有的嗟玉吟社、藻社、鳳社、崑崙詩社，更名為「大東吟社」。1946 年詩社決議恢復原名「以文吟社」。目前社長由陳國威先生擔任，致力推廣客家語言文化與中華漢學。為了讓更多人了解客家文化與漢學，陳設長於 2010 年正式開辦客家詩學吟唱寫作班，親自教導學員作詩、吟唱客家詩，維持以詩會友的傳統。（游智元，2016，62-65）

二、藝術

在繪畫藝術上，桃園客家畫家也有豐富的表現與成就。

（一）呂鐵州

呂鐵州（1899-1942），本名呂鼎鑄。是臺灣日治時期東洋花鳥畫的泰斗。1899 年（日治明治 32 年）生於桃園大溪。1928 年（日治昭和 3 年）赴日本內地學畫，入京都市立繪畫專門學校（現京都市立藝術大學），師承強調客觀寫實風格的福田平八郎，此後畫風受到日本現代繪畫以寫生為基礎、力求表現自然精髓的啟發與影響。1929 年（日治昭和 4 年）起開始連續獲得臺灣美術展覽會的殊榮肯定，但 1932 年（日治昭和 7 年）參展特選作品《蓖麻に軍雞》則將呂鐵州的藝術評價又推往高峰。當時日籍評審鄉原古統給予呂鐵州極高讚譽：「畫面瀰漫著澎湃的氣魄，表現出強而有力的男性特質，同樣又是一件精心的力作。我認為他在顏色的使用方面所下的功夫，有傑出的表現。此回參展的作品中，《鬥雞》是最好的作品。」《臺灣日日新報》的主筆大澤貞吉（鷗亭生）也同樣在一篇短文中表達了對此作品極高評價：「……他純熟細密的描寫技法，已達到神乎其技的境地。因而此作令觀者有大軍壓境的威嚇感，又驚嘆於它所表現的懾人氣勢。……畫家以精湛巧妙的手法，在現實的畫面上，將其對美的觀念生動地傳達出來。」同年加入臺灣最大東洋畫團體「栴檀社」，1933 年（日治昭和 8 年）「臺展」《大溪》一作，展現呂鐵州突破過去花鳥畫的題材類型與風格技巧，開始轉向於寫意風景畫的企圖，其足跡遍步台北、大溪、臺中、彰化等地，並帶動了 1930 年代「農家畫」的風氣。此系列中堪稱一絕的即為《戎克船》。呂鐵州以寫實的方式細膩描繪時人的交通工具，然對於遠方層巒疊嶂的山丘，則以較為寫意的暈染法繪製。兩種相異的創作手法交融在此幅畫中，呈現生活的真實與山景的秀靈。1936 年（日治昭和 11 年）在臺北太平町大橋頭自宅開設「南溟繪畫研究所」，致力栽培東洋畫畫家。1942 年（昭和 17 年）因積勞成疾而英年早逝。享年 43 歲。

（二）賴傳鑑

賴傳鑑（1926-2016），桃園中壢人。1934 年至日本武藏野美術大學留學，二戰後歸國，在桃園地區擔任中學美術老師。理論創作兼備，其中兩本著作《巨匠之足跡》、《天才之悲劇》（雄獅圖書，1984）專門導介西洋藝術史，對臺灣 60 年代美術青年影響很大。一生獲獎無數。包括 1982 年師鐸獎、1985 年中山文藝獎、1990 年林本源中華文化教育獎。美術成就亦斐然，自 1957 年至 1973 年，曾連續在省產、台陽展中獲獎二十七次。早期畫風以具象的寫實為基礎，逐漸加入立體派色面分割的技法，而具有半抽象的畫風，其色感獨特，往往為構圖營造出具有詩意的藝術性，曾受到前輩畫家廖繼春讚許。年輕時期色彩畫風傾向鮮麗色調，後來漸趨雅淡。賴傳鑑對於藝術創作充滿自覺，認為藝術家不應一昧追求主流，而必須回到自己創作的初心，持續探索適合自己心性志趣的技藝方法，一向鍾愛油畫的賴傳鑑，題材上亦相當廣泛，包括風景、靜物、花卉、人物等都有，但他作畫反對「現場主義」，不主張以「寫生」來完成作品，創作亦非對自然的純粹模仿與再現，而必須有藝術家本身的觀察與詮釋立場。除了藝術與創作的追求，賴傳鑑為臺灣美術教育奉獻四十年的歲月，認為體制美術教育不應以培育畫家為主，而致力向學生傳達美的生活意識與鑑賞能力的重要；他編寫美術教材時，特別側重於藝術與生活的相互關係，以及在這相互關係中，藝術對生活產生的美的影響，因此，相當側重如何欣賞藝術與在生活中的普遍運用，以及對於追求美的生活的體會。賴傳鑑透過創作與寫作，成為當代桃園最重要的藝術實踐家之一。

（三）曾現澄

出生於桃園新屋的曾現澄，可以說是當代國寶級畫家。在曾現澄至總督府編修科擔任雇員時期，接觸到陳澄波、楊三郎、石川欽一郎、鹽月桃甫等臺日畫家作品，毅然轉考第一屆臺北師範藝術科，跟隨李石樵、李澤藩等

名家學習，亦從留日回國的廖德政老師指導「多看、多想、多畫」，成為他終身石建的座右銘。曾現澄以水彩獨創浪漫實感，新屋海岸客庄乃至整個桃園，都有他飽滿色調展現的鄉土情懷，藝術表現澤從刷洗、厚塗、透明渲染交織技法，到自來水筆速寫小品書法都有。桃園當代雕刻藝術名家許和義曾品評「曾現澄就是在莊頭鄉井，山之涯，海之角，在阡陌縱橫的田野間，穿所漫遊。……深綠、淺藍、土黃，隨處有他駐足的痕跡，顛沛艱苦經歷所得的體驗中獲得糧食，孤獨、迷惘、愉悅、興奮、滿足與徬徨，豐富了生命，成就了美術的果實。」（楊月霞，2016、12：27-31）不僅如此，曾現澄中晚年還創辦「澄星畫會，協助沈秀成發起「藝緣畫會」，成為桃園當代最重要的兩大藝術指標，以及桃園當代繪畫藝術的薪傳火炬！

三、舞蹈

（一）萍影舞集

　　值得留意的是，桃園濃厚的客家文藝氣息也持續影響在舞蹈團中－「萍影舞集」用肢體語言表現出來的桃園在地故事《客家心、花布情》，以古典芭蕾技巧為基本架構，融合民族與現代舞元素，敘述客家阿三哥與細妹初相見的故事；《紅粄》則是以客家代表米食之一的「紅粄」為創作靈感，講述16 歲成年禮儀式，傳統女性不為人知的心事；《聖筊》改編自桃園客家第11 期月刊－伯公山護樹護廟歷程，以舞蹈表現客家民間信仰與人文習俗，以及堅忍不拔的精神。（侯剛本，2019：66-68）「萍影舞集」創辦人葉雅萍其實並不是客家人，但因為長期定居桃園，也長期接觸客家文化，對客家元素越來越熟悉，也常在創作中融入客家元素。客家可以說是她實踐用舞蹈創作訴說在地故事的重要創作靈感與生活實底。

（二）敦青舞蹈團

　　敦青舞蹈團則是桃園另一支致力培育更多舞蹈種子的新興勢力。團長張永煜是土生土長的客家人，從美國學成歸國後，就回到家鄉桃園培育表演人才。他熱愛自己的家鄉，以身為客家人為榮，更將客家元素融入舞蹈作品中，讓更多人可以透過他的作品，看到客家文化之美。他的作品《油桐花開》、《觀雪》、《回到大伙房》，都是透過客家意象，從當代發展與客家年輕人的脈絡，去展演客家所形成的意義與情感。這兩部作品分別獲得 2013 年、2014 年「全國桐花舞蹈創作大賽」創作組金牌獎，《回到大伙房》更獲得當年度「最佳編劇獎」。（侯剛本，2019：71-72）

（三）陳碧涵

　　「生於苗栗、長於中壢」的陳碧涵教授是舞蹈界鮮少有博士學歷的舞蹈家。她學成歸國後，曾觀察臺灣 22 個縣市的習舞狀況，桃園不管是體制內的藝術才能舞蹈班，或是民間的舞蹈教室都相當蓬勃有活力。在她的影響與推動下，復旦國小、東興國中的舞蹈班接連成立，東興國中舞蹈班的學生甚至將融入客家文化的舞蹈表演，前往海外演出。陳碧涵認為客家舞蹈不能只是重複套用模式推行，不管是套動作的公式（隊形、走位、舞步）或套情節的公式（採茶、農耕、愛情）、或套舞台美術的公式（服裝、道具、舞蹈），客家舞蹈必須要跳出「何謂客家舞蹈」的集體框架與創作迷思。清華大學幼教系的劉淑瑛教授與水影舞集的藝術總監譚惠珍是目前將客家文學與客家舞蹈相容最好的編舞者。兩位舞創者先後不約而同以文學敘事手法，運用身體書寫概念，以客家為題進行創作，將「生活動作」配合音樂與聲光效果，再現為「舞蹈動作」（侯剛本，2019、6：78-79），進而創造出既有鮮明客家生活美感身體意象、又有客家生活演繹脈絡的「客家舞蹈」。

四、音樂

　　提到客家音樂，一般人的印象大多會聯想到即興對唱、隨時隨地可以表達心情的山歌；或是深入一點的，會提到曲腔豐富的九腔十八調，或是因祭典節慶而生的客家八音，亦或是三腳採茶戲、平安大戲等傳統客庄生活會出現的戲曲類形。但是隨著時代的轉變，也開始出現融合傳統與現代、多元樂風的新世代的現代客家音樂。除了大名鼎鼎的已故客籍作曲家鄧雨賢先生之外，當代桃園在地也有致力發揚客家創作音樂的音樂人，如前輩先鋒的謝宇威、神棍樂團的陳正航、欒克勇、更年輕世代的啾咪殺手樂團（Chumi Killer Band）等。

（一）謝宇威

　　謝宇威是桃園新屋人，1992 年以〈問卜歌〉或第九屆大學城全國創作音樂大賽第一名、2004 年獲的十五屆金曲獎最佳客語演唱人獎。有《我是謝宇威－你記得嗎？》、《一儕‧花樹下》、《山與田》、《青春舞曲》、《尢咕尢咕》等創作專輯。對於謝宇威而言，新屋是他兒時最美的記憶，他的創作曲〈你記得嗎？〉的歌詞：「你記得嗎？你記得嗎？那年秋天田邊的小路，邊走邊唱歌……金黃色的日頭下，我們從那走過。」正是謝宇威對童年新屋記憶留下的印記。很可惜的是，1980 年代之後，新屋開始經歷現代農業機器化的巨大轉變，泥土砂礫的鄉間小徑，逐漸被因應機械農具的柏油路面取代。童年記憶的新屋成為他永遠的客家鄉愁。〈花樹下〉則是謝宇威對比於現在新屋區鬧區、關於「逝去」的惆悵。歌詞寫著：「花樹下，有一間藍衫店仔；花樹下，有一介老師傅，做過介藍衫；著過介細妹仔，就像該門前花，來來去去不之幾多儕？」；《尢咕尢咕》是一張兒童音樂專輯，編曲充滿兒歌的趣味與色彩，隱含了向下一代傳承客家文化的使命期待。《爵士唐詩》則是以客家為語、爵士為樂來唱經典唐詩，為客家音樂的創新與融合有了不同的古典想像。（董昱，2019、9：44-53）

（二）神棍樂團

神棍樂團（ZenWkun）是臺灣當代知名創作樂團，在音樂表現上，在音樂上結合客家、北管、嗩吶、民族音樂、現代搖滾等風格，並加入佛、道教等元素與思想，創造世界上獨一無二的「乩童搖滾」。團長、也是詞曲創作的陳正航，是道道地地的桃園在地人。2006 年獲第七屆臺北縣貢寮國際海洋音樂祭評審團大賞、2007 年獲行政院新聞局臺灣原創音樂大賽客家組首獎團，2009 年發行神棍樂團首張創作專輯《萬佛朝宗》，以神棍警世的角度，表達對當代社會淺碟表象式的崇拜行為的不以為然態度，曲詞瀰漫諷刺的意味。神棍樂團成員尚有林奕勳（貝斯／小提琴）、鄒松佑（吉他）、徐瑋廷（鋼琴／二胡）、黃博裕（嗩吶／中國笛）、程湛文（爵士鼓）。

（三）欒克勇

欒克勇，來自桃園，畢業於中原大學資訊管理學系。臺灣音樂製作人，作品涵蓋華語、閩南語、客語流行音樂。也是「俠客樂團」團長鍵盤手兼主唱。2011 年以個人專輯代表作品《獨 1 無 2 反串客》獲得第 22 屆金曲獎最佳客語專輯獎、最佳客語歌手獎，也是首位非客家人獲得此獎項者（父親是外省人、母親是閩南人）。現職為欒生音樂（錄音室）負責人、Brio 科技臺灣精品品牌研發音樂總監暨臺灣區代言人、桃園市政府客家諮詢委員、慈濟靜思音樂製作人、國／台／客語獨立音樂製作人。欒克勇在首張專輯出版後，也製作了許多客家新秀歌手的專輯，睽違客語創作多年後，再度發行單曲〈五月雪油桐花〉，主要描寫臺三線上美麗的油桐花景色，歌詞提到「油桐花盛開的五月，南風吹過長街，像白白的飛雪；而臺三線沿路上的埤塘，像油畫一樣，靜靜陪伴著白雲……」優美的唱腔配合悠揚旋律，正如歌詞所展現的優美風景，瀰漫小品小調特有的悠閒雅致的韻味。

（四）吉娜罐子

　　「吉娜罐子」的吉娜－楊淑喻則是道道地地的桃園客家音樂人。《桐花放客》專輯中的 11 首歌曲，呈現了「吉娜罐子」創作過程裡各個片段的生命故事；《理所當然》則是生命過程中的真實故事與感受。同名歌曲描述的是職場上與工作夥伴所發生的故事。「吉娜罐子」用客家母語寫出自己與你我之間都可能遇到的故事，也用客家母語唱出多元音樂曲風的各種可能性，而展現出「吉娜罐子」想帶大家認識不一樣的客家流行音樂的創作誠意。除了客家母語，《理所當然》中有一首〈唱我們的歌〉，結合了客語、原住民語、河洛語及華語（林怡慧，2019、9：40-41），可以看到這首歌中，嘗試用客語與其他族群語言溝通與對話的企圖，以及創作者對臺灣土地多元族群融合與平等互榮的想法與願景！

（五）啾咪殺手樂團（Chumi Killer Band）

　　特別介紹 2016 年成立於桃園中壢的在地音樂團體－啾咪殺手樂團（Chumi Killer Band），成員包括團長兼吉他手陳證安、主唱徐沁芃、琵琶樂手蔡晧怡。團長兼吉他手的陳證安與欒克勇一樣都是中原大學傑出校友。為延續學生時代對音樂的嚮往與承諾，號召了自己的音樂同好在自家開始創作音樂，原只是樂迷粉絲的太太，某天突然創作能量爆發，開始提供自己創作的詞曲作品加入樂團活動，並成為主唱。徐沁芃以自己的客家母語創作歌詞，內容除了貼近女性成長記憶與過程的細膩情感與省思，也多有連結在地的音樂故事；作為客家女婿的吉他手陳證安，不只相當認同，更透過豐富多元的編曲風格，將歌詞文字的文學表現轉譯為音樂旋律；琵琶樂手蔡晧怡的即興爵士樂演奏為樂團自由創作增添了迷人且華麗的音樂色彩。

伍、桃園客庄節日、慶典與文化觀光推廣

過去，節日、慶典通常與傳統農業社會形態的農忙結束或休耕或地方信仰有關，除華人文化圈所共享的農曆新年、端午節、中秋節等重要傳統節慶外，臺灣客家的天穿日祭祀、義民祭典、歲末平安大戲酬神、龍潭地方獨特的迎古董接財神風俗……等，可以看到這些節日慶典都是真實庶民生活的一部分，就像農民曆的二十四節氣指出季節氣候變異與農作、勞動的關係，這些慶典不只是對節日的重視與慶祝，也同時標示出庶民年度生活中的歡樂休止節奏的印象。不過，隨著時代的變遷，這些節日慶典在現代，不再具有真實生活的實質或實底，而是漸漸轉化為具有文化傳承意義的展演儀式、或是肩負帶動地方觀光與活絡地方經濟的文化慶典。桃園客家事務局在這個轉化過程中，扮演的角色像是年度慶典規劃的推廣者與執行者，依循月份時間，根據不同在地自然地理或歷史文化條件，推出過去傳統客庄生活中並沒有的各式新型慶典。一方面是希望藉由保存客家文化，一方面也希望能透過這些慶典活動，讓更多人能因體驗客庄、而更認識客家。以下簡介桃園客庄的傳統與現代慶典：

一、天穿日（2-3 月）

每年農曆正月二十「天穿日」是客家人極為重視的傳統節日之一，來自水神共工與火神祝融大戰、女媧補天傳說。客家俗諺「有賺無賺，總愛寮天穿；有做沒做，寮到天穿過」典出於此。客家族群每逢「天穿日」會好好生養安息，讓大地有修補元氣的時間，同時祈求環境永續、庇蔭後代子孫。（楊月霞，2016、3：42）有鑑於「天穿日」是客家族群的活動盛事，為讓更多人能認識客家族群與客家文化，「基本客家法」通過後，客家委員會將「天穿日」擴大定為「全國客家日」。

二、食伯公福（3月）

　　「食伯公福」是客家特有習俗－在伯公生日這天，家家戶戶會準備祭品，前往附近伯公廟祭拜，並做戲為其祝壽，再將當天祭祀的五牲直接烹煮供信眾食用，具有將伯公福氣一起吃下去的作用，讓未來一年的福氣連連到來。「食福」不一定只在每年農曆二月初二伯公生這天，部分地區四季都有食福活動，除伯公生日，還有四月初二、八月初二與冬節日（冬至），剛好對應四季時節，又稱「食四季福」。（張泓斌，2016：26-27）

三、龍潭迎古董接財神（2月）

　　「迎古董」在客家話的意思是「挪揄、有趣」的意思，屬於龍潭客家族群的特有活動。「迎古董」原為龍潭街上第一市場旁巷子為界而分的上街與下街的鬥陣，居民互以對方的地方仕紳外貌、姓名諧音－如「發鹵羊」、「好鬥牛」、「釣蛤蟆」、「斬奸臣」、「硬爛」等諷刺性主題，製作道具置於牛車遊街，互相挪揄，成為農忙之餘重要娛樂。（蘇曉凡，2018：57）到後來加入踩高蹺、傳統戲曲等陣容，但上、下街的鬥陣相互譏諷而不免淪為打架滋事，隨著參與民眾的年歲增長，以及石門水庫開始動工、需要大量生產力，「迎古董」活動逐漸式微，由大廟龍元宮的「接財神」接棒，近年推廣成為「南烽炮、北天燈、龍潭迎財神」的元宵習俗。在地方耆老與有心人士的推動下，接續為「迎古董接財神」的龍潭客庄特殊慶典。

四、客家流行音樂節（3-4月）

　　「客家流行音樂節」前身為桃園客家事務局於 2012 年開辦的客語歌曲比賽，2015 年正式升格。其中的熱門活動「客家流行音樂大賽」除了成為客家音樂的盛會，也是推廣客家歌曲與音樂的搖籃，客家事務局並建置「客家歌曲平台」，收錄了 1,600 首客家歌曲，讓更多人能更容易接觸客家音樂，

也讓客家音樂能夠「走入生活、結合城市」，成為桃園的城市魅力亮點，也能為客家語言與文化累積能量、創新傳承。（蘇曉凡，2017、8：51）

五、桃園客家桐花祭（4-5月）

每到4、5月春夏季節交替之時，桃竹苗一帶客庄因多種油桐花，而成一片雪白，有「五月雪」之譽，甚有風情。油桐樹在過去是經濟作物，雖然現在經濟價值已經不復以往，但油桐的旺盛生命力，就像是客家人堅毅精神，而被視為客家精神之花。2011年時，桃園市政府客家事務局開辦「桃園客家桐花祭」活動，希望能透過油桐花的自然之美與客家精神象徵，讓更多人看到客庄之美，認識客家族群！

六、桐舟共渡歸鄉文化季（5-6月）

端午，客家人稱「五月節」，許多民眾一早祭神、祭祖，吃過粽子直奔龍潭大池觀看龍舟競渡，已成為端午例行習慣。傳承百年的桃園龍潭龍舟競渡，始於西元1915年（大正4年），當時的龍舟是沒有龍頭的舢舨，二戰時停辦，光復後恢復競賽，1990年代改以形制更優美的龍舟行於水上。（蘭華，2016、9：39）

七、觀音蓮花季（7-8月）

桃園蓮花季已有超過二十年的歷史，早期觀音區工業發達，為維持大崛溪流域環境水質，引進大量蓮花品種，保持水質穩定，後蓮荷田擴展為龐大的水生家族，成為當地精神象徵。桃園市政府遂結合農特產及觀光活動，讓觀音、新屋二區每年舉辦蓮花季。「好客音浪」是其中相當受歡迎的活動型態。

八、義民文化祭（8 月）

　　義民爺是臺灣客家人獨特且重要的信仰，其歷史可追溯至清乾隆 51 年的林爽文叛亂事件。當時新竹地區的客家人籌組義勇軍捍衛家鄉，平定亂事後，將犧牲之士合葬，於西元 1788 年（乾隆 53 年）在新埔枋寮建立義民廟，並獲乾隆皇帝三次御筆「褒忠」，成為桃竹苗客家人的最高信仰中心。平鎮褒忠祠是第一個自新埔義民廟分香出去的廟宇，也是中壢、平鎮、楊梅等敬拜義民的聖地。現在每年農曆七月，客家人為紀念保鄉衛土犧牲的先民，而演化為義民祭活動，成為北臺灣客家盛典、盛事。（蔡淞雨，2016、9，46-47）

九、龍潭送聖蹟儀式（9 月）

　　「敬字」、「惜紙」為客家先民代代相傳的美德，源自客家鄉親對先聖先賢之尊崇，將寫過字的紙張集中，汙損者還要洗後曬乾，於特定日子與以焚化，焚燒後的字紙灰燼尊稱為「聖蹟」，再以隆重的三獻科儀祭禮，恭請河神送到大海，謂之「送聖蹟」。

十、桃園客家文化節（9-10 月）

　　為宣導桃園市獨特與濃厚的客家文化而設置的「桃園客家文化節」，主題活動規劃有以客家美食為主的「月光團圓宴」、「客家平安大戲」，及不同桃園客家在地主題。平安戲是客家人農村生活中，針對稻穀秋收之後的重要休憩生活，因此客家在農曆八月半有「做平安戲」的傳統習俗。傳說這個由來，是為了答謝三官大帝之一的水官所致，平安戲除了祭祀三界公（天官、地官、水官）的風俗，必須請戲班演戲，感謝神明一年來的守護與保佑，並祈求來年也能「風調雨順、國泰民安」，稱之「做平安戲」。

十一、三界爺文化祭（10 月）

　　三界爺信仰與客家人農墾祈求豐收及桃園埤塘水圳建設息息相關，是薪傳客家傳統宮廟文化的獨特慶典活動。2018 年的地點在平鎮區三崇宮。

十二、神巡平鎮、乙未客家戰役文化祭、平鎮戰祭（11 月）

　　自 2007 年以來，平鎮區公所串聯境內十大宮廟，每年於秋季舉辦「神巡平鎮」活動，2016 年則擴展結合客家義民「安平鎮之役」的紀念歷史，追懷先烈，亦求神佑桃園。平鎮舊名「安平鎮庄」，1895 年臺灣割讓日本，各地皆有臺灣人組義軍抗日，當時安平鎮庄客家人胡嘉猷、黃娘盛等客家人也在當地阻饒日軍南下，經過三場戰役再轉戰龍潭，為「安平鎮之役」。

　　「安平鎮之役」為「乙未戰爭」之重要戰役，為讓更多人知道「乙未戰爭」的始末，擴大辦理為「乙未客家戰役文化祭」。「乙未客家戰役」的始末自 1895 年日軍登陸臺灣之後，從北南下，意外遭到北臺灣客家人所組成的義勇軍抵抗，這些義民軍在現今桃園市平鎮、龍潭、楊梅至新竹縣湖口一代伏擊日軍，以致日軍傷亡慘重。「乙未戰爭」是客家族群保鄉衛土的重要歷史資產與精神象徵。因為「平鎮」是「乙未戰爭」中桃園地區的重要戰場，後續又發展為更帶有地方嘉年華色彩的「平鎮戰祭」。

十三、客家傳統音樂節（10 月）

　　客家山歌是客家人重要的音樂類型與表達方式，為鼓勵客家人聽・唱客家山歌，也期待有更多人可以認識山歌，「2019 年客家傳統音樂節」包含「客家山歌歌唱大賽」、「客家山歌徵詞大賽」及「客家傳統音樂講座」等三大系列活動，並於賽後舉辦「頒獎典禮暨賴佩霞紀念音樂會」。

陸、結語

　　桃園市對於八大客家文化重點發展區的發展規劃，除了加深桃園客家的地方印象，也讓桃園市逐漸成為一個從客家啟動多元族群互榮、臺灣產業經濟歷史縮影、從傳統到現代並存的臺灣城市。

　　桃園市的特別在於生活中不知不覺就自然融合、彼此交會的多元族群文化，其中客家族群因置處在不同自然地理與生活環境，因而孕育出不同面向的「近山客家」、「濱海客家」、「都會客家」等風俗習慣與人文表現。桃園市作為臺灣五都中唯一有能力、有內涵能發展成「客家之都」的直轄市，回頭檢視桃園市升格為臺灣第五大都會的發展歷程。其中，作為桃園市「客家文化重點發展區」的龍潭區、楊梅區、大溪區、新屋區、觀音區、大園區、中壢區、平鎮區，雖然依照生活地理空間區分為「近山」、「濱海」、「都會」等三大屬性，從時間軸來說，這三大生活地理空間的客家族群與客庄，各自發展出非常不一樣、但一樣自擁有細膩、豐富的人文內涵，以及「地方」在全球性現代化進程中，隨著交通運輸技術與工具的改變、經濟作物自由市場的盛衰，不管是「近山客家」、「濱海客家」、「都會客家」都必須同樣面對一個全球性的人文大議題「在傳統與現代之間，人類文明該如何面對與選擇？」

　　桃園客家作為臺灣產業經濟發展史由盛而衰必然性發展的縮影地方，也看到鄉村、城鎮、都市／都會的不同族聚形式，我們不由得會去問兩個重要的問題，一、「為什麼我們既要保留歷史中的傳統客家？也要讓現代客家的創意與創新被看見？」；二、「客家要如何向前走？」第一個問題涉及到客家族群作為臺灣歷史主體共同命運體成員之一、既是臺灣關鍵多數也是關鍵少數的族群發展重要性。第二個問題則涉及到如何客家族群作為維護多元族群文化生態共榮共存的承擔性責任。

　　因此，當我們意識到客家的傳統與現代之間的對應與思考問題，而去問「為什麼我們既要保留歷史中的傳統客家？也要讓現代客家的創意與創新被看

見？」這類問題時，我們也同時意識到文化不可能總是停留在一陳不變的生活中，而是會在歷史時間中因人、因地、因時、因事、因物，產生許多的變化可能。所以，即使是傳統客家也有它在時間中的極緩慢而細緻的變遷風貌，我們之所以不能忽視傳統客家，將傳統客家視為是我們客家文化的根基，原因正在此！

　　然而，從農業的傳統社會進入工業的現代社會，是人類文明歷史的大躍進，也是人類文化發展的大災難－我們發現現代社會的前進腳步太快了，快到傳統社會幾千年累積下來的生活經驗都跟不上，也不敷可以借鏡的地步；最可怕的是，那些透過父傳子、子傳其子的世代客家記憶，也就是我們在傳統社會與農村中可以看到的客家生活的人事、地景、物件……等具體的、有細節的生活內涵，都在現代社會假進步之名中，迅速地消失，那些已經傳承世代多年的客家經驗，變成了碩果僅存的耆老的記憶，我們對傳統客家的搶救，正是將這些客家耆老的歲月記憶，或以文字、或以影像聲音、或以圖片照片……等等我們可以理解的方式保留下來，這些記憶就像是一座博物館，我們在這個博物館中，看到了所謂的傳統客家。

　　就這樣，我們在邊走、邊看、邊聽、邊體驗的過程中，我們也會發現一個極殘酷的事實：這些所謂的傳統客家，只是博物館的收藏品，不再是圍繞在我們四周的生活，也不是發生在我們身邊、我們所熟悉的文化內涵。因此，客家的傳承對我們很多年輕世代來說，那是父母、祖父母、太祖父母…甚至是先祖的經驗與記憶，就生活內涵與文化理解來說，從傳統到現代，是有一個極大的斷裂與鴻溝存在！

　　從這個角度來說，客家的傳承不能只是保留傳統、搶救傳統，而要能將這些傳統客家的內涵與意義，讓這些不曾有過傳統客家經驗與記憶的年輕世代，能夠理解、接受、認同、甚至願意繼續傳承的熱情，一種可以將自己連結於傳統、且是這個世代生活與文化所能理解的轉化經驗，則是非常重要的事情，這個重要的經驗連結就是現代客家必須存在的原因。現代客家不是憑空想像或隨便出現，而是針對傳統客家提出一種新的記憶方式、新的理解方式、新的接受方式……

　　現代客家既然是傳統客家在現代與現代社會中所延續的新的記憶方式、新的理解方式、新的接受方式……，這表示任何新的可能性都會出現在「現代客家」的生活與文化經驗中！但是，我們之前也談到「現代客家」不可能憑空生出，它仍然是必須以傳統客家為底蘊，以傳統客家為基礎。傳統客家與現代客家的關係還是存在著一種彼此對應或彼此呼應的關係－傳統客家為現代客家提供了實質與精神內容的養分，現代客家則透過各種新的可能性的形式，為傳統客家延續了可以被現代社會生活與文化經驗所理解與記憶的新生命－從傳統客家到現代客家的傳承的發生，是必須、且是有意義的。

　　因此，我們從這個角度去思考傳統客家與現代客家的發揮，就會發現，客家的傳承正是傳統客家與現代客家缺一不可、共存並進的延續關係。同時，也唯有讓傳統客家與現代客家的記憶，都成為是我們必須擁有的共時性與共在性記憶，雖然是現代社會傳承客家的最大挑戰，但也是客家族群責無旁貸的族群使命。唯有這樣才能好整以暇地不斷面對接續而來的客家未來性的發展挑戰，並不斷地提問「客家要如何向前走？」這是許多關心客家的人，都會不斷探問的問題。我們要知道，唯有讓傳統客家的記憶與現代客家的記憶共存、共在，不只是我們生活文化的可理解的經驗內涵，還必須要讓這些生活文化的經驗內涵，透過認同－也許是「我是客家人」的意識認同、也許是「客家是維繫臺灣多元化族群生態的關鍵少數，也是關鍵多數」的認知認同、也許是「客家的硬頸精神」、也許是「客家的溫暖人情」、也許是「客家的美好想像」、也許是「客家人的純樸簡約美德」、也許是「客庄的生活文化」、也許是「客家就是客家」……認同客家，不是只是客家人的責任，生活在臺灣這塊土地的每一位客家人，都有責任要讓其他族群了解－關鍵少數的客家人是維繫臺灣多元平等價值的現代民主很重要的族群力量……

　　因此，保持傳統客家的記憶不僅是客家人責無旁貸的使命，如何能讓傳統客家轉化為現代客家、繼續傳統客家的新生命，也是每一位客家人都必須關心的客家公共事務！因為這涉及到客家文化的真正傳承！如果只有傳統客家，沒有現代客家，傳統客家只是博物館的收藏品與展示物；但是，如果只

是一昧追求現代客家，忽略傳統客家的文化底蘊與內容，客家精神也不復存在，現代客家只是消費文化的寵兒，總有一天會變成棄兒！因此，如何以現代形式展演或詮釋傳統客家，並能將傳統客家的文化記憶，成為我們能認同的美學生活或精神價值，才能讓客家繼續向前走！客家傳承才不會是死的、被消費的文化！

　　桃園市作為臺灣五都中唯一的「客家文化之都」，不管是「山客」、「海客」、「都會客」，都共同承載著兼容客家傳統與並包客家現代發展的「地方」，也是「桃園客家」繼續累積為「桃園客家學」的未來能量，期待有更多不同世代的客家族群成員，透過「桃園客家」的認識與體驗，看到桃園市作為一個城鄉邊際生活不斷交會的城市地方，客家族群為這個地方所持續挹注的文化能量，以及這股文化能量為這個新興城市所帶來更多刺激多元族群共生互惠的尊重與互榮願景！也由衷希望有一天「桃園客家」的地方啟示，讓喚起更多年輕客家世代願意進入任何「地方」的熱情與責任，一起深耕臺灣！

參考文獻

王保鍵（2016）。論桃園客裝型態與客家政策。臺灣民主季刊，第 13 卷，第 4 期（2016/12），頁 93-125。

江明修、丘尚英（2010）。戰後臺灣客家政治發展－以桃園客家地區為例。收錄於客家城市治理，頁 20-40。桃園：國立中央大學客家學院。

吳秀榮（2018）。楊梅壢的故事－楊梅開墾史及客家先民氏族。桃園客家 3 月號，No.11，頁 6-11。

林丞閎（2019）。鄭煥《土牛溝傳奇》精華片段導讀。桃園客家，6 月號，No.16，頁 16-25。

林怡慧（2019）。完轉創意客樂新浪潮－多元類型的媒合，現代客樂的變質。桃園客家 9 月號，No.17，頁 32-41。

侯剛本（2019）。文化，從「理解」開始－舞動客家靈魂探究舞蹈新境界。

桃園客家 6 月號，No.16，頁 64-93。

范煥彩、黃建義、朱宣慈（2017）。大溪源流－細說「蓮座山觀音寺」。桃
　　園客家 6 月號，No.8，頁 6-13。

桃園客家編輯部（2015）。保存客家精神與文化綠洲－桃園市客家文化館。
　　桃園客家 7 月號，創刊號，頁 4-13。

陳世芳（2016）。自然的恩賜‧觀新藻礁。桃園客家 3 月號，No.3，頁 16-21。

陳康芬、呂得成（2020）。地方生態的擬像實踐－桃園大溪木藝生態博物館
　　的形象設計個案分析。休閒研究，第 9 卷，第 2 期，頁 115-127。

張錦德（2017）。大溪老茶廠百年文化。桃園客家，3 月號，No.3，頁 32-39。

張泓斌（2016）。二月二伯公生。桃園客家 6 月號，No.4，頁 26-27。

黃子堯（2017）。運南通北－中壢客庄公路發展演變。桃園客家 3 月號，
　　No.7，頁 12-15。

萬仁政（2015）。人文‧休閒‧漫步－三坑客庄之旅。桃園客家 7 月號，
　　創刊號，頁 68-81。

游智元（2016）。以文吟社－屹立不搖的傳統文學舞台。桃園客家 6 月號，
　　No.4，頁 62-65。

曾新蓼（2018）。龍潭庄開墾－蕭屋知母六興水利。桃園客家 12 月號，
　　No.14，頁 6-9。

董昱（2019）。童年的最美記憶－謝宇威的新屋印象與創作之旅。桃園客家
　　9 月號，No.17，頁 44-53。

蔡淞雨（2016）。褒忠客家‧閃耀桃園－ 2016 桃園客家義民嘉年華。桃園
　　客家 9 月號，頁 46-49。

賴明珠（2013）。靈動‧淬鍊‧呂鐵州。台北：藝術家出版社。

鍾萬梅總策畫（2016）。平鎮根巡老瓦屋。台北：日創社文化有限公司。

藍博瀚（2019）。從建築演進軌跡，慢滿桃園客家。桃園客家 12 月號，
　　No.18，頁 66-85。

蘇曉凡（2018）。2018 龍潭迎古董接財神。桃園客家 3 月號，No.11，頁 56-59。

桃園廟宇文化紀實－以六座古蹟廟宇為例

鄭芳祥[*]

壹、前言

　　據內政部統計，桃園市各型態廟宇約有 290 間，在六都之中其實並不算多[1]。儘管如此，其中仍有許多值得我們珍惜的文化資產。據桃園市文化局公告，桃園市共有 6 座古蹟級寺廟，分別是：桃園景福宮、大溪蓮座山觀音寺、大溪齋明寺、龜山壽山巖觀音寺、蘆竹南崁五福宮、龍潭聖蹟亭[2]。寺廟裡的磚瓦窗櫺、匾聯彩繪，寺廟外的老樹廟埕、香客遊人，皆訴說著許多歷史故事。它們或深具原鄉情懷、或已由在地發揚；或是戰爭殺戮、或是趣味橫生，凡此皆是先民開發桃園的足跡。本文將由歷史沿革、信仰神祇、重要祭祀與信仰活動、建築藝術、信仰文物、公益服務等幾個方面，為讀者介紹前述六座桃園市古蹟級廟宇。

桃園市古蹟級寺廟一覽表

廟宇	主祀神	始建年代	位置
桃園景福宮	開漳聖王	西元 1810（嘉慶 15 年）	桃園區中和里中正路 208 號

廟宇	主祀神	始建年代	位置
大溪蓮座山觀音寺	觀音佛祖	西元 1801（嘉慶 6 年）	大溪區康安里瑞安路二段 48 巷 28 號
大溪齋明寺	觀世音菩薩	西元 1873（同治 12 年）	大溪區員林里齋明街 153 號
壽山巖觀音寺	觀世音菩薩造型是男性戴冠，與一般女性觀音造型大不相同	西元 1742（乾隆 7 年）	龜山區萬壽路二段 6 巷 111 號
蘆竹五福宮	玄壇元帥趙公明	西元 1740（乾隆 5 年）	蘆竹區五福里五福路 1 號
龍潭聖蹟亭	無	西元 1875（光緒元年）	桃園市龍潭區（龍潭區聖亭路）

貳、桃園區景福宮

　　桃園區景福宮，主祀神祇為開漳聖王，素有「桃園大廟」之稱。《新修桃園縣志・勝蹟志》（以下簡稱《勝蹟志》）整理景福宮創建歷史的諸多說法：有大溪埔頂仁和宮分靈說、簡岳等人捐建說、「分類械鬥」說等等[3]。據 2011 年出版的《桃園景福宮簡介》，以及 2018 年筆者與學生採訪景福宮廟方人員所得的口述資料所示，桃園大廟之香火與神像迎奉自大陸原鄉，並由福建上杭縣人薛啟隆創建於西元 1745（乾隆 10 年）。[4]

　　景福宮主祀開漳聖王陳元光（西元 657-711 年，圖 1）。陳元光為唐代光州人，隨父陳政出征閩南，舉家定居於此。唐高宗儀鳳二年（西元 677 年），陳政過世後，元光子代父職，經營漳州有成，史稱其「剪薙荊棘，開拓村落，收輯散亡，營農積粟，興販陶冶，以通商賈，以阜貨財」，爾後則因討賊力

---

[3]　吳學明。新修桃園縣志・勝蹟志。桃園：桃園縣政府，2010.9，頁 55-56。
[4]　本文在縣志基礎之上，補充採訪所得。諸說何者為是，尚待進一步考察。

圖1：景福宮主祀開漳聖王陳元光

戰而死[5]。由於陳元光開拓、治理閩南有功，故被後世以「威惠聖王」、「開漳聖王」、「陳將軍」等名所崇祀，如今於臺灣則皆稱之為「開漳聖王」。桃園市內共有 14 座主祀開彰聖王的廟宇，且有 5 座位於大溪區。[6]

　　開彰聖王聖誕為每年農曆 2 月 15 日。為了慶祝聖誕，廟方設三獻祝壽法會、分送壽桃，並且於廟埕廣場搭建戲臺，演戲酬神。虔誠信徒則提供油飯、米粉、蘿蔔糕等福食，供民眾享用。此外，廟方每逢丑歲，則擴大建醮禮拜五天，以聯絡地方情感，祈求國泰民安。[7]

5　明・周瑛。大明漳州府志・陳元光傳。明正德 8 年（1513）漳州知府陳洪謨刊本，卷 141-2。
6　位於大溪者為瑞源宮、復興宮、東興宮、福仁宮、仁和宮。其餘見於大園、觀音、平鎮、八德、復興等區。
7　李乾朗主持。桃園縣第三級古蹟桃園景福宮調查研究。桃園：桃園縣文化局，2005，頁 51。

2 | 3　圖 2：嘉慶 18 年「慈祥濟世」、「赫聲濯靈」匾 | 圖 3：三川殿的假四垂屋頂

　　景福宮中所收藏的信仰文物，以西元 1813（嘉慶 18 年）所立之匾額、
楹聯為最早。匾額有「慈祥濟世」、「赫聲濯靈」（圖 2）、「明赫感應」、
「德遍群黎」等；楹聯則於龍、虎兩邊之配殿中[8]。景福宮最引人注目的建
築藝術，應屬三川殿與正殿的「假四垂」屋頂（圖 3）。這是指將一座歇山
頂騎在另一座較大的歇山頂或硬山頂之上，而下簷的主脊插入上簷的三角形
山牆[9]。三川殿與正殿之屋頂，分別由吳海同（西元 1867-1938 年）、陳應彬
（西元 1864-1944）兩位重要匠師進行「對場」時所造[10]。景福宮同時擁有兩
位寺廟名匠傑作，彌足珍貴。

　　景福宮所從事之公益服務，約可分為推動地方教育與熱心地方社會福利
兩個主要方向。在推動地方教育方面，早在西元 1901（日本明治 34 年），
景福宮即成為日人「國語傳習所」之「「桃仔園分教場」。隨後，則在西元

8　林明德主編。「景福宮」的匾聯調查研究，桃園縣三級古蹟──龜山鄉壽山巖觀音寺、蘆竹鄉五
　　福宮、桃園市景福宮、桃園市忠烈祠調查研究。桃園：桃園縣立文化中心，2000.10，頁 51-73。
9　李乾朗主持。桃園縣第三級古蹟桃園景福宮調查研究，頁 75。
10　李乾朗主持。桃園縣第三級古蹟桃園景福宮調查研究，頁 77。所謂「對場」，是「兩組工匠同時
　　受聘興建一座建築物，常以中軸分金線畫成左右兩半，或前後落區分，各由一組匠師負責。……
　　如此可收競爭鬥智之效，並壓低工程造價」。詳參李乾朗：《台灣古建築圖解事典》，臺北：遠
　　流出版事業股份有限公司，2013.5，第 4 版，頁 136。

圖 4：蓮座山觀音寺主祀觀音佛祖

1904（明治 37 年）景福宮捐資興建桃仔園公學校（即今日桃園國民小學前身）。時至今日，景福宮依舊熱心地方教育，包括於西元 1980（民國 69 年）興建桃園國中旁行人陸橋，舉辦藝文競賽，成立獎助學金等等，這些都是長期深耕地方文教事業的公益服務。在熱心地方社會福利方面，則有定期冬令補助、兒童福利、身心障礙照顧等。921 大地震後，景福宮捐款內政部一千萬元。這些事蹟，讓景福宮屢屢受到桃園市府與內政部表揚[11]。

參、大溪蓮座山觀音寺

大溪區蓮座山觀音寺，主祀觀音佛祖（圖 4）。

---

[11] 景福宮之公益服務事業，詳參楊雪青。寺廟與地方社會的發展——以桃園景福宮為例。桃園：國立中央大學歷史研究所碩士論文，2009.6，頁 97-110。

圖 5：劉銘傳手書楹聯

「蓮座山」之所以得名，乃因此山臨近大漢溪，由大溪崁津向南側望去，形勢有如蓮花出水。《勝蹟志》整理蓮座山觀音寺創建歷史有諸多說法：有由粵籍墾民鍾房緒募建說、鍾尚儀等人募建說、鍾房緒助弘法高僧募建說等[12]。三說雖略有差異，但時間點皆在嘉慶初期。

蓮座山觀音寺主祀觀音佛祖。觀音信仰源自於佛教，最初是具有聞聲救苦能力的男性神祇。但經千年的發展後，卻和民間信仰緊密結合，並呈現多種稱號、形象，諸如送子觀音、魚籃觀音、水月觀音、千手千眼觀音等[13]。若綜合計算佛教與民間信仰兩種不同屬性，桃園市約有 20 餘間主祀觀音的廟宇。其中即有 3 間廟宇名列市定古蹟，本文將逐一介紹之。

觀音佛祖聖誕為每年農曆 2 月 19 日。廟方皆以演戲、提供素齋的方式祝壽；信徒則供奉鮮花、水果籃、壽桃等，廟方亦接受信徒的隨喜功德。以 2019 年觀音佛祖聖誕為例，除了信徒供品外，尚見有來自各地友宮廟的祝賀：包括有桃園新屋天后宮、新北新店青龍山濟善寺，這些廟宇並非主祀觀音佛祖，可見廟方交際網絡之廣泛。日常舉行團體唸佛的信仰活動，據廟方公告，於每日上午 6 點至 6 點半舉行。

蓮座山觀音寺較知名的信仰文物，應為劉銘傳（西元 1836-1896 年）於

---

[12] 吳學明。勝蹟志，頁 92。
[13] 內政部「全國宗教資訊網‧宗教知識＋」。檢索日期：2019.7.29。

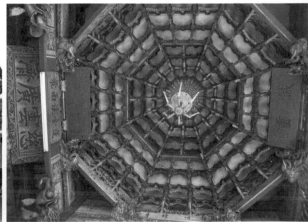

6 | 7 　圖6：一進式廟宇三川殿前築軒｜圖7：蜘蛛結網式鬥八藻井

西元 1886（光緒 12 年）手書之楹聯「萬年福地，一品名山」（圖 5）。若論及建築藝術，則屬「一進式廟宇三川殿前築軒」的形制格局最具特色（圖6）。首先，蓮座山觀音寺雖經過多次改建修繕，由「三門」擴大至「五門」，但因地形與空間限制，仍舊維持一進式格局。再者，則是三川殿前「歇山重簷式」的拜亭，成為全寺的視覺焦點。由整體廟貌觀之，訪客很難不注意到此拜亭。若走進拜亭，抬頭仰望，則可見「蜘蛛結網」式的「鬥八藻井」（圖7）。藻井為廟宇建築的裝飾性木結構頂棚，由於精細費工，亦成為匠師展現其高度技巧的所在。其能使廟宇挑高寬敞，呈現神聖的宗教空間感[14]。

　　蓮座山觀音寺所從事之公益服務，亦見有地方教育與社會福利等內容。比較特殊的是，廟方曾為地方公共運輸付出努力。民國 100 年、101 年連續兩年，廟方為了協助鎮公所解決老弱婦孺、學生青年、公車族出門的不便，連合其他友宮廟，捐贈中型巴士做為免費公車之用[15]。當時，更是大溪鎮唯

---

[14]　藻井為臺灣廟宇中最費工夫的技術，亦是廟宇建築藝術的觀察重點。關於藻井之名稱、形式等詳參李乾朗。台灣古建築圖解事典，頁 97。
[15]　楊孟立。大溪免費公車班次、路線增加。《聯合報》，第 B1 版（桃園、運動），2021.2.7。

一的免費公車 [16]。時至 110 年，大溪免費公車仍在行駛中。值得一提的是，蓮座山觀音寺連兩屆獲得「桃園市公益宗教團體認證」銀質獎肯定 [17]。

肆、大溪齋明寺

大溪區齋明寺，主祀觀世音菩薩。齋明寺前身為福份宮，由第一代住持李阿甲供奉自南海請回之觀世音菩薩。西元 1873（清同治 12 年），福份宮改設立為齋明堂 [18]。又於西元 1947（民國 36 年）進行全面整修，始成為今日之樣貌。值得注意的是，齋明寺原屬齋教體系，但近年來齋教在臺灣發展困難。為讓齋明寺能永續經營，故第六代住持江張仁居士邀請法鼓山聖嚴法師接任第七代住持兼管理人。於西元 1999（民國 88 年）舉行交接典禮後，齋明寺正式成為法鼓山佛教事業的一環。

齋明寺主祀觀世音菩薩。然而，在上文所述之觀音佛祖聖誕日，寺方並未如民間信仰般舉辦活動，取而代之的是弘揚佛法的法會、共修活動 [19]。由此可見齋明寺屬於佛教信仰，而有別於民間信仰。

齋明寺保存許多深具歷史價值的信仰文物。例如，第一代住持李阿甲赴普陀山法雨寺出家受戒時，其所使用刻有「法雨寺」字樣的寶缽（圖 8），今猶珍藏寺內 [20]。此外，尚有大量的宗教器物、字畫墨寶等文物 [21]。由於齋明寺屬於齋教性質之寺廟，故建築形式風格較為簡樸（圖 9），從屋頂、屋身、基座、大木棟架等，皆未見其他廟宇雕梁畫棟、繁複華麗的裝飾。就連空間

[16] 鄭國樑。大溪唯一免費公車上路。《聯合報》，第 B2 版（桃園綜合新聞），2011.5.3。

[17] 詳參桃園市民政局網站。查詢網址：https://cab.tycg.gov.tw/home.jsp?id=10498&parentpath=0,10432,10494。查詢日期：2021.9.17。以上蓮座山觀音寺之公益服務，另參考邱顯徵。桃園縣大溪蓮座山觀音寺之研究。新竹：玄奘大學宗教系碩士論文，2014.6，頁 122-124。

[18] 吳學明。大溪齋明寺發展史。桃園：江金曄，2020.9，頁 22-23。吳學明。勝蹟志，頁 106。

[19] 據「法鼓山齋明寺」臉書公告，查詢日期：2019.7.29。

[20] 王慶臺主持。第三級古蹟修復工程建築裝飾藝術調查計畫：大溪齋明寺。桃園：齋明寺，2005.7，頁 9。李阿甲受戒的具體時間，已不可考。詳參吳學明。勝蹟志，頁 103。

[21] 吳學明。大溪齋明寺發展史，頁 110-130。

⑧　⑨　圖 8：普陀山法雨寺寶缽，翻攝自齋明寺展出照片｜圖 9：齋明寺建築風格簡樸

格局，也和一般三合院民居相似 [22]。關於建築另值得一提的是，「大溪齋明寺增建」工程於西元 2012 年獲得台灣建築獎首獎 [23]。

　　齋明寺所從事之公益服務，包括歲末關懷活動、提供獎助學金等。另有豐富的弘法活動，包括大悲懺法會、地藏法會、報恩法會、經典共修、念佛共修等。此外，尚有其他佛學、禪修課程，或與佛學相關之書道、花藝課程 [24]。

伍、龜山壽山巖觀音寺

　　龜山區壽山巖觀音寺，主祀觀世音菩薩（圖 10）。人們又稱之為「嶺頂廟」，乃因其位於龜山區的龜崙嶺頂。而對於其地勢位置的描述，則有俗諺：「連兔坑，據龍脈，望鶴嶺，坐龜崙。」流傳 [25]。據傳說故事，壽山巖觀音寺始建於乾隆初期。若據廟內匾額、石碑等文物所示，則應於西元 1797（嘉慶 2 年）創建，並在嘉慶初期陸續修建，擴大規模 [26]。

---

[22] 王慶臺主持。第三級古蹟修復工程建築裝飾藝術調查計畫：大溪齋明寺，頁 43。吳學明。勝蹟志，頁 110。

[23] 陳宛茜。齋明寺獲建築獎。《聯合報》，第 5 版（焦點），2012.11.6。

[24] 詳參「法鼓山齋明寺」網站。查詢網址：https://jms.ddm.org.tw/。查詢時間：2021.9.20。

[25] 林明德。桃園縣三級古蹟──龜山鄉壽山巖觀音寺、蘆竹鄉五福宮、桃園市景福宮、桃園市忠烈祠調查研究，頁 95。

[26] 吳學明。勝蹟志，頁 118。

10 | 11

圖 10：壽山巖觀音寺主祀觀世音菩薩
圖 11：2019 桃園觀音菩薩文化節（截錄自活
動網頁）

　　壽山巖觀音寺除了於觀世音菩薩聖誕日舉辦迎祥植福法會外，與前述寺廟不同的是，近年更於每年農曆 6 月 19 日成道紀念日前後，擴大舉辦「桃園觀音菩薩文化節」（圖 11）。活動內容包括成道祝壽典禮、分靈菩薩回娘家等，亦有全國性的舞龍比賽，可見廟方結合廟宇文化與傳統技藝的用心。而於觀音菩薩聖誕日、成道日及出家日（農曆 9 月 19 日），廟方為感念開山祖師親揹觀世音菩薩正二媽本尊從唐山到臺灣，特舉辦揹菩薩活動。此舉結合廟宇歷史與信仰活動，讓信徒體驗渡海來臺的艱辛與深化菩薩信仰，饒富特色。

　　壽山巖觀音寺保存了嘉慶初期擴大規模時的諸多文物，歷史最悠久者，應為立於嘉慶 2 年的「慈航廣濟」匾（圖 12）。此匾由時任福建水師提督，另兼臺灣總鎮府總兵的正黃旗蒙古人把岳忒氏哈當阿，在觀音佛祖的庇佑下，南下平定盜匪後所獻。此外，尚有嘉慶年間的古碑、古香爐、石柱等等，值得遊賞者仔細尋覓。嶺頂廟今日規模於西元 1915（日治大正 4 年）大致底定，並留下知名匠師陳應彬於三川門、正殿的大木作構造。此外，民國 50 年間陳天乞於廟頂的剪黏與交趾陶作品（圖 13），民國 70 年間許連成於廟內各處的花鳥、人物等彩繪作品，亦是觀賞重點。

　　壽山巖觀音寺所從事的公益服務，包括冬令救濟、長期急難救助低收戶、弱勢族群等，亦協助市府推動閩南文化發展。值得特別注意的是，廟方

12 ｜ 13 ｜ 圖 12：嘉慶 2 年「慈航廣濟」匾 ｜ 圖 13：壽山巖觀音寺廟頂剪黏、跤趾陶作品

關注學校民俗體育發展，連結國立體育大學成立「壽山巖觀音寺舞龍隊」。為全面復育已逐漸失傳的舞龍燈文化，更開辦「全國舞龍公開賽」，廣邀全國好手同場競技[27]。

陸、蘆竹五福宮

　　蘆竹區五福宮，主祀玄壇元帥，亦即武財神趙公明。因位處於人口聚集之上南崁地區，故又稱南崁五福宮、南崁元帥廟。《勝蹟志》整理傳說故事、地方志史料與學者研究，指出五福宮創建歷史，應始於西元 1662（明永曆 16 年）時，鄭成功征伐臺灣北部之傳說，爾後於西元 1740（清乾隆 5 年）完成重要的擴建[28]。

　　南崁五福宮主祀玄壇元帥趙公明（圖 14）。趙公明原為瘟神，在東晉《搜神記》中是負責到人間索命的天將。到了元代的《搜神廣記》，則成為讓人買賣求財時，能各取所需的神明，因而有了財神的形象[29]。全國約有十餘間

---

[27] 黃駿騏。壽山巖全國舞龍公開賽，地主隊技壓群雄掄魁。臺灣好新聞，2020.8.1。查詢網址：http://www.taiwanhot.net/?p=844637。查詢時間：2021.9.20。

[28] 吳學明。勝蹟志，頁 75。

[29] 內政部「全國宗教資訊網·宗教知識＋」。檢索日期：2019.7.29。

圖 14：五福宮主祀玄壇元帥趙公明

主祀玄壇元師的廟宇。趙公明亦被視為五路財神中的「中路財神」。若將主祀五路財神的廟宇列入統計，當然不只前述數量。玄壇元帥聖誕為每年農曆3 月 16 日，此日前後五福宮皆舉辦系列活動慶祝之，如分靈神尊回鑾聯合祝壽、祝壽法會、神明過火、萬人解粽、財神賜寶等。

　　五福宮所保存的信仰文物中，以西元 1823（道光 3 年）舉辦祈安建醮時，信徒所捐獻的石製香爐歷史最為悠久（圖 15）。五福宮目前廟貌，乃奠基於西元 1924（日治時期大正 13 年）的重修工程。此次重修，亦留下許多建築藝術之美與傳說故事。重修工程乃由陳應彬、葉金萬兩位匠師之高徒—廖石城與徐清，以對場的方式建造。又在正殿左右，留有泉州籍交趾陶大師蘇陽水的龍虎堵作品。據說，重修期間，基地內發現穴中有蛇。落成之日，群蛇聚集廟前，眾人稱為神蛇，名之曰「使者公」。爾後，鄉民屢見群蛇出沒，所幸不害人畜，只貪食雞蛋。如今，廟內有「使者公蛇洞」（圖 16），又飼

15 │ 16 │ 圖 15：道光 3 年石製香爐│圖 16：五福宮內「使者公蛇洞」

養近 20 尾錦蛇[30]。廟方將廟宇經營結合信仰傳說，而成為一大特色。

　　五福宮所從事之公益服務，約可分為推動地方教育與熱心地方社會福利兩個主要方向。比較特別的是，亦見保存地方民俗的活動。在推動地方教育方面，西元 1899（日本明治 32 年）成立的南崁公學校，草創時即將臨時校舍設於五福宮內。如今，五福宮則常協助各國小推動地方鄉土文化教育。在熱心地方社會福利方面，西元 1987（民國 76 年），五福宮提供廟旁土地與一千萬元，與蘆竹鄉公所合建蘆竹鄉老人會館、五福公園。西元 2008（民國 97 年），更獲得第一屆桃園公益寺廟認證的金質獎肯定。西元 2010（民國 99 年）中秋節，五福宮首次舉辦「博狀元餅」活動。因為五福宮的推動保存，這相傳是鄭成功為安定軍心而舉行的遊戲，方得以轉化為眾人參與的民俗活動，因此綿延不絕[31]。

---

[30] 本段參考吳學明。勝蹟志，頁 78。以及內政部「臺灣宗教文化地圖──臺灣宗教百景」網站。查詢日期：2019.7.20。

[31] 五福宮之公益服務事業，詳參陳彥君。寺廟與地方社會之研究──以桃園蘆竹鄉五福宮為中心。桃園：國立中央大學歷史研究所碩士論文，2012.6，頁 126-139。

17　18　圖 17：龍潭聖蹟亭三層爐身｜圖 18：龍潭聖蹟亭三進格局

柒、龍潭聖蹟亭

　　聖蹟亭，又稱惜字亭、敬聖亭等，外形類似燒化金紙的金爐，但兩者的功能與意義卻大不相同。在各種書寫活動後，難免會產生寫著文字的廢紙、殘卷。由於對文字的敬重，古人並不會任意丟棄這些紙張，反而是將之集中於聖蹟亭焚化。因此，聖蹟亭的建立即代表著當地擁有著鬱鬱文風。全國聖蹟亭約有 69 座，集中於高屏地區，而北部則以桃園市的五座數量最多[32]。龍潭聖蹟亭為臺灣現存最大、最完整的惜字亭。

　　龍潭地區於清代文風漸盛，文人士子紛紛成立「文社」，諸如：崇文社、文光社、拿雲社等。文社不僅歷史悠久，更在清代光緒、日治大正年間捐資襄助聖蹟亭建立與修繕。據龍潭聖蹟亭亭身上的〈重修聖蹟亭誌〉所載，聖蹟亭始建於西元 1875（清光緒元年）並於西元 1892（光緒 18 年）、西元 1925（日治大正 14 年）兩度重修、擴建。

32　分別是龍潭區聖蹟亭、中壢區新街國小旁聖蹟亭、蘆竹區五福宮聖蹟亭、大溪區蓮座山觀音寺聖蹟亭、大溪區齋明寺聖蹟亭。詳參吳學明。勝蹟志，頁 131。龍潭、中壢兩座聖蹟亭，同時入選為內政部「臺灣宗教百景」。查詢網址：https://www.taiwangods.com/html/cultural/3_001.aspx。查詢時間：2021.9.20。

　　龍潭聖蹟亭之建築藝術，可由爐身、建築群體兩方面觀察欣賞。爐身自上而下共有三層，上層之四周有六面，中層有四面，下層則有八面（圖17）。李乾朗認為，這是中國古代「四象、六氣、八卦」等思想理念的具體呈現。建築群體則為「重門疊院」的三進格局，且一進一進逐漸升高，使得整座亭園富有變化、深度（圖18）[33]。

捌、結語

　　桃園市人口成長速度居六都之首，是工商業發達的年輕城市。然而，我們也不可忽視桃園深厚的文化底蘊。在前賢基礎之上，本文介紹了桃園市6座古蹟級廟宇的歷史沿革、信仰神祇、重要祭祀與信仰活動、建築藝術、信仰文物等幾個方面。期盼讀者能以「帶著文獻回到田野」的精神，遊賞這些古蹟廟宇，親身感受聖域裡濃厚的歷史氛圍。若能在文獻與田野來回走讀之間，有所發現與體會，那將會是一趟充滿知性與感性的文化之旅。

附錄

　　前文論桃園古蹟級廟宇的歷史沿革、信仰神祇、重要祭祀與信仰活動、建築藝術、信仰文物等方面。除此之外，傳說故事亦是廟宇文化的重要內涵，但僅稍稍涉及。這些故事多半和神祇的「靈驗」事跡有關，是抽象的神力化為具象的存在，使人民能真實感受，神祇因此獲得受崇信的正當性[34]。

　　目前所見文獻資料中，以林明德主編之《桃園縣三級古蹟──龜山鄉壽山巖觀音寺、蘆竹鄉五福宮、桃園市景福宮、桃園市忠烈祠調查研究》一書，

---

[33] 吳學明。勝蹟志，頁 142-143。

[34] 關於「靈驗」的相關研究，可參見丁仁傑。靈驗：漢人民間信仰超自然世界的基本象徵結構及其外在顯現，收入氏著，重訪保安村：漢人民間信仰的社會學研究。臺北：聯經出版事業公司，2013.6，頁 121-188。

對桃園古蹟級廟宇之傳說故事有較全面的記錄，壽山巖觀音寺、五福宮、景福宮相關之故事皆藉此保存。以下采錄未見於林氏書之廟宇──大溪蓮座山觀音寺相關故事，以彌補遺憾，並待有志守護桃園文化資產者接續努力。

大溪蓮座山觀音寺信仰傳說

- 講述者：范煥彩（1948 年生，新竹新埔客家人，新竹師專畢，大溪國小退休教師）
- 時間：2019.7.29
- 地點：桃園市大溪區中山路 36-1 號國民黨大溪黨部
- 採錄者：鄭芳祥（中央大學中文系專案助理教授）

　　早期入墾移民經常受到原住民殺害，地方人士跪求觀音菩薩保佑，菩薩顯靈託夢稱：大溪老城區地屬伏牛寶穴，牛頭經常要伸入大漢溪飲水解渴，只須在其鼻子部位開鑿隧道，就像犢牛穿鼻馴服一樣，民眾感應開挖大慶洞，說也奇怪，驃悍的原住民改與漢人和平相處。

　　不久，月眉地區閩南農民與溪州地區客籍農民因為爭奪灌溉水權，演變成為械鬥事件，溪州地區客籍農民敗退被圍困於蓮座山上，幸有觀音菩薩庇佑，指示炊煮大鍋稀飯，倒向山下閩南農民順利解圍。

　　遠道來自新竹市的朝拜香客說：二戰末期時段竹塹城門遭遇空襲，地方人士集結跪求觀音菩薩保佑，半空中只見菩薩用裙襬接獲炸彈而解除危機。二次大戰結束後被徵調南洋的子弟相繼安全返鄉，據當地耆老轉述：也是和家人拜求觀音菩薩相救的靈驗事例。

　　采錄者案：據講述者說明，以上三則與大溪蓮座山觀音寺相關的信仰傳說，是幼時自父親口中聽聞的。

跨領域教學實踐
與社區關懷

中原大學的桃園學：
《桃學趣》與《桃學趣探索》的設計與發現

何彩滿[*]

壹、前言

　　通識教育為何有必要將一個「地方學」設計成為一門課程，讓學生學習呢？從臺灣教育發展的歷史來看，「地方學」在1990年代以來開始蓬勃發展，一方面是因為解嚴以來，以臺灣本土的行政區域為範圍的人文地景研究開始受到重視，另一方面則是受到社區營造運動的影響，這些都為臺灣的地方文史發展帶來新面貌（王御風，2011：31-55）[1]。除此之外，2017年開始，由教育部推行的「大學社會責任實踐（University Social Responsibility, USR計畫」，期許大學能夠聚焦在地連結、人才培育與國際連結等面向，並鼓勵大學發揮專業知識功能，促進在地認同與發展，都強調了大學與所在城市的關聯。在地連結與促進地方發展之前，必須認識當地；若「地方學」或「城市學」能作為一門學科，那將其置於在通識教育的意義是什麼呢？換言之，一所大學所在的城市，可以以什麼樣的方式、在何種理念之下，成為通識教育的資源以及對象物呢？本文試圖就以上問題提出論述。

　　首先，本文將說明具有「社會參與」特質的課程在現今教育與公民養成的意義；其次，在中原大學天、人、物、我等貫穿四面向之全人教育理念的演進脈絡中，分別討論社會參與課程與通識教育的關聯性；最後將介紹「桃園學」課群中的《桃學趣》和《桃學趣探索》的理念與目標、經營特色與實踐狀況。

---

[1]　王御風（2011）。地方學的發展與挑戰。思與言49（4期）。台北：思與言雜誌社，頁31-55。

貳、社會參與課程與現代教育

2014 年的《通識在線》在 54、55 期，接連兩期探討了政治、社會運動與通識教育等關聯，這是因為在該年三月份的臺灣，發生了以年輕學生為運動主體的「太陽花學運」。在第 54 期，主編討論了以「學生運動與通識教育」為主題，探討教育如何形塑新世代，接著在第 55 期，進一步從現代公民養成的角度來討論通識教育中的政治教育。在 2014 年的脈絡裡，主編提問，幾次大規模的學生運動受到矚目，從反核四、太陽花學運到香港的佔中運動，我們都看到了以年輕人為主體的社會運動，究竟如何在教育層面來了解這些運動呢？在過去的戒嚴時代，課堂避談政治，若有涉及政治的討論，通常也作為意識型態的延伸（包宗和，2014，55：5）[2]。但在一個民主社會，與其討論政治教育在通識的適切性，也許將焦點放在「公民」素養的培育來得更妥當。

在第 55 期針對現代公民養成的討論，顧忠華引用他在〈通識教育與終身學習〉的論文，指出「由於專業分工乃是工業社會最根本的組織原則，大學教育的發展在一定程度上產生了異化現象…但是大學如果淪落為與職業訓練體系毫無差異，反而無法創造出原先賦予大學在知識的研究、創新、傳播上更為積極的功能。於是，奠基在通才理想之上的通識教育還是能夠佔有一席之地，希望透過較廣泛的知識薰陶，有機會培養一批具有批判反省能力的人材，以平衡過度向專業化傾斜的趨勢。」（顧忠華，2012：24）[3]。

事實上，有著通才理想的通識教育，若能培養出一批具有批判反省能力的人才，目的應該不只在於平衡過度向專業化傾斜的趨勢，而是「教育」本身就有能力教養出一群具有公民素質的人。將教育區分為專業與通識教育的

---

[2]　包宗和（2014）以通識政治教育厚植公民民主素養。通識在線。台北：中華民國通識教育學會。
[3]　顧忠華（2012）。顧老師的筆記書 I：學習社會，繁盛。台北：開學文化。

二分法，本身需要反思。然而，從現實來看，如顧忠華（2014，55：11）所指[4]，現行體制，在升學考試掛帥下，公民教育也只是聊備一格。更何況，升上大學後，因為面臨全球化而瞬息萬變的世代，也給未來人生的職業生涯添加了不確定的風險，「保證就業」甚至成了大學招攬學生的招數。

　　「教育學」本身成為一門人文科學領域，反映了學科背後價值思辨與方法爭議、演進等歷史過程，本文雖然不試圖討論教育的本質問題，但是必須指出教育分歧所導致的二元論哲學，也訴說著我們對待教育的態度。例如，自然科學與人文科學、知識與日常生活經驗、理工與人文、物質與精神等等二元劃分，猶如杜威所指，思維與外在世界變成各自獨立的存在（杜威，2019：346）[5]，杜威甚至有點揶揄地道出，為了解決這種二元對立的現況，教育主事者，為求公平，作為折衷方案，就把課表分派給自然或人文為主的兩個陣營。現今大學科系的劃分其實是延續工業革命後的分工格局，提供專業科系的知識與訓練固然有利於學生畢業後的就業，但是教育的目的不僅在為就業做預備；同樣的主張，也呈現在杜威討論職業與教育的議題上，他強調，教育的目的應該不僅僅是為了求職。

　　杜威的教育理念直至今日仍然挑戰著我們，過度脫離日常經驗的學習，令學生容易成為被動者，如此一來，生命不會發生改變，也無法產生新的可能性。他認為「學生的活動被分割，形成兩個不同的世界分據學生的活動。蛻變不會發生；日常經驗沒有藉由與課業銜接而擴展其意義……只顧積累與生活無關的資訊使頭腦變呆，原來的靈活消失不見」（杜威，2019：266）[6]。對臺灣學生而言，學習不但與日常生活經驗切割，更糟糕的是我們的學習動機嚴重受到考試文化的影響，「不會考的，不重要」這種思維深刻地支配我們。

---

[4]　顧忠華（2014）。通識教育如何培育現代公民，通識在線。台北：中華民國通識教育學會。

[5]　杜威‧約翰（John Dewey）著，薛絢譯（2019）。民主與教育 Democracy and Education。台北：大塊文化。

[6]　杜威‧約翰（John Dewey）著，薛絢譯（2019）。民主與教育 Democracy and Education。台北：大塊文化。

　　回溯臺灣的教育文化，從小學到大學以來，以考試領導教學的方式讓學生的學習從主動變成被動，學習動機常常來自「有用」或「無用」的判別。教學體制偏重單一與僵化，雖然近年來強調翻轉、創新等，但各種計畫與活動不僅令教師疲於奔命，過度強調績效消磨教師的熱情外，學生的自主學習能力也降低。然而，生命的成長，除了專業知識的累積，更需要對於自己、他人與環境都有感受與探索的能力。一旦人成為「被動存在」，失去了好奇，就奢談感受與探索能力了。何況，瞬息萬變的世代，要求跨領域的能力，在今日科技的高速變遷，已為社會文化、個人生命及環境生態帶來無數挑戰，由科技所引發的社會、文化變遷更成為現代社會的核心公共議題，例如，核電廠之興廢、生物科技的倫理等等。每個人都會遇到選擇，個人的專業知識當然很關鍵，但是幫助我們做選擇的，常常不是專業知識，而是選擇背後的價值，這是通識教育要帶給未來每一位公民的能力與素養。通識教育，提供個人以及公民做判斷的根基。

　　這種失去探索專業以外的知識與環境的好奇心與能力，除了跟長期以來的考試文化有關係，也跟臺灣過去威權體制的歷史密不可分。我們對於生活的當下感到陌生，也忽略腳下的這塊土地、孕育我們成長的城市風貌，其歷史、其社會文化與地理等等如何養成我們個人的氣質與人格，這樣的「人」，雖然在學校學到了某些知識，但是這些知識卻與一個養育他長大成人的城市，有著缺口（gap）。「人」並非一個原子化個體（atomic individual）的存在，「他／她」不是抽象的人，而是具體的人，是歷史的、文化的以及具有情感的存在，更是在社會連結意義下的人。唯有如此的體認，我們才有能力進一步探討，中原大學所主張的「全人教育」理念、地方學與 USR 所強調的「在地認同」是必須有所關聯的學理基礎。

參、全人教育理念的演進

　　中原大學的通識教育其內涵與定義，隨著時代的演進，事實上一直有著辯證的發展。翻開歷史資料，在創校四十周年慶時（西元 1995 年），「中原四十，邁向全人」的宣示，「全人教育」成為中原大學跨世紀的辦學願景與核心理念。但什麼是「全人」呢？

　　有關「全人」的理念，最初應該由時任中原大學人文社會教育中心主任林治平嘗試定義，在由中原大學與宇宙光傳播中心主辦的「全人教育國際學術研討會」中，學者發表的論文分自從西方哲學、美學、中國儒家思想、基督教信仰等，各自提出思想與全人教育的關聯，也是在該研討會中，林治平（1996：358）提出「美滿圓融的人生示意圖」[7]作為全人教育與實踐的核心理念，他為

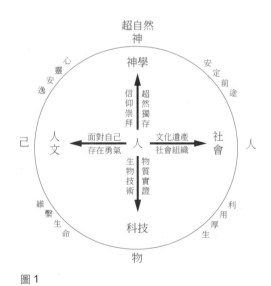

圖 1

「全人教育」定調，描述「全人」，必須透過四種關係來形成，分別為：一、與物質世界、生物關係（物）；其次，與人文世界、精神世界（我）；第三與社會關係、文化歷史（人）以及第四與哲學宗教、終極靈魂（天）。唯有把「人」置入這四種關係的面向，我們才能夠知道人是什麼，而追求這四個面向平衡的人生，堪稱為「美滿圓融的人生」，也為全人教育的目標（圖 1）[8]。

---

[7]　林治平（1996）。中原大學實施全人教育之理念與實踐之研究。全人教育國際學術研討會論文集。台北：財團法人基督教宇宙光傳播中心出版社，頁 349-393。

[8]　該圖從中原大學與宇宙光傳播中心聯合於 1996 年主辦的「從全人教育國際學術研討會」論文集

全人（holistic person）的思考—活在關係中的人

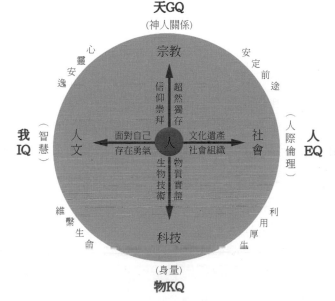

圖 2

　　從此，通識教育中心（簡稱中心）藉此四大面向的平衡為基調來進行課程規劃。但是究竟課程的實施與「全人教育」的理念實踐，其成效如何呢？在張光正博士第一次（1991-2000）就任本校校長時，曾向教育部提出四年的研究計畫案「天、人、物、我的全人教育——學習社區總體營造與標竿之建立」，後因張校長任滿而就聘於他校，此計畫主持人雖幾度易手，研究成果於2005年出版了《全人教育面面觀－理念與思維》，撰寫者為通識中心同仁，他們依據其所學專業，各自論述，企圖拼湊出「全人教育」的圖像，但是依照這計畫的標題，作為研究成果，該書內容側重從神學、哲學、心理學與藝術等等領域來討論全人教育的「理念」，較為缺乏計畫原本標題的「學習社區總體營造」的實踐面向等相關論述。

　　直至 2008 年，中心進一步規劃全人（holistic person）思考下的「天、人、物、我」的課程架構，並從各面向定位出各類別，透過課程規劃與設計，著重培養學生應該有的各種能力與素養。若對照 1996 年與現今之「全人教育」的兩張圖（圖 2）[9]，變化不多，僅有在物學面向的類別略作調整，從原先物質實證、生物技術調整為環境倫理與生命現象。關於何謂「天」、「人」、「物」與「我」，相較以往，任教的教師試圖有更明確的指涉。

　　有關於「人學」，林治平（1996）[10]、張光正（2009）[11]、陳宏銘（2009）[12]均指出，是研究關於個體與群體的關係，在中心的網頁上，人學也明確界定為，「著眼於理解人類社會中之群體現象與互動原則」，其中含有文化、法律、社會、政治與歷史各面向，本質就是人與人的關係與群體現象的問題。在繼續討論人學的教學實踐之前，我想先提一下張光正校長對於「人學」的認知與定義。他認為「人」就是指人與他人的關係，以「中國人常說的五倫，父子、君臣、夫妻、兄弟、朋友」，接著，他引用李國鼎的話，而說「中國人的五倫真的不夠，有第六倫，稱為『群我』，也就是第六倫的關係（2009：31）」[13]。張校長的觀點很有意思，因為攸關「人學」課程的規劃、設計、教學實踐與所要達成的目標，值得更進一步討論。

　　我們可以說前述所提及之「中國人的五倫」，是屬於前現代社會中的關係模式。事實上，不論東西方，個人均需面對這五種關係。而所謂的第六種關係，是因應工業革命以來，已經走入現代化的社會關係型態。傳統下農業社會的社會關係，人固著於土地，乃是以熟人為基底的網絡與連帶型式，而

9　李宜涯（2009）。天人物我－中原大學通識教育的理念與實踐，中原通識面面觀。中壢：中原大學通識教育中心。

10　林治平（1996）。中原大學實施全人教育之理念與實踐之研究，全人教育國際學術研討會論文集。台北：財團法人基督教宇宙光傳播中心出版社，頁 349-393。

11　張光正（2009）中原大學全人教育的理念與內涵。收錄於李宜涯主編，中原通識面面觀。中壢：中原大學通識教育中心，頁 27-32。

12　陳宏銘（2009）。何謂人學？收錄於李宜涯主編，中原通識面面觀。中壢：中原大學通識教育中心，頁 59-64。

13　張光正（2009）中原大學全人教育的理念與內涵。收錄於李宜涯主編，中原通識面面觀。中壢：中原大學通識教育中心，頁 27-32。

當社會一邁入工業、或商業或服務型社會，人經常被迫離開故鄉的土地，人與人之間以及土地的連帶型式、本質與內容已經迥異於農業社會。現代人因為就學、因為工作，離開家鄉，在另一個城市生活，離開熟人連帶，必須在陌生的地方重新建立自己與組織，還有與他人的關係。這裡，個人（己）與「群體」（他人）的關係發展型態與本質，仍是現在進行式，甚至在網路科技進入生活後，不斷地影響我們與他人的關係。

　　更具挑戰性的是，恐怕因為現代社會民主政治的施行、各種科技與全球化的進程，反過來重新再界定過去傳統社會下的五倫關係型態，整個「人學」也因此需要從文化、法律、社會、政治與歷史各個層次來討論它。例如，「君臣」這組關係，民眾如何從「臣民」（subject）成為「公民」（citizen），西方國家曾經有很長的抗爭歷史，東亞國家雖然未必重複這段歷史，南韓、臺灣的確經歷了屬於自己時代的公民養成軌跡，這段現在進行式，也是人民作為主權主體的存在的意識過程，而它需要教育的養成。此外，性別、婚姻、親子、家庭、族群多元等關係，現今強調平等、尊重差異、多元包容的價值型態也與過去五倫有異，且這些價值受到國家法律的保障。

　　「人」的存在與他人的關係性質，不是去歷史、去脈絡化的抽象概念，而是活在具體歷史與社會變遷下的人。因此，從人學的角度來看通識中心，課程架構有了具體明顯的轉變。在 2011 年之前，人學類別分為「歷史」與「法政」兩個範疇，2011 年之後直至今日，範疇轉為向度，分別有「公民素養與社會關懷」以及「歷史思維與多元文化」，從這個轉變來看，中心的課程規劃並不離地，緊貼社會發展脈絡，與時俱進。

　　根據上述，人學的課程訓練著重在培養學生的公民素養與社會關懷。本文無法在此針對「公民」的概念加以闡述，但對民主社會而言，公民社會（civil society）重視公民的自主結社、自主性和公共的討論、自律和自我組織等特性（Habermas, 1989）[14]。社會學者認為，只有社會具有公民社會的性

---

[14] Habermas, Jürgen （1962 trans 1989）.*The Structural Transformation of the Public Sphere: An Inquiry into a category of Bourgeois Society*, Polity, Cambridge.

質，民主政治才能穩定發展，國家機器的權力因此也可以受到公民社會的監督，也使國家對個人無法濫用權力（王振寰 2009：324）[15]。

人學的課程，就在培養學生對於「公民」的權利與義務有深刻的認知，以利達到另一個「社會關懷」的向度。人學所規劃的各類課程（臺灣政治與民主、法律與現代生活、當代人權議題與挑戰、生活社會學、全球化大議題與經濟學的世界）均指向透過課程，引導學生成為民主社會時代的公民，認知個人與公共的關聯性，進而培養社會關懷的能力。

認識了中原大學通識教育中心課程規劃演化的路徑之後，本文進入主題，進一步討論本中心於 106 學年度開啟《桃園學》課群的意義、目標與操作方式。中原大學獨樹一格的全人教育，實踐策略分有天、人、物與我等四大類別，不論哪一類別，在宏觀的制度、歷史與文化脈絡，或是從微觀層次，對於人的理解，當然得從「個人」與天、與物和自身存在的環境脈絡下，才能確切的認知人存在的意義，而天人物我的取向，只是方便關注置身於宇宙、歷史與社會中的個體性（individuality）如何培養而成。

肆、跨域學習的設計

為了回應上述需要，貫徹全人教育與社區的關聯，通識中心幾位教師考慮了桃園該座城市的各項條件，在兼顧天人物我各面向，又能跨領域的學習課程，具體回應 USR 所強調的在地認同精神。我們的通識課程設計，將引導同學認識朝夕相處至少有四年的桃園，以利人與人、人與物以及人與地的情感連結，並從學習城市的過程，培養人文關懷與社會實踐的諸多可能性，唯有連結與實踐，才可能強化個人對學校與城市之間的認同與情感歸屬。

藉由課程的系統知識與有感經驗，大學四年不會只是校友生命的過客，校園與桃園、中壢的生命經驗將可成為中原人能夠攜著走的饗宴與資產。藉

---

[15]　王振寰（2009）。權力與政治體系，社會學與臺灣社會。台北：巨流。

由該課群的課程，提升個體觀察、參與社會的能力與強度，個人對於環境與社會可以進行深刻的理解後，才有能力發問、定義，甚而想像城市的各種可能性。透過社會參與的學習方式，個體也有可能對於我們生活的日常重新進行連結並創造新的連結方式，不管是與人、與物或與地的連結。

　　桃園學課群操作的方式，相當具有彈性。首先，它是 2+1 學分的設計，2 學分固定於週間的課堂。桃園學課群有四門課程：《桃學趣》、《桃花源尋寶》、《眷村文化史與桃園學》以及《藝術說桃園》。社會學專門的何彩滿老師負責《桃學趣》，專注人與社區的互動。透過觀察族群與社區，認識城市的性格。重視學生參與，側重同學的社區體驗，引導同學自主學習，培養觀察與詮釋的能力，進一步認識人與人的互動其實受到政治經濟、歷史、文化、制度、組織等結構的影響，社會、社區與城市的面貌與發展因而有異；《桃花源尋寶》則由建築系的葉俊麟老師負責，他著力於歷史建築，帶領同學挖掘城市有形與無形的文化資產；專長為生態藝術的魏立心老師，則引導同學發覺五感體驗，從自然、建築與周遭環境去發掘藝術的可能型態。由皮國立老師負責的《眷村文化史與桃園學》探究眷村形成的歷史淵源、記憶與文化資產在桃園的軌跡[16]。

　　中原大學通識教育橫跨天人物我，而城市的發展本身就包含著天人物我，居民的信仰、生活方式、節慶、鄰里間的互動等，無法就單一分別來認識，因此以城市作為教材，可以利用議題達到真正跨界的學習效能。針對某些議題，本課群可以採取四個班級共班的方式上課，讓同學可以從各種專業視角關注與分析同一議題，且同時間，幾名老師之間也可以展開交流與對話。

　　此外，所謂的 +1 學分，則是在一學期內，可彈性安排總合共 18 個小時的課程，它可以是專題工作坊，或是校外的見習與實作體驗。2+1 的深碗課程得以推行，除了中原大學大力支持通識教育外，也結合了教育部 USR 計畫與高教深耕計畫提供的教學資源。因為是深碗課程，著重在同學能夠獨立

---

[16] 皮國立教授於 2020 年 8 月起任教於中央大學，桃園學課群目前有三門課程。

思考並提問，學期中有共班、演講、校外參訪學習等活動，不僅邀請校外專家學者來分享，也將大量資源投入於同學的學習之中。因為屬於特色課程，為了維持授課品質，無法以大班（60 人）的規模形式經營，限制班級修課人數為 30 人，同時派有助教加以協助教學。

桃園學的課程目標如下：

1. 與桃園的在地連結
2. 共同發掘師生對桃園的情感經驗
3. 認識桃園的文化資產

我們盼望藉由課程操作，能夠培養學生有以下的能力：

1. 人際溝通：組員相互溝通，理解他人與社區。
2. 在地連結：自主選擇所投入的社區、發掘聚落的特色。
3. 敘事能力：透過作品，將抽象意念具體化的表達能力。
4. 資源統整：整合材料，作品概念的完整表達。
5. 創意：透過作品，述說關懷與尋找社會實踐的可能性。
6. 自主學習：學生自主發掘議題、完成作品。

課程內容分為四大部分，第一部分以議題討論為主，經常要學生想幾個問題，城市的面貌是怎麼形成？有什麼力量介入？是否有其他的可能性？引導同學進行討論，更深入了解城市面貌所牽涉的政治、文化、經濟產業、生態環境等面向的複雜性。第二部分以參訪和參與為主，啟程之前需事先對受訪地點進行了解，同學需閱讀材料，事先預備。第三部分則是學習敘事與表達，課堂上將對「參與觀察」給予簡單訓練，並介紹背後隱藏的研究倫理與責任。第四部分是提案與手作，同學需針對他們對桃園的社區或城市印象進行轉譯的過程，也就是對城市的抽象感情具體呈現在作品上，在此階段，也展現同學自主學習的能力。

桃園這座城市的興起與發展，事實上具體而微地反映了臺灣本身的歷

史。論及城市的歷史與情感歸屬的問題時，以中原大學所在地的中壢為例，我經常會從一個問題切入，就是桃園人的認同問題。我們發現當地人很少以「桃園人」自居，這與歷史上行政區域的劃分有關。從行政治理的角度來看，臺灣邁入現代化是透過日本的殖民統治，桃園的行政區域分散地被劃入新竹州或是淡水廳，這樣的現象一直到國民黨統治時代都沒有改變，桃園人，特別指的只是單單屬於桃園縣下「桃園市」的人。這情況一直到 2010 年縣市合併，五都改制後，2014 年桃園縣才以地方制度法的直轄市作為法源依據成為「桃園市」。行政區域的重劃可以很快，但是市民的情感認同並非一朝一夕可成。一個正在興起的城市，物理空間隨著土地重劃或都市更新而迥異，情感呢？因為土地的重新切割，怎麼提升與加強人與人之間的關聯性呢，這正是這城市要面對的挑戰。

伍、尋訪那些發揮社會凝聚力的社會性基礎設施

　　在《沒有人是一座孤島》這本書裡，作者 Eric Klinenberg 試著探究，以芝加哥這樣的大城市，當熱浪發生時，哪一種社區的連帶提供了互相支援的功能，乃至於有效地降低死亡人數，Klinenberg 稱這類措施為「社會性基礎設施」（social infrastructure），它不必然是硬體，有些是組織、有些事是人際之間的連結，城市透過這些基礎設施來扭轉公民社會的失溫與淡漠。這個社會性基礎設施能夠提供給民眾交流、聯繫情感，降低人際之間的藩籬，甚至提供急難時的社會救助，強化人們的向心力。社會學思維下所設計出的《桃學趣》課程（2 學分）加上《桃學趣探索》（1 學分），引導同學將眼光投注在空間、物件與人的連結，推動他們去發現桃園 13 個行政區域中，有著甚麼樣的社會性基礎設施，形塑民眾如何互動的實際場所和組織，而且這些社會基礎設施決定了社會資本能否發展起來（2021:10）[17]。

---

[17] 克林南柏格‧艾瑞克（Eric Klinenberg）、吳煒聲譯（2021）。沒有人是一座孤島：運用「社會

　　四年來的課程經營，我們的確挖掘了桃園這座城市中非常有意思的社區，他們是店家、書店、非營利組織、教會或社區協會等，因為他們的存在，大大發揮了社會凝聚力的功能，促進臺灣多元文化的發展。藉由它們，我們能夠認識社區如何使居民連結天人物我等面向，以城市為教室，認識桃園的社會性基礎設施，展現人與城市的關係。接著，我將介紹幾個常與我們課程合作的好夥伴，因為他們，拓展了師生及同學的視野，共同思考城市面對的挑戰，同時間，我們師生與桃園有了善的連結。

一、龍岡清真寺

　　As-Salāmu ʿAlaykum（祝你平安）

　　位於龍岡的清真寺作為城市資產，體現了天人物我等四個面向，首先歷經四代的建築本身反映了多樣的宗教文明，無論在有形或無形文化資產而言都有意義。事實上，空間體現了使用者的歷史，亦即人類遷徙的軌跡，龍岡清真寺的早期創立者隨著國民政府軍隊來臺，他們許多來自滇緬雲南區域，異域的孤軍歷史承載的是國共內戰顛沛流離者的記憶。儘管逃離戰火的家鄉，兒時味蕾的記憶，卻在臺灣本地創造了新的傳統與食物的滋味，美其名如「月亮蝦餅」事實上就是在地發明的「泰式料理」。過去從雲南滇緬來台的住民遷居於龍岡，因為信仰的需要，而由信徒集資加上來自各地包含馬、泰、港、澳、美、加、沙烏地、利比亞等國獲得甚多支援，終於有了自己的清真寺。目前的桃園中壢因為產業與長照的需求，有不少來自印尼的移工與新住民，清真寺服務的信眾人口除了在地人之外，有相當比例是印尼移工。

　　我們幾度帶領學生前往清真寺認識伊斯蘭文化時，總是親切地獲得柳根榮教長（阿訇「訇」，音轟，意思是教長）與臺灣清真產業品質保證協會董

性基礎設施」扭轉公民社會的失溫與淡漠；Palaces for the : How Social Infrastructure Can Help Fight Inequality, Polarization, and the Decline of Civic Life。台北：臉譜。

圖 3：教長吟唱可蘭經，也特例讓女生進入主禮拜堂，一同體驗伊斯蘭的宗教文化

事長的接待。柳教長的人生反映了人隨著信念而有的遷徙軌跡，他出生於緬
甸，讀了八年神學院後，又到埃及留學八年，最後受邀來台擔任龍岡清真寺
的教長。柳教長和藹地展現他的親和力，盡力在有限的時間裡，去除大家從
媒體得到對穆斯林文化的偏見，豐富我們對伊斯蘭文化的認識。在參觀龍岡
清真寺時，很容易一眼見到他們的盥洗室，教長順勢跟大家介紹「大淨」與
「小淨」的禮儀；也認知到穆斯林教徒禁吃四樣東西：豬肉、血液、自死的
動物，因為可能帶有病源而不潔以及非誦阿拉之名而宰殺的動物。在全球化
與市場化的世代，發展出「Halal」標誌，以及專門的協會來確保食物是潔淨
可食的；Halal的過程，除了確保潔淨，也同時避免動物被處理時所受的痛苦，
這對於食物、信仰與生態的認識，帶給我們帶來許多反思。在禮拜堂裡，教
長親自吟誦了可蘭經，我們在敬慕的誦聲中，更加專注教長的分享。他也教
導大家如何用阿拉伯語彼此問安。（拉丁字母拼音：As-Salāmu ʿAlaykum 祝你
平安；回答者 Wa Alykom As-salam 也祝你平安）。兩句阿拉伯語的問候開啟
了我們與穆斯林教徒來往的大門，也正是建立友誼的開始。

　　走出清真寺外，是有名的忠貞市場。我們給學生的作業之一，就是要他們去找一間貼有 Halal 認證的商家，觀察他們所販賣的食物與一般有何差異，並且訓練學生如何與他們訪談，進行有意義的提問。這部份體現課程設計的用意，訓練學生的敘事表達。怎麼發問？怎麼獲得受訪對象的信任？要問哪些問題？提問的底線在哪裡？該部份最大的挑戰是受到學期時間的限制，這些訓練雖然無法在一兩個鐘頭就能滿足，但至少仍需要簡單提醒研究倫理與田野觀察的技巧。為了完成忠貞市場的觀察與探索，要求同學以搭乘巴士的方式到達目的地，藉此認識桃園的交通運輸，從體驗來反省城市的動線設計；隔週則在課堂上分享他們的市場探索心得與經驗。由於並沒有規定他們分享的形式，有些同學用簡報來分享，有的同學則以影片來記錄他們完成這趟冒險的過程與心得。

　　除了認識清真寺，這堂校外體驗課程，也一併探索週遭所發展出來的市場型態、清真食物認證背後的宗教與伊斯蘭文明，知識與學習，不僅在書本，也在現場。

二、新屋百年石滬與牽罟飯

> 「為什麼我們的年輕人一定要去外面打拼，而我們不能創造一個年輕人可以發揮的舞台，讓他們願意回來呢」？
>
> ──李仁富理事長

　　新屋區臨近臺灣海峽，境內有一號稱為客家漁港的永安漁港，說是「客家」漁港，實在是因為新屋區內居民 88% 都為客家人；除了漁港，全桃園市最大的農業區也落於新屋，到訪者因此很有機會幸運地吃到新屋米特製，也是全台限定版的「乖乖」。桃園學課群與新屋愛鄉協會多年合作，每學期順應潮汐，都會安排前來體驗築石滬的過程。

　　同學依照體能略微分隊，兩三人一組，學著肩負扁擔挑著大小石頭，預備來築石滬。接著依照志工們的指示開始堆疊。在搬移石頭之時，我們也認識附著在石頭表面上的藤壺，由於驚動，不時竄出各種海洋小生物，例如小螃蟹，還有平時較少見的日本兇猛酋婦蟹、角眼沙蟹，簡直讓我們驚喜連連。

　　底下摘錄，由同學敘述堆疊石滬的經驗。

　　「石滬是以很多大的石頭堆疊而成，堆疊的方式也有講究，必須中間一顆大石頭，然後周圍至少有 7 顆石頭圍繞著，其縫隙必須呈現三角形使其更加穩固，抵抗大浪的衝擊。最後就是時間的累積，小貝類會在石頭上生長，其貝殼會一直長大與擴張，牢牢地吸著兩顆石頭間」。（建築系—羅銘凱）

　　「從這個石滬，我看見了大自然的力量，關於過去，河流由東西向更變成南北向，看見了歷史的時間軸及石滬的誕生，看見了三百五十年平埔族為生存的生命力。對於現在，我被志工媽媽的勞動力感動。他們用重建石滬來愛惜這個環境，雖然抵抗不了海水浪花的力量，卻依然堅持做這件事。」（建築系—張羨涵）

　　「新屋的石滬，我發現是以橢圓的咖啡色鵝卵石構成，與澎湖的咾咕石石滬有很大的區別，咾咕石形狀比較有機，彼此堆積起來時的相互摩擦力也比較大，所以不需要像新屋石滬這樣需要一些貝類塞在卵石之中增加連接強度，其實蠻可惜的，新屋石滬好像只剩下兩三座比較有規模看得清輪廓的⋯⋯」（建築系—賴允晨）

　　海洋捕魚技術的發達與全球化貿易加快推進的過程中，有必要留下石滬嗎？歷經三百年的歲月，目前可見的石滬只剩四口。石滬的存在固然見證了先人的生活方式，它的存在也許可以提供我們未來想像的可能性。順應著潮

圖 4：同學體驗堆疊石滬前，需先搬運不同大小的石頭

汐，漲潮時，因為堆疊的石頭會將大魚擋在石滬內，退潮時，小蝦小魚則能從石頭間的小縫隙流回大海，繼續成長，這樣的生態智慧蘊含永續發展的概念，就透過石滬啟示著後人，無疑地是我們的文化資產。

同學流汗賣力堆疊石滬後，回到已百年有餘的福星宮前，一起食用志工費心預備的「牽罟飯」。牽罟，乃是利用魚群聚集靠近海岸時，由一艘舢舨船將魚網拖到海中，另外兩端固定在岸邊，由願意參與的漁民加入，同心協力將魚網拖上岸，漁獲由這些漁民獲得。魚網裡有什麼就吃什麼，這是古早的牽罟飯。當代的牽罟飯，則強調現有當季的客家食材。我們一邊用餐也學習了這些食材的歷史。

擔任愛鄉協會理事長多年的李仁富先生，他本身是一家汽車修護廠的老闆，協會裡的志工平日其實都各有所職，但是這個愛鄉團隊，不僅是情感上對家鄉有心而已，在環境教育的專業與知識吸收方面，也一點不馬虎。為了

投入更多的社區工作，他們前後分批接受環境教育訓練，在植物生態導覽、認識藻礁以及發掘更多故鄉的故事等方面，都以全心全意的熱情投入。李仁富理事長曾說一句話讓我很感動，「為什麼我們的年輕人一定要去外面打拼，而我們不能創造一個讓年輕人可以發揮的舞台，讓他們願意回來呢？」這也許是臺灣很多社區面臨人口老化與少子化的共同處境。愛鄉協會團隊，絞盡腦汁，創意大爆發，經常有各種活動的策劃，目的都在於聚集更多的人，也讓家鄉人對新屋更有向心力。石滬的堆疊與牽罟，這些無法單人獨力完成，同學彼此互相幫忙，從活動中體驗了社區的凝聚力。

三、用音樂來連結人：Voice 聲音結社與大觀園

> 「你們知道文化是有階級的嗎？我想讓所有的人可以接觸音樂，用音樂打破階級，用音樂來串連社會的紐帶」
>
> ——陳忠敏銘

　　走入社區，主要讓同學理解，是什麼因素界定了城市與社區？是甚麼力量讓社區有活力？第二次世界大戰結束以來，臺灣城市的樣貌，在國家的經濟政策與都市計畫、市場與建商的介入下，幾乎型塑了我們的天際與視野，但除此之外，城市有沒有其他的可能性？城市需不需要美學？來自於民間團體的自發力量又要怎麼改變社區呢？

　　中原建築系館後方有個老社區，空間裡的建築物多為斜屋面、瓦頂平房，有些許閣樓，也有不少突出屋頂層的小樓閣，且錯落雜處中留有中庭，昔日是大家串門子的場所。因為房屋毫無規劃與章法似地蓋，因此走在巷弄之間，經常迷路，讓這大小其實僅有 100 坪左右的空間產生錯覺，誤以為這老眷村很大。因為歲月流逝，多數人家早已搬走，除了設計學院以外，中原師生甚至不知道竟有這一處被稱為大觀園的地方存在著。直到建築系 52 屆啟動了一項募資計畫，打算實踐他們所學的建築知識，使大觀園再生。萬事

起頭難，這第 52 屆花了不少心力清除堆積數十年的垃圾、清除已經跟老屋交纏盤根錯節的老樹；接棒的第 53 屆繼續整理出幾個可用空間，並依然以大觀園作為他們的畢展空間。

　　建築系同學之所以能夠述說著這社區的過往，其實費了不少心力做了口述歷史的訪問，同時也循線挖掘了社區裡的兩個關鍵人物，一個是人稱顧杯（台語：顧伯）的顧德偉，他就在大觀園內開設建築事務所；另一名則是聲音結社（店名：Voice）的經營者－陳忠敏銘，除了原本的迷幻搖滾等另類唱片，Voice 開枝散葉，利用這空間，開展出更多社會議題，諸如廢死、反核、法律諮詢等，紮實地連結了人與土地。

　　要在迷宮般的巷弄間找到 Voice 還不算困難，因為店門口擺著一頭叫 Nancy 的乳牛，聽說也是莫名其妙地就擺在那裏了。若非課程安排，同學多數也只是會路過，他們說缺乏勇氣推門進來。門內門外兩個世界，進來了，

圖 5：陳忠敏銘向同學說明，音樂如何串聯人的情感

音樂的風景向你展開，這是 Voice 的魅力。多年來，我們與陳忠敏銘合作，讓同學認識生活的各種可能性。Voice 的經營模式獨樹一格，陳忠敏銘不寫計畫，不從政府拿錢，按他的說法是避免被豢養，堅持走自己的路，實驗著各種合作經濟的可能模式，雖然慘澹經營，但其實 Voice 在唱片業界頗負盛名。屋內有面紅磚牆，滿滿是來過這裡表演的歌手簽名；場地雖小，但常有出色的樂團在此出道、演出。難得的是，他更願意提供空間給小樂團，比起主流樂團，他們更需要表演的舞台。他曾經反問學生：「你們知道文化是有階級的嗎？我想讓所有的人可以接觸音樂，用音樂打破階級，用音樂來串連社會的紐帶」，這是陳忠敏銘的志氣。

　　大觀園社區經由前述所提的關鍵人物以及建築系的多方努力，漸漸有更多年輕人進駐這空間，像是賣著自製甜點的大觀小弄、地下伏流、飛機維修師的老皮（做雷射切割）、資深工程師開設的咖啡跟皮件雕刻、古著店，他們在周末假日辦市集，用活動來聚集更多人。只是，很遺憾地，這幾年來，大觀園終於走向仕紳化（gentrification），雖然土地是國家的，擁有地上物所有權者的房東，在調漲房租方面可從來沒缺席。不少小店只好又更往邊緣搬移，接著清理、修繕、打造，重新再來一次。

四、望見書間

> 「工作期滿，一個離開臺灣的泰國朋友遺憾地表示對這裡的失望，來台之前，他想像臺灣是個有文化的地方，讓他勞動之餘可以看看書。原來，移工也有閱讀的需要……」
>
> 「望見書間」——林周熙

　　這是林周熙創立望見書間（South East Asian Migrant Inspired, SEAMI）的初衷，位於桃園後火車站，他希望這裡不僅是一間書店，也是友善移民工的客廳；只要是人，就有精神與心靈的需要。縮寫的 SEAMI，讀成了 See Me，語帶雙關，現今的臺灣處處可見從東南亞來的新住民或是移工，但我們看得見彼此嗎？

　　根據國發會[18]所發表的人口推估報告，臺灣到了 2025 年，將進入超高齡社會，亦即 65 歲以上的高齡人口佔有 20%，2020 年也出現所謂的死亡交叉，出生數低於死亡數，人口年齡中位數在 2020 年是 42.7 歲。少子化、高齡化的趨勢幾乎難以逆轉的情況下，我們同時需要面臨長照與產業人力的不足，並非移工需要臺灣，而是臺灣需要移工。在亞洲，日本、韓國、香港與新加坡等地都同樣遭遇人口老化與少子化的壓力，未來各國的移工政策想必非常競爭，除了政府需得制定合宜的政策之外，類似「望見書間」這類的非營利組織，扮演著重要的社會功能，加強本地人民、新住民與移工的社會紐帶，營造更少歧視更多友善的空間。

　　有一次周熙帶著紀錄片的女主角 Jasmin 一同前來，她親自述說著，移工面臨的處境、政策不足之處，在遇到不合理的雇主之下，移工的徬徨、焦躁與無奈等等。我們在教室裡，真真實實與移工朋友們面對面，挪去了偏見與不安。有幾回，周熙讓越南、印尼的新住民來跟大家介紹他們的家鄉文化，談到婚姻經營與生活適應的難處。而最為難忘的課堂相遇經驗，則是周熙臨時從內壢帶來六位菲律賓朋友，他們正處於等待轉換雇主期間。當他們走在校園時，非常興奮，言語直接透露對於「大學」場所的期待，各個眼裡閃爍著光芒。那次的交流經驗令人難忘，學生們也是相當興奮，有不少同學都說是第一次直接接觸「移工」，原本擔心語言是障礙，結果「真誠」才是交流需要的語言，他們彼此之間有了更深的認識，臺灣學生對於自遠方來台工作的朋友也更能有同理心了。

　　我們也將學生帶到桃園後站的望見書間，觀察以火車站為核心連接起來的東南亞風光。學生們發現了由鐵路局友善提供給穆斯林朋友的祈禱室，也留意到有一整條街聚集了不少印尼、泰國與越南等雜貨商店。望見書間在二樓，一樓就是個印尼雜貨店，也有餐飲，在店家主人熱情款待下，我們甚至

---

[18]　中央社記者潘姿羽《臺灣人口提前進入負成長 2025 年邁向超高齡社會》，2020.8.18 檢自 https://www.cna.com.tw/news/firstnews/202008180215.aspx

嚐了不少非常道地的印尼食物。此外，在越南新住民杜金歡女士的引導下，同學們靦腆又好奇地試穿了婚慶時的禮服，也是在穿著的過程中，發現越南女性的骨架普遍要比臺灣女性嬌小。

106 學年度的學生成果展中，有一件作品——《擁抱異鄉》，他們以三面牆營造出一個環繞的立體空間，一端牆面書寫著我們陌生的異國文字，另一端則是熟悉的中文，接連兩端的中間牆面則繫有無數的彩色粗棉線。移工、新移民早已經是桃園的一部分。易地而處，透過東南亞國家的語言與文化，這個作品充分讓我們感受到因為陌生而有的不安。我們需要彼此了解。這組作品的學生自省：「移工作品中所再現的社會，讓我們得以藉由不同文化及視角進一步認識自己」。

望見書間是家書店，但它在桃園是超越書店的存在，書間的空間雖小卻是向外開放的，這不就是城市該有的性格嗎？雖然創辦人得絞盡腦汁寫計畫

圖 6：在來自越南的新住民協助下，同學試穿越南的節慶禮服。

跟政府爭取經費,但是無論是本地或是新移民等使用者,幾乎無須付費,便可接觸不同國家的文化。人們在這裡相遇,在這裡彼此認識,減少陌生與誤會,它提供了社交場所,建構了可能的支持網絡。更進一步的,望見書間增能(empower)了本地人、新移民與移工,協助他們提升自我來改善處境。

五、「我們這裡沒有什麼好看的啦……只有稻田」──一名平鎮的老農

《桃學趣》課程的經營,究竟有沒有果效?我們很難具體拿出數字化的 KPI,但是從每學期的成果展中,學生的創意與轉譯能力著實叫人驚豔。因為修習了《桃學趣》有一名在地學生陳俊愷返鄉投入平鎮的社區工作,與社區協會總幹事巫秀淇先生一起策劃各種活動,使平鎮社區更加活絡。有一回,俊愷邀請我到平鎮參與社區協會籌劃的活動,沒想到經過社區實踐的歷練,身為醫工系的他,也能夠侃侃而談,生動地將平鎮的人文地理與歷史介紹給訪客。午後夕陽下,協會利用國家音樂廳級的美聲演唱作為連結,將美學教育帶給社區居民,於是,我們有了自然景觀與美妙的音樂所綻放出的大地天籟。

從俊愷展現的成長與實力,我決定邀請他成為《桃園學》助教,並由他與總幹事巫秀淇先生共同籌劃我們到平鎮社區的見學。猶記得第一次帶著學生到平鎮時,剛下巴士,為了確認集合地點,隨口問路,那老農看著一車巴士的學生,一臉驚奇,直回我說:「我們這裡沒有什麼好看啦……只有稻田」。

但是深入見學與體驗讓我們了解,其實平鎮社區很有特色。流經南桃園包含平鎮的老街溪,曾經因為髒亂污染而被用水泥蓋遮掩起來,這水泥蓋掀起的那一刻,河川見光,召喚著在他鄉的遊子,巫秀淇先生回應這召喚,回到家鄉,細心收集照片、文物,讓社區人了解社區事。如果不是有心人更多去尋找文件與物件,我們是否會全然忘記家鄉原來也有自己的故事呢?有文

件有物件，也有人述說與呈現，這些都需要人的串連。昔稱安平鎮，它保有過往農村的景緻以及非常特別的伯公廟。

　　見學的路線，通常分三組，同學依據其興趣可分別加入：伯公組，學生走讀平鎮的四大伯公廟，認識客家人的伯公信仰文化，其中在水圳分水之處，水汴頭伯公靜靜矗立大坑缺溪半月彎的堤防邊，已有100多年歷史，以三顆石頭搭砌而成，石塊僅有50公分高，聽說這是最早的客家土地公樣貌，上方鋪塊小紅布，與背後綠竹林相襯，具有一種古樸的美感，它是平鎮最小卻最迷人的伯公廟；其次是老陂圳路線，學生繞行八角陂塘，了解桃園臺地特色，先民如何利用等高地的智慧，將水保存下來以利灌溉，過去先人用來控制水位高低的塘涵，現已被水門代替；水圳分水處的一面紅牆嵌著安平鎮圳路圖，原來水資源分配一直是居民衝突的來源，但這不僅是閩客械鬥，也有閩閩、客客之間為了水源的爭鬥；最後則是老建物組，我們可以認識三合院的建築形式，同時也明白堂號的由來。在田埂小道行走認識老屋時，世居

圖7：學生俊愷規劃小旅行路線，帶同學認識平鎮的水圳。

於此務農，已經八十多歲的劉雙水阿水伯，熱心地導覽起來，返身跑回屋內，矯健地拿出一塊泥磚，令人大長見識！

走讀老屋群中，很容易因為保留著古色古香的三合院而駐足，入口為清水紅磚門樓，上頭寫著「千頃第」堂號，三合院的中庭常用來曝曬中藥藥材，行經此地，常能聞到藥材的香味，這間稱為黃復興號的老藥舖，是北部藥材的大批發商。2020年雖有疫情，幸好臺灣不嚴重，大家在留意防疫的前提下，依然前往平鎮，季節正由春轉夏，黃復興號順應節氣，慷慨提供七種藥材，教導同學認識藥材名稱，並且還能製作屬於自己的防蚊藥包。

除了防蚊藥包，我們也在秀淇老家的小紅樓庭園裡，發現有很多的洛神花，社區志工教導大家如何製作洛神花蜜餞。把洛神子去除後，先刷洗花朵，再用鹽去除苦澀味道，熱水燙過後，就可以準備用糖醃製裝罐，同學每一位都興味盎然地動手做看看。

從水汴頭伯公走回西坑伯公的這段路程，據說路寬曾有七米寬，而路面下它原是昔日運送甘蔗的鐵軌。今日西坑伯公廟對面馬路外側畫有安平陣五分車，就用來記憶這段歷史。另外也有牆面上畫有客家獅，我們才恍然大悟，原來閩客獅子的差異。相較於閩獅子的華麗、嘴型呈現弧狀，客家獅子的牙齒是方形，獅身也顯得較樸素。

除了俊愷，另一名學生范怡婷自小在八德成長，坦言若非參與桃園學課程，恐怕也少有機會造訪平鎮。怡停在期末成果展的作品中，充分發揮自己的水彩手繪才華，被平鎮社區總幹事發現，她接受邀請，與平鎮社區一起協力製作了精采的地景年曆，印製了100份，放在平鎮社區關懷據點供長者免費取用，結果大受歡迎，迅速被索取一空之外，媒體的報導相信也鼓勵了創作者。[19]

---

[19] 許偉勛（2020.12.31）。女大生手繪平鎮地景年曆，超搶手。台北：自由時報。檢自 https://news.ltn.com.tw/news/Taoyuan/paper/1422433

六、USR －啟動同學認識航空與二戰歷史的起點

　　被稱為國門的桃園，除了是國際班機起降而進出臺灣的城市，近來由於城市規劃也被稱為航空城，然而，究竟與桃園相關的航空歷史，我們知道多少呢？藉由中原大學所執行之「團結經濟、文化夥伴－桃園大海社區文化創生計畫」教育 USR 計畫，桃園學課群的學生有機會認識從日治時期就曾經是飛行所的大園基地，接著該基地又是在冷戰時期如何成為黑貓中隊開始的起點。教育部推動 USR 的目的之一在於回應聯合國永續發展目標（Sustainable Development Goals, SDGs），其中第 11 項的目標「永續城市與社區」，除了指涉及硬體設施的開發，社區的歷史與文化保存更是發展的關鍵基底。本課程帶領同學進一步思考，國家與資本力量結合由上而下所強力支配的城市景觀，有沒有社區參與的空間？這樣的開發，有沒有可能由下而上，呈現出歷史與文化走過城市的軌跡，多樣的文化地景如何可能？

圖 8：利用 USR 團隊研發的桌遊認
　　　識黑貓中隊的歷史

　　帶領學生進入大園航空基地，親自體驗到在地的真實衝擊及震撼，一方面他們深刻感受城市如何被國家動員，因此產了特殊的戰爭地景；另一方面透過由中原大學 USR 計畫企管系與商設系學生所開發的桌遊，認識了黑貓中隊的歷史，同時也將他們的桌遊經驗回饋給設計同學，經過不斷地交流互動，提昇遊戲的歷史深度與趣味性。

　　深入的社會參與，使學生了解構成城市地景風貌的各種力量，也進一步明白形塑城市居民的認同因素，城市的永續其實承載著歷史的縱深以及彼此居民的橫向連結，而這些也成為城市的獨特面貌。

陸、結語

　　真實的知識會喚起人們深度的情感，也醞釀人們一生的歷程。《桃學趣》，作為一門人學的課程，是否實踐了「全人教育」的理念呢？以城市為教材，整座桃園都是教學資源。推出桃園學課群，不單單在呼應只 USR 的目標與「地方學」的潮流，而是透過認識中原大學所在地的這座城市性格，更加認識自己。帶著問題意識，透過社區參與、參訪、人際互動，學生的作品展現了他們的反省與批判能力。批判若不廉價，意味著對對象已有深刻的理解並提出可能性來。師生的我們都在學習，至少先對自己的環境與社會進行理解，桃園學課群是一個開始。有了理解，也許我們可以有出路（alternative），對於城市和世界有其他可能性的想像能力，以致於讓社會與自己都變得更美善。學生的作品體現了他們的學習過程，發現城市的風貌，有國家、資本家的介入之外，自發的民間社團所迸發出的活力，才是城市的主要性格。

　　從歷史來看，一個地區會因應他的地理條件，而發展出實體與所謂的社會性基礎措施。例如桃園台地與河川的關係，就發展出埤塘來；而埤塘的挖鑿，絕非個人可以承擔，而須傾眾人之力集體完成，這裡就反映了社會的紐帶與人際關係的地景。全球化導致的極端氣候，都給各城市帶來前所未有的

挑戰。旱災缺水、洪水氾濫、過凍或過熱等等造成的災難，治理城市的舊有思維需要重新調整。如同 Klinenberg 所強調的，城市的計畫一定要整合實體和社會性基礎措施。偉大的城市是由許多的社區所組成[20]。

　　本文書寫了與我們課程常合作的龍岡清真寺、望見書間、Voice 和大觀園、新屋愛鄉協會、平鎮社區與位於航空城規劃用地的大海社區等六個社區或組織的敘述，不單單在說明課程的經營而已，我更加期待在學生的智識心靈上能夠撒下種子，讓他們從見學與體驗的過程中，發現是這些社區的人們與組織單位讓城市面貌不模糊、有風格，不論是留在這裡，或是返回家鄉，重視社會性基礎措施，加強人際之間的紐帶與支持網絡，我們可以因為社區的活力而與城市結下美好的緣分。

參考文獻

王振寰（2009）。權力與政治體系：社會學與臺灣社會。台北：巨流。

王御風（2011）。地方學的發展與挑戰。思與言 49（4 期）。台北：思與言雜誌社，31-55。

包宗和（2014）。以通識政治教育厚植公民民主素養，通識在線。台北：中華民國通識教育學會。

杜威‧約翰（John Dewey）著，薛絢譯（2019）。民主與教育（Democracy and Education）。台北：大塊文化。

李宜涯（2009）。天人物我－中原大學通識教育的理念與實踐。李宜涯主編，中原通識面面觀。中壢：中原大學通識教育中心。

克林南柏格‧艾瑞克（Eric Klinenberg）、吳煒聲譯（2021）。沒有人是一座孤島：運用「社會性基礎設施」扭轉公民社會的失溫與淡漠 Palaces

---

[20] 克林南柏格‧艾瑞克（Eric Klinenberg）、吳煒聲譯（2021）。沒有人是一座孤島：運用「社會性基礎設施」扭轉公民社會的失溫與淡漠 Palaces for the : How Social Infrastructure Can Help Fight Inequality, Polarization, and the Decline of Civic Life。台北：臉譜。

for the : How Social Infrastructure Can Help Fight Inequality, Polarization, and the Decline of Civic Life。台北：臉譜。

張光正（2009）。中原大學全人教育的理念與內涵。收錄於李宜涯主編，中原通識面面觀。中壢：中原大學通識教育中心，27-32。

林治平（1996）。中原大學實施全人教育之理念與實踐之研究。全人教育國際學術研討會論文集。台北：財團法人基督教宇宙光傳播中心出版社，349-393。

黃孝光等著（2005）。全人教育面面觀：理念與思維。台北：心理出版社。

陳宏銘（2009）。何謂人學？收錄於李宜涯主編，中原通識面面觀。中壢：中原大學通識教育中心，59-64。

顧忠華（2012）。顧老師的筆記書 I：學習社會，繁盛。台北：開學文化。2014 通識教育如何培育現代公民，通識在線。台北：中華民國通識教育學會。

Habermas, Jürgen (1962 trans 1989). *The Structural Transformation of the Public Sphere: An Inquiry into a category of Bourgeois Society*, Polity, Cambridge.

聆聽桃園：聲音行走的地景描繪

魏立心 *

壹、研究動機和行動理念

　　行動者 A 盼探討「藝術說桃園＋說桃園」課程設計中以 Soundwalk 理論為出發點，透過實作應用理論和反思實作經驗的教學法效果。同時，行動者 A 好奇學生應用 Soundwalk 理論於日常都市觀察的成果，以及學員如何用聲音建構桃園地景。因此，本行動研究經由學生實作結果和心得反評估學生對理論的理解。行動者 A 也盼「藝術說桃園＋說桃園」通識課之 Soundwalk 理論初學者的實踐成果能提供更多臺灣桃園的聲景資料，思量其如何與現有的專業都市聲景／地景研究對話。

　　行動者 A 設立「藝術說桃園＋說桃園」通識課程目標為引導學生成為敏銳、有感的環境觀察者，期待學員在更留意、欣賞和珍惜自己生活的範圍同時，加深其對桃園的感知與體悟。除了視覺藝術層面的都市觀察理論和方法，行動者 A 介紹 Soundwalk 提醒學生：聽覺也是親近和感觸桃園的一種方式。因此，Soundwalk 理論與關鍵詞彙介紹之外，行動者 A 藉由作業設計來鼓勵行動參與者應用 Soundwalk 理論於日常生活環境，體會用聽覺作為觀察環境的媒介和工具。作業設計和成果展創作更進一步培養學生有能力在進行聽覺觀察後，用藝術的手法轉譯他們的都市體驗、分享並呈現自己經歷的桃園地景。

* 　中原大學通識教育中心助理教授

貳、桃園學的緣起

　　早在西元 2006 年，行動者 A 因兼任於中原大學設計學院，結緣了中壢和中原大學師生，但再次踏入中原校園時，已相隔十年，對桃園依舊陌生。還好，在中原大學通識中心專任的第一年即受邀與中原通識中心何彩滿老師、皮國立老師和建築系葉俊麟老師一同開創本校的桃園學系列課程，行動者 A 得以親睹「千塘之鄉」，認識其歷史、藝文與族群，也因此逐漸熟悉自己工作的落腳處和其人、事、物，[1] 發現桃園的豐富人文歷史、多元文化和在地產業。桃園學成立之初衷為：教師群相攜學生踏查桃園、增進與社區互動和反思學習經驗，藉此一同認識自己求學與工作的第二家鄉、深化與其的聯結。

　　中原大學桃園學的四門深碗課程中，「藝術說桃園＋說桃園」以行動者 A 的「藝術和都市」通識課程為基礎，延伸設計出以桃園為主軸的課程。「藝術和都市」課程探討藝術、都市和日常生活的關係。授課教師強調「做中學」和「經驗中學習」，[2] 鼓勵學生將藝術理論和知識運用於日常生活環境，同時思考實作過程對自身的影響。課程內容除了提供都市行走和觀察相關的藝術史賞析、藝術理論介紹和實作體驗，教師也運用作業設計鼓勵學生走訪桃園並用攝影、地圖和文字紀錄他們的都市觀察。雖然如此，學生的活動範圍大多仍侷限在學校周邊，鮮少擴散至中壢區以外，日常的互動對象限於同儕和商家，難得有機會與在地人深入地互動。「藝術和都市」課程的延伸版，

---

[1]　其它三門課為：「桃學趣＋桃學趣探索、桃花源尋寶＋桃花源尋寶踏查、眷村文化史與桃園學＋桃學眷村文史踏察」

[2]　「做中學」意指在實作中學習，「經驗中學習」則指藉由反思實作的的歷程學習（learning through reflection on doing）。美籍哲學家、心理學家和教育改革學者 John Dewey 為「做中學」教育法的重要提倡者，請見 Dewey, J. (1916/2009). Democracy and education: An Introduction to the Philosophy of Education. New York: WLC Books, pp. 217-18. 關於「經驗中學習」，請見 Felicia, Patrick . (2011). Handbook of Research on Improving Learning and Motivation. p. 1003.

1 | 2

圖 1：108-1「桃到中原」期末成果展中，
學生運用拼貼、水彩畫和文字介紹
Soundwalk 與其關鍵概念和詞彙。
作品：姚念廷、張立人、陳泓元。圖
片：研究者提供。

圖 2：學生用 Soundwalk 串聯 108-1 學期
成果展，全班以「中壢火車站為中
心，半徑一公里的圓」為核心概念
創作的大型手工書目錄，配搭 QR
code，引領觀展者用聲音體驗每單
元的場域和情境。作品：姚念廷、張
立人、陳泓元。圖片：研究者提供

　　「藝術說桃園＋說桃園」課程彌補了此缺憾。高教深耕經費補助和深碗
課程的運作模式使四位教師共同策劃課程、課程小班制精緻教學、四門
課程合班聽特邀演講、加上「說桃園」課程多 1 學分 18 小時的實作踏查，
讓學生獲取更多的學習資源、更廣的跨領域視野，同時走進桃園各社區，
連結當地的社群、親近桃園的環境、結識社區工作者。此結合藝術、歷
史、建築和社會學領域的資源共享、講授和實作體驗教學法激發出的火
花，結集在每學期的「桃到中原」期末成果展中綻放。[3]

　　歷年的「桃到中原」成果展中，「Soundwalk 聲音行走」主題獲「藝
術說桃園＋說桃園」課程學員青睞，呈現於不同學期和各種形式的作

3　中原大學通識桃園學第一學期的成果展命名為「桃之天天」，第二學期起改為｛桃到中原｝，
　　108-2 學期因新冠狀病病毒疫情，按皮國立老建議，成果展主題加了「永保安康」副標。

品[4]。以圖一與二為例，108-1 學期的「桃到中原」手工書期末成果展可見學員姚念廷、張立人和陳泓元與組員合作的大型手工書目錄和 Soundwalk 單元。這本由 108-1 學期全體學員共同創作的手工書以「中壢火車站為中心，半徑一公里的園」為核心概念，主題包含 Soundwalk、中壢火車站歷史與結構、車站小變身、壢小故事森林、中壢警察局、中平故事館、菲衣泰。姚念廷、張立人、陳泓元和組員除了介紹 Soundwalk 與其關鍵詞（圖 1），更特別記錄下手工書中主題地點的聲音並運用 QR code 重現中壢火車站和周邊的聲景，帶領觀展者藉由聲音漫遊中壢（見圖 2）。

本文以行動研究法探討「聲音行走／漫遊」Soundwalk 理論應用於桃園學教學的效果，同時採用內容分析法閱覽、解釋此教學單元衍生出的學生作業與創作，近一步思量用此環境觀察法描繪都市地景的意涵評估 Soundwalk 對「藝術說桃園＋說桃園」課程目標的效益，同時思量其成為「桃園學」系列課程中學桃園、說桃園的一種工具。以下簡介 Soundwalk（聲音行走）、地景與都市的連結，包括 Soundwalk 理論的起源、理念、關鍵詞彙與其在臺灣的發展。其餘篇幅闡述西元 2017-2020 年間，本行動研究動機、行動場域及參與者、行動方案和教學法評鑑。

參、感官、都市察覺、聲音行走和地景

一、感官與都市察覺

提起都市環境「觀察」，多數讀者可能聯想視覺為主的觀察，雖然人類的感官亦包括聽覺，嗅覺，味覺和觸覺。德國心理學者 Fabian Hutmacher（赫馬可）（西元 2019 年）對當今社會中，視覺為強勢感知的現象提出「技術面」和「文化面」的解釋。在 "Why is Is There so Much More Research on Vision Than

---

[4] 中原大學通識桃園學期末成果展專題多以分組的方式，由學生自由選擇主題和展現形式。108 學期，四門課程以手工書呈現專題研討；108-2 學期，{藝術說桃園＋說桃園}課程期末展出主題為{桃園水文化}。

on Any Other Sensory Modality"（「為何視覺相關的多於其它感官種類？」）一文，赫馬可從「方法 - 結構解釋」（methodological-structural explanation）的觀點闡明：視覺相關研究居多的原因是，「較於其它感官的測量，目前的科技更適於視覺的研究」。依「文化面」的解釋（cultural explanation），「視覺的強勢並非永恆，而是受人為抉擇（decision making）影響下，設計出的社會形式致使。」同時，赫馬可標記約翰尼斯・谷騰堡（Johannes Gutenberg）活字版為西方文化從聽覺為主的口傳文化改變成視覺為主的閱讀文化轉捩點。因此，作者闡釋：單一普及的感官階級排序並不存在，並因歷史和文化而異。[5] 他引用 Winter et al.（西元 2018 年），Majid et al.（西元 2018 年）和 Stoller P.（西元 1984 年）的語言學研究結果：英語體系的視覺相關詞彙和視覺獨特性（unique visual words）多過其他感知類別詞彙，土耳其語和波斯語的詞彙偏重味覺，馬里（Mali）的 Dogul Dom 語和加納 Ghana 的 Siwu 語著重觸感，尼日爾的 Songhay 文化則特別重視聽覺。[6] 赫馬可提議：「視覺的強勢具文化和社會因素影響，了解此現象能提供我們機會思考未來想創造的感知環境，同時探究可研發的理論。」[7]

　　以上論述顯示，赫馬可似聯結視覺強勢現象和現代西方文化，尤其是英語體系社會的主流文化。其舉例的視覺以外的感官優勢現象皆是非英語系的

---

[5] Fabian Hutmacher.（2020）. Why Is There So Much More Research on Vision Than on Any Other Sensory Modality? *Front Psychology* Retrieved from https://www.ncbi.nlm.nih.gov/pmc/articles/PMC6787282（Nov.22,2022）.

[6] 赫馬可引用的語言學研究論文請見 Winter B., Perlman M., Majid A. (2018). Vision Dominates in Perceptual Language: English Sensory Vocabulary is Optimized for Usage. Cognition, 179, 213-220. 10.1016/j.cognition.2018.05.008; Majid A., Roberts S. G., Cilissen L., Emmorey K., Nicodemus B., O'Grady L., et al. (2018). Differential Coding of Perception in The World's Languages. Proceedings of the National Academy of Sciences, 115, 11369-11376. 10.1073/pnas.1720419115 和 Stoller P. (1984). Sound in Songhay Cultural Experience. American Ethnologist, 11, 559-570. 10.1525/ae.1984.11.3.02a00090.

[7] 筆者譯，原文 "Realizing that the dominance of the visual is socially and culturally reinforced and not simply a law of nature, gives us the opportunity to take a step back and to think about the kind of sensory environments we want to create and about the kinds of theories that need to be developed in Fabian Hutmacher. (2019). "Why Is There So Much More Research on Vision Than on Any Other Sensory Modality?" 'Abstract', Front Psychology. 10:2246.

少數民族文化。值得注意的是，於 1960 年代末期起，英語體系的美國和加拿大皆有學者開始關注聽覺的感知和都市環境中的聲音，同時運用聽覺進行系統性的都市觀察、紀錄、分析和理論發展。以下將介紹 Soundwalk 理論起源、沿展和其在美國、加拿大和臺灣的應用。

二、發現地景和聲音行走

（一）Soundwalk 理論起源與發展

　　1960 年代起，美國和加拿大不同研究領域的研究人員開始關注都市環境與聲音的連結。1967 年，波斯頓麻省理工學院（MIT）研究都市規劃的 Michael Frank Southworth 麥克・法蘭克・薩思沃思首度提出 Soundscape 一詞。Soundscape 結合英文的聲音（sound）和景觀（landscape），可稱之為「聲音景觀」或「聲音風景」，於臺灣簡稱「聲景」或「音景」。[8] 薩思沃思於其碩士論文「都市的聲音環境」（*The Sonic Environment of Cities*）探討都市設計、感官和美感的關係。[9] 薩思沃思提出設計中視覺的偏好（prejudice）以及以視覺為主的新興環境藝術。[10] 為了研發紀錄聲景的技術和語言，薩思沃思進行聲音的田野調查分析和兩次包含受試者的實驗。在田野調查和實驗中，他關注聲音的種類和質性（types and qualities），以及這些聲音的分布。薩思沃思也探究人們如何感受聲景的特性（characteristics）、都市中聲音設計的可能性和關聯（relevance）。薩思沃思結論：「聲音環境，同其它非視覺性的環境，被列入為新設計產出的一項重要面向，歸因其對視覺感知的重大影響。

---

[8]　見 Southworth, Michael. (1969). The Sonic Environment of Cities. *Environment and Behavior. 1* (1): 49-70. 與其碩士論文：根據 "Soundscape Assessment," Frontiers in Psychology, 08 November 2019, Southworth 現今為加州 UC-Berkley 都市設計榮譽教授。其中名筆者譯為麥克・法蘭克・薩思沃思 https://www.frontiersin.org/articles/10.3389/fpsyg.2019.02514/full Soundscape 的中文翻譯、定義和解說請見黃明哲「音景」環境科學大辭典，國家教育研究院雙語詞彙、學術名詞暨辭書資訊網（2002.02）http://terms.naer.edu.tw/detail/1318165/

[9]　*The Sonic Environment of Cities* 中文書名「都市的音環境」為筆者譯。

[10]　Ibid p1.

同時，聲音環境可能是一種無需視覺形式上大規模和耗費的再開發，便能增進人們享受並接受都市經濟的方式。[11] 薩思沃思對都市聲音環境的觀察和都市中的聲音設計接續影響其他聲音工作者和都市研究者。

　　1960 年代至 1970 年代初期，加拿大裔作曲家 R. Murray Schafer 呵‧莫瑞‧薛佛將薩思沃思的音景研究發揚光大。薛佛於位於溫哥華的 Simon Fraser University 西門菲莎大學發起了「世界聲景計畫」（The World Soundscape Project/WSP）。此計畫的動機歷經從「引起人們對噪音污染的關注」到「用更正向的角度和方法看待聲音」的轉變，因此薛佛於西元 1973 年發表的「環境中的音樂」（"The Music of the Environment"）一文運用文獻探討優質與劣質的聲學設計範例[12]。薛佛於西元 1977 年出版的「聲音環境和音景：世界的調音」（Our Sonic Environment and The Soundscape: The Tuning of the World）專書針對音景和 Soundwalk 聲音行走做詳細的論述。[13] 書中，薛佛提及西方文化中與聲音相關的哲學與文學、描述並歸納大自然中和都市中的聲景。為了分析聲景，薛佛提出幾個關鍵詞彙，其中，他定義 Keynote 為：「環境中通常沒被察覺聲音，並非因為它們無法被聽見，而是因為他們在認知上被過濾掉，例如：高速公路行車和冷氣空調的哼吟。」Soundmark 則指：「聲音地標，一個地方具代表性的聲音。」Sound signal 是「前景聲音（能清楚被感知的聲響）、傳達訊息和具有意涵的聲音」，例如：鬧鐘聲傳達起床的訊息、校園的鐘聲代表上課和下課。薛佛也引用法國作曲家、作家和工程師皮耶‧薛菲 Pierre Henri Marie Schaeffer 命名的 Sound object 和 Acousmatic（法文分別為 l'objet sonore 和 acousmatique）。Sound object 意指：「透過其振幅輪廓（amplitude

[11] Ibid Abstract. 筆者譯。

[12] 「世界聲景計畫」執行初期產出兩小冊教材：《新聲音地景：現代音樂教師手冊》The New Soundscape: A Handbook for the Modern Music Teacher（1969）和《噪音之書》The Book of Noise（1970）和一本加拿大噪音規章總目錄。見 "The World Soundscape Project" Retrieved from https://www.sfu.ca/sonic-studio-webdav/WSP/index.html

[13] R. Murray Schafer. (1994). Our Sonic Environment and The Soundscape: The Tuning of the World. Destiny Books: Rochester, Vermont.

envelope）可被識別的最小的聲音實體（entity）」，Acousmatic 則形容「來源不明或看不見的聲音」。[14]

　　在「聲音環境和音景：世界的調音」一書的引言，「耳證人」Earwitness 段落中，薛佛論及：「一位作家描寫的聲音，唯有「他」親身經歷並親密知曉的值得信賴。」[15] 由此可見，薛佛看親身感知、體認環境所得的聲音描述為關鍵。薛佛並在「聆聽」Listening 的章節定義 Soundwalk 聲音行走和 listening walk 聆聽行走，說明兩者的區別。薛佛認為：Listening walk 聆聽行走單純是專注於聆聽的、休閒的散步。Soundwalk 聲音行走則是運用譜本為引導，針對特定場域聲景的探索。所謂的譜本即是一張能指引聆聽者注意途中不尋常的和環境中之聲音的地圖。[16] 德裔加拿大籍的音樂家、Schafer 的「世界聲景計畫」同事，海德格・衛斯特坎培（Hildegard Westerkamp），也長期進行聲音行走研究教學與論文發表。衛斯特坎培 Westerkamp 更與其他聲音研究者於西元 1993 年共同創立世界聲音生態學論壇（World Forum for Acoustic Ecology），鑽研並出版聲景領域資訊。[17][18] 衛斯特坎培定義 Soundwalk 為：「任何主要目的為聆聽環境的短程旅行」，而且是「一種不經由麥克風、耳機和錄音設備為媒介，針對人耳和環境之間的關係之探索」。[19]

　　因此，薛佛和衛斯特坎培對 Soundwalk 的定義稍微不同，薛佛強調地圖譜本的引導，衛斯特坎培則認為主要目的為聆聽環境的短程旅行即可列

---

[14] Ibid. p8-9 (keynote, soundmark, sound signal)，129 (sound object)，acousmatic 最早由 Pierre Schaeffer 提出，見 Schaeffer, P. (1966), *Traité des objets musicaux*, Le Seuil, Paris.

[15] Ibid. p8. 原文為：「...a writer is trustworthy only when writing about sounds directly experienced and intimately known." 筆者譯。

[16] Ibid. p212-213.

[17] 見 World Forum for Acoustic Ecology 網站，https://www.wfae.net accessed August 7, 2020.

[18] 2000 至 2012 年間，衛斯特坎培擔任世界聲音生態學論壇發行的期刊「聲景」Soundscape 主編。見 Hildegard Westerkamp 個人網站 https://www.hildegardwesterkamp.ca 和 World Forum for Acoustic Ecology 網站 https://www.wfae.net；「世界聲音生態學論壇」為筆者譯。

[19] 原文為 "...Soundwalk is any excursion whose main purpose is listening to the environment." Hidegard Westercamp, "Soundwalking as Ecological Practice," November 3, 2006. Author's website, Retrieved from https://www.hildegardwesterkamp.ca/writings/writingsby/?post_id=14&title=%E2%80%8Bsoundwalking-as-ecological-practice（Jul.24,2020）。

soundwalk。根據以上詮釋，修習「藝術說桃園＋說桃園」課程的學生於課堂上認識 Soundwalk 理論和相關詞彙後進行的個人作業，過程依衛斯特坎培的觀點可歸為 soundwalk，對照薛佛的觀點，則屬於 listening walk。本文第陸大段「行動方案」介紹的學生的作業成果可當成引導 Soundwalk 的地圖譜本。Soundwalk「桃到中原」成果展作品延伸 Soundwalk 理論，結合 listening walk / Soundwalk 研究法、錄音設備和 QR code 技術引領參展者進入桃園的聲音地景。學生經由實做中運用 Soundwalk 的都市觀察法聆聽桃園，用聲音元素紀錄他們的桃園體驗、描繪桃園的風景。也可說，學生透過 Soundwalk，用聲音的角度見證、編輯桃園史。

（二）Soundwalk 在臺灣

　　聲景研究在臺灣可朔及「聲景倡議先驅、環境運動推手王俊秀」，他於「1993 年首度參與日本聲景協會，因深受其啟發，在新竹風城開始進行一系列聲景研究與田野踏查，並在 1998 年由市民票選出當地「竹塹十大音景」。王俊秀亦學習日本環境廳公開評選「日本音風景一百選」的作法，以採集各地特色聲音作為一種保存紀錄的文化資產，針對臺灣全島二十三縣市，在 2008 年提出了「音景臺灣一百選」。」2015 年，經環境教育工作者、自然作家、紀錄片編導、節目製作主持人、跨界藝術創作者范欽慧的號召，一群在臺灣對聲學研究、聲音藝術、及環境教育有使命感的人共同於三月二十一日創立「臺灣聲景協會」（Taiwan Soundscape Association）。「臺灣聲景協會」致力用聲音進行環境運動、提升公民美學素養，同時推動「寂靜山徑」的設立。「臺灣聲景協會」也從 2019 年開始，定 7 月 17 日為「臺灣聆聽日」，舉辦例如 2020 年的「聽見二林」活動，邀請民眾用聽覺認識環境。[20]「臺灣聲景協會」成立的兩年後，於中原大學修習「藝術說桃園＋說桃園」通識課的青年學子也開始用聽覺的角度認識桃園、進行聆聽／聲音行走和相關創作發表。

---

[20]　見「關於臺灣聲景協會」https://www.soundscape.org.tw/about-us/2020.07.18 讀取；「在寂靜中聽見自然的脈搏——專訪臺灣聲景協會創辦人范欽慧」，政府出版品資訊網 2021.1.14 讀取

Visual
Communication
Design

ABOUT SOUNDSCAPE
ViVo Creative Culture Workshop

Voice
Soundscape
Collection

圖 3：目目文創形象海報與標誌結合中
英文的字體設計和街道地圖。「目
目」的命名源自「聽」和「視」
中的兩個「目」。圖片：楊欽榮
Neol Yang 提供

圖 4：圓形、圓點加 V 型的目目標章
（logo）由一個人包含眼睛的側
面以及耳朵簡化圖案合成。圖片：
楊欽榮 Neol Yang 提供

　　除了「臺灣聲景協會」和中原大學「藝術說桃園＋說桃園」課程學生投
入聲景觀察和紀錄，以臺南為基地的「目目文創」也藉由聲音地景研究、收
音服務、視覺設計和網路文創行銷結合推廣都市聲景體驗與研討（圖 3）。
「目目文創」設計總監楊欽榮 Neol Yang 認為收集、整理和研究都市聲音累
積而成的資料庫將成為值得回顧的「聲」活歷史，因此發起以「湯德章紀念
公園」為圓心的方圓一公里之「歷史音街－ 1km 方圓計畫」。[21]「目目文創」
的命名和標章如其創設理念和服務內容，均結合視覺與聽覺的元素。「目目」
源自「聽」和「視」中的兩個「目」，而看似圓形，圓點加 V 型的目目標章

21　檢自目目文創臉書 https://www.facebook.com/pg/vivocc/about/?ref=page_internal ViVo Creative Workshop：
　　About 及檢自目目文創網站 https://designwork2013.wixsite.com/vivoss 中的 Director，AboutVivo 和 Mission。

logo 則由一個人包含眼睛的側面以及耳朵簡化圖案合成（圖 4）。[22] 如本文圖例所示，多數「藝術說桃園＋說桃園」學生的 Soundwalk 觀察和作品也結合「聽」和「視」的元素。

　　臺灣的聲音和設計專業人士開始重視用聲景觀察、記錄和推廣家鄉已 25 餘年，中原大學「藝術說桃園＋說桃園」通識課程學生雖是業餘聲景觀察者，他們用聲音為出發點的桃園都市觀察卻仍細膩、呈現手法滿富創意，因此，他們的聲景紀錄和對聆聽桃園過程的反思在桃園學教學法和文化紀錄層面亦具參考價值。

三、地景

　　針對地景的定義和詮釋，康旻杰（2017）的「地景敘事的詮釋與建構：臺北社子島文化地景的實驗性敘事操作」一文詳細地整理相關文獻。[23] 康旻杰引用 Meinig（西元 1979 年），Wylie（西元 2007 年）和 Hayden（西元 1996 年）提出的關鍵闡釋並比較三者的論點。首先，Meinig（西元 1979 年）探討「地景」與相關或接近的名詞，如「地理」、「環境」、「地方」、「自然」、「風景」、「地區」、「領域」等之間的差異，「論證地景並非上述任一概念，而以否定悖論方式，趨近其可能的核心意義。」例如，他指出，相較於「環境」將人看為被地域環繞的「生物」，人在「地景」中則有「觀看、詮釋、營造等過程的「文化」角色」。同時，對照「強調情感與經驗積累、內在關係網絡的「地方」，「地景」重視一種既身在其中、又維持批判距離的視角。」這種視角「不刻意聚焦於「點」狀的地方感，卻彰顯一種「連續表面」延展的感知與認知」。Wylie（西元 2007 年）更主張：「地景即親近（proximity）與距離、身體與心靈、感官浸淫與疏離觀察之間的「張力」（tension）。」Meinig（ibid.）認為因為所有的地景皆包涵「有意識的抽

22　Cite website and 筆者與楊欽榮 Noel Yang 於 2020 年 7 月 20 日書面訪談內容。
23　康旻杰（2017）。地景敘事的詮釋與建構。*地理學報*，第八十六期，頁 49-69。

身與投入、觀看與干預等文化行為」，所以所有地景皆為文化地景（cultural landscape）。Meinig 延伸說明：「文化地景試圖由地景探究其社會建構與文化表徵的作用，並觀照非直接外顯於地表，而是被文學、藝術、音像媒介等所再現的地景文本……。」[24]Hayden（西元 1996 年）也闡明，「文化地景的歷史正是地方如何被規劃、設計、營造、居住、調適、頌揚、剝奪、丟棄的故事。」（p.15）及「都市地景的研究需要同時植根於經由五官體驗地方的美學」（p.43）。[25]

總合 Meinig、Wylie 和 Hayden 的詮釋，「地景」著重人與一場域有意識的、主觀與客觀同時的互動，包含地景透過藝術文學的再現以及五感體驗地方的美學等「文化行為」。因此，Soundwalk 藉由聽覺體驗地方成為研究都市地景的工具之一，「藝術說桃園＋說桃園」通識課學生在 Soundwalk 活動中，以聽覺為出發點發現桃園都市各區人與土地互動的足跡。

肆、行動場域、方案與成果

一、聽，從中原到桃園

中原大學桃園學「藝術說桃園＋說桃園」課程的 Soundwalk 單元從教室內的講授、校園中的體驗擴展至個人作業和戶外教學時的察覺。除了行動者 A 帶領行動參與者，修習「藝術說桃園＋說桃園」的學生聆聽教學大樓教室中和校園各區域的聲音，桃園學課群見學也是學生實踐聲景觀察的好時機。歷年的戶外教學地點每學期微調，桃園學師生曾在八德埤塘生態公園、新屋石滬的海邊和三坑自然生態公園集體或獨自「聆聽桃園」。學生進行個人作業時的 Soundwalk 足跡遍佈日常生活環境和特地造訪之處，包括宿舍、學校

---

[24] Ibid. 51. 論文文獻取自：Meinig, D.W. 1979. Introduction. In *The Interpretation of Ordinary Landscapes: Geographical Essays*, ed. D.W. Meinig, 1-10. New York, Oxford: Oxford University Press.

[25] Ibid. 51. 論文文獻取自：Hayden, D. 1996. *The Power of Place: Urban Landscapes as Public History*. Cambridge, MA: MIT Press, p 15, 43.

球場和健身房、中原大學全人村旁的榕樹大道、中原夜市、中壢車站、新勢公園、莒光公園、夢幻公園、打工地點湯茶會、龍潭的大平紅橋、龍潭大池、桃園景福宮、蘆竹的星海之戀咖啡館、竹圍漁港、慈湖、蝙蝠洞和龜山陸光二村等地點。以下將介紹行動者 A 的聆聽桃園相關引導並舉例行動參與者的作業成果。

（一）聆聽中原

　　藝術說桃園＋說桃園」課程的聲景觀察從課堂開始。在講授 Soundwalk 理論前，行動者 A 先將教室的燈光調暗，請學生閉起眼睛聆聽環境的聲音 30 秒至 1 分鐘，再配合簡單起身／坐下小遊戲邀請學生回顧和分享剛剛聽到的聲音。學生反應：閉起眼睛可更專注聽覺。許多學生同時觀察到教室內與外，從明顯到微小的聲音，例如：街道上機車行駛的聲音、隔壁教室老師講課的聲音、風聲教室內天花板風扇的聲音、冷氣機的聲響、自己的呼吸聲和心跳的聲音。接續以上能使學生靜下心並打開聽覺的教室內聆聽練習，行動者 A 請學員分組、挑選不同的校園範圍與起訖點，約 15 分鐘在校園內行走和聆聽。活動完畢集合於教室，每組的學員輪流分享行走的區域和各種觀察到的聲音，全班共同建構上課時段的中原大學校園聲景。下一步便是用作業的方式引導修課的同學獨自體驗並紀錄，將行走和聆聽的場域延伸至桃園各處。

（二）聆聽桃園

　　為鼓勵學生應用 Soundwalk 理論的理念和關鍵詞彙於桃園的都市觀察，

　　行動者 A 運用作業的模式促使學生一方面擴張自己在桃園的活動範圍，另一方從聽覺的角度更加留意自處的環境。此個人作業不限字數或規格，請學生參照 Soundwalk 的定義、課堂體驗和其他範例，進行桃園市兩個地點的 Soundwalk 並記錄下列內容：

1. 兩個地方的聲音地景描述。文字記錄為基本，可融入地、錄音、照片和影像。

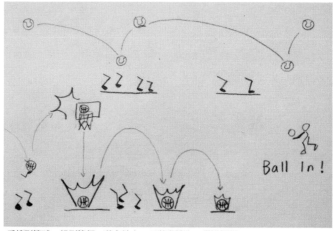

手接到籃球、投到籃板、落在地上、又落在地上，從重到輕
網球打到、過網彈起快速被打到、夾雜鞋摩擦地面、重複
手打到排球聲、掉到地上、大喊Ball in! 輕重不同各有節奏，包圍在夏蟲鳴叫中~

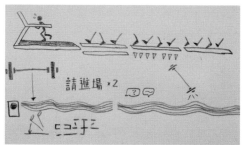

跑步機不停的連續聲，鞋子跟塑膠地板摩擦，跑步機剛開始調速的機器
聲:低 低 低低低低低，不時有金屬器材撞擊，重訓的啞鈴落地沉重
聲，喘氣、交談、腳撐不住突然放下的聲音，健身房的音樂，機器的請
進場~請進場~

圖 5：學生用圖示和符號捕捉中原大學球場和健
　　　身房的聲景，圖中的元素巧妙地表現出場
　　　景以及聲音的來源、特性和節奏。作品：
　　　江柏萱。圖片：研究者提供

2. 把自己的體驗跟 keynote、sound mark、sound signal、sound object 和 acousmatic 的至少三個名詞做連結。

3. 體驗總結和感想。以下舉四例學生的聲音行走作業內容，呈現他們詮釋桃園的「聲音地景」多元角度和形式，包括文字敘述、錄音、檔插圖、Google Maps 輔助和程式設計。

圖 6：學生運用 Google Maps 標示 Soundwalk 地點的相對位置。作品：陳巧芸。圖片：筆者提供

　　首先，江同學結合圖片、文字敘述和錄音檔紀錄中原大學學球場和健身房的聲景。除了大範圍遠處的聲音，江同學特別探索這兩個場域中，人的動作和物件所發出的細微聲音。聲音視覺化是江同學作業最具特色之處，他用圖示和符號捕捉中原大學球場和健身房的聲景，圖中的元素巧妙地表現出場景以及聲音的來源、特性和節奏（圖 5）。江同學特別提及聲景的韻律感，她表示：「球場的聲音隨著球的大小、重量、速度而不同，剛好站在三個球場中間時好像一場球類的交響樂，夏夜的微風與不停歇的蟲鳴更是增加了趣味，偶爾快速路過的火車聲好像在提醒我們打球開心也要記得回家。」相較之下，「健身房的節奏是充滿速度與重量的，此起彼落跑步機持續告訴我們這裡是健身房，不同器材的金屬聲沒有規律、時而清脆時而沉重，仔細聽還會有鞋底摩擦地面的塑膠聲，進出體育館的機器請進場像是像素一樣沒有感情，時不時滲入這個充滿熱度的空間。」江同學認為：「將感受到的聲音視覺化，結合老師課堂的名詞去思考，使了解聲音地景更容易！」[26] 利用簡

---

[26]　107-1 江同學 Soundwalk 作業。

單有效的繪圖，江同學視化她觀察到的聲音地景，結合圖片中每個符號的形狀、線條、大小和位置排列捕捉球場和健身房裡的聲音交響曲和動感。這些元素也成功地為讀者營造聲景臨場感。

　　如江同學，陳同學亦聆聽校園周邊的環境：信實宿舍公車站和全人村旁的榕樹大道。她的聲景紀錄用地圖、聲音、文字和照片呈現。首先，陳同學用 Google Maps 清楚地標示兩個地點的相對位置（圖 6），同時她兩個聆聽地點的錄音檔轉為 QR code。陳同學並詳細描述她觀察的聲景，例如：「公車站的引擎聲響、車輛警示的嗶嗶聲、陰天風大的風聲和葉子交錯相互拍打的聲音，還有被吹得滾動的鐵罐聲，以及塑膠袋摩擦的聲音。」除此之外，陳同學觀察細膩地留意到「行人來來往往，快步走過的走路聲、衣服相互摩擦的聲音、羽絨外套、傘桿撞擊地板和輪子摩擦地面的聲響，還途中一台腳踏車騎過時的金屬鍊聲。」他甚至聽到「幼稚園的裝飾護貝板的拍打聲」。對照公車站的聲景，陳同學認為全人村旁榕樹大道的聲景更加豐富。這裡的聲音觀察起於黑面麻鷺的叫聲。陳同學錄下黑面麻鷺的咕咕聲並留意途中的犬吠聲、行人的聊天的談話聲音和笑聲。她甚至察覺到塑膠袋摩擦的聲響。陳同學用風當尾聲，她回顧：「當天有一點風，所以也有聽到葉子的聲音。但風不至於大到聽見風聲。」同時，陳同學也標示出 sound mark、acousmatic、sound object 和 sound signal 四個詞彙的應用，除了 sound signal 的說明並不明確顯示她對此概念的理解，其它三項術語她都形容得貼切。

　　回顧聆聽行走體驗，陳同學反思：「平時（我）都是用眼睛去做觀察，但是將眼睛閉上，用耳朵去聽，便能聽見一些平時所忽略沒觀察到的。用心聽這個地方，就能發現一些有趣的事物。平時（我）也很少去注意校園動物，一時心血來潮坐在榕樹下才聽見了這個渾厚的嗓音，進而才開始尋找聲音的來源，才知道原來黑面麻鷺是這麼叫的。用不一樣的角度或感官，便能發掘更多新事物。」[27] 由陳同學的書寫可見：Soundwalk 作業鼓勵學生留意觀察自

---

[27]　107-2 陳同學 Soundwalk 作業。

身周圍的環境，並且發現也許一直存在，平時卻沒察覺的「新事物」。聆聽的活動豐富學生平常以視覺為主的環境探索，促進多元化的都市觀察體驗。

　　如陳同學，侯同學提及聆聽如何改變自己，特別是身心層面：「當我們專注在聆聽的當下，不知不覺呼吸會變慢，神經漸漸不那麼緊繃，心情也舒緩了，有種享受當下的美好，身體其他的感官突然間好像被一併打開，煩惱也隨之消散。」以新勢公園和莒光公園為觀察地點的侯同學，聽覺面的聲景和視覺面的「風景」，她寫道：「環境的聲音，亦如風景的視覺面，是可以有層次的（近，中，很遠很遠，存在而「一直被忽略的）。」若仔細聽，學生能察覺細微的聲響，如侯同學紀錄的「狗狗腳步聲、樹葉刮過地面聲」。她更深入思考聲景：如環境中「沒聽到也可能存在的聲音」。如以上陳同學從「渾厚的嗓音尋覓見黑面麻鷺」，侯同學從「消防車警鈴聲發現對面的消防局」、從誦經聲發現鄰近的寺廟。聲音行走能引導學生從聲音發現周遭的事物，改變其視覺影像為主的察覺經驗。學生的文字敘述透露感受其中的新奇和愉悅。[28]

　　與其多數學生結合錄音檔、地圖、照片和文字敘述的 Soundwalk 紀錄，李同學使用 Facebook 聊天機器人重現他聲音行走當下的「環境聲」。他認為：「使用聊天機器人可以讓使用者有逐步式的體驗」，比「傳統的文字加圖片一次呈現」更有趣味。李同學運用 Facebook 的外掛程式「Chatfuel」軟件製作 Chatbot，有 Facebook 的 Messenger APP 者方可進行聊天。使用者用連結或 QR-code 進入聊天後即可見聊天機器人的「邀請式開場」。點入「準備好了！」後，使用者可選擇聆聽中壢市中心的錢櫃 KTV 或中壢的火車站附近的聲景。

　　使用者點選了地點後，聊天機器人進一步連動 Google Maps，使用者可見地圖中的觀察地點和「取材時間」並再回 Chatbot 進行後續的聊天。接著，使用者可以用選單的方式重訪李同學的 Soundwalk 體驗，選擇自己想聽的 Soundwalk 理論聲音分類。點選後，使用者得以閱讀各種聲音分類的簡介和

[28] 106-2 侯同學 Soundwalk 作業 4-9。

李同學聽見此聲音的說明，同時聆聽現場的錄音檔。聽完之後可以選擇回該場所的主選單或下一個場所的聲音。兩個場所的聲音都聽完時，使用可以點選「總結和感想」，閱讀完畢時，使用者可選擇回到初始介面，從新體驗一次 Soundwalk。[29]

李同學用聊天機器人呈現的 Soundwalk 聲景紀錄雖少了其他作業中的圖文並茂感，但此手法結合新穎的程式編輯和互動模式，不只更有邏輯順序，選項方式更增加讀者的參與感。由於聊天機器人清楚地列出聲音類別，使用者得以點選並閱讀每種聲音的定義。經由點選搭配聆聽 MP3 錄音檔的動作，接續閱讀李同學對錄音檔的解釋，使用者可加深對每種聲音類別的認識。此介面適合應用於 Soundwalk 教學，值得發展為都市觀察和聲景／地景描繪的教具。

同時，桃園各區的風貌也促成多樣的聲景描繪。以竹圍漁港為例，劉同學以圖文交替如此形容桃園北部唯一的漁港：

> 在竹圍漁港的港口旁站定，認真聆聽，因為港內沒有大浪，所以只有細微的水波聲與海水拍打到船體或岸邊的聲音。因海邊風大，風呼嘯過的聲音一直充斥著整次觀察體驗。
>
> 身後是一處兒童活動區，小孩子喧鬧尖叫的聲音不絕於耳。兒童活動區內有許多販賣風箏的小販，風箏被架在竹竿上，迎風產生嘩啦啦的聲響。隱約聽到了客人與風箏店老闆講價的聲音，和人跑動的聲音。
>
> 因竹圍漁港靠近桃園機場，附近經過的飛機數量巨多，且飛行高度較低，總能聽到較大的發動機聲音。
>
> 到達海灘后，最直接的是聽到了海浪的聲音。海浪一波波沖刷過來，時遠時近，產生嘩啦啦的聲響。比較出乎意料的是，海邊居然有人在釣魚，甩桿與拋魚線的聲音都能聽見。還可以聽到人踏過海水濺起水

---

[29] 108-1 李同學 Soundwalk 聊天機器人介紹。

花的聲音，遠處似乎有一隻狗狗跑入水中，除了水花濺起的聲音，還有狗狗的悶哼，隨後還聽到了狗主人的呼喊：xx快回來！你再這樣，下次就再也不帶你出來玩了！

隨後，明顯聽到了同伴的笑聲。我們坐在沙灘上，海風捲起了細沙，能聽到沙粒流動的聲音。身旁有一家人在堆沙堡，嬉鬧聲不絕於耳。[30]

因其聆聽的桃園地景有別，劉同學的聲景描繪較前三位學生的作品更為開闊，也更加詩意。雖然以上陳同學也提及中壢中原大學內，風吹過葉子的聲音和黑面麻鷺的嗓音，但劉同學的竹圍漁港聲景紀錄多了可親近的海。海浪的聲音「時遠時近」，使讀者腦海中產生無垠大海的想像。同時，竹圍漁港的聲景也多了風箏迎風和飛機越過不同高度、可無限延伸的天。

106-1 至 108-1 學期的 Soundwalk 作業內容，尤其是 15 份最高分的作業分析顯示：允許自己充裕時間和留心觀察的學生皆能發掘桃園各處豐富的聲景，同時進行深度地反思和自我察覺。[31] 出色的作業成果皆附上錄音檔和詳細的圖文敘述，以及自我與聆聽、聲音和環境觀察的思量。針對 Soundwalk 理論的關鍵詞彙理解，雖然有時學生會將 sounds mark 和 sound signal 搞混，多數學生對 sound mark 和 sound singnal 較容易有正確的理解，而 sound object 和 acoustmatic 較常被誤用，表示後兩者概念對學生略為抽象、認知上較難理解或產生聯結。此分析結果幫助行動者 A 思索往後 Soundwalk 理論講解可分配更多時間解析 sound object 和 acoustmatic，同時運用更多的舉例闡明此兩項概念。

由於個人的時間和思維通常有限，加上行動者 A 的 Soundwalk 作業指示，使學生呈現此項聆聽桃園體驗的手法相似性高。同樣是融合聽覺體悟、錄音檔、文字敘述、視覺元素和網路科技的桃園地景描繪，如下的桃園聲景團體創作手法及成果更加多元。

30　106-1 劉同學 Soundwalk 作業內容。
31　可惜多份精彩作業內容因尚待取得學生授權，未刊登於本文。

伍、「藝術說桃園＋說桃園」成果展的聲景描繪

　　桃園學啟動的第一個學期「桃之夭夭」成果展中，便有兩組學生以聆聽桃園為主題創作。許多 106-1 班的同學，如上述走訪竹圍漁港、聽到細沙流動聲的劉同學依樣細膩地聆聽桃園。或許是自己與同組的夥伴用聽覺感知環境有所體悟，他們以自己的經驗同理班上其他同學聆聽行走的用心，決定用海報、圖示和 QR Code 聲音檔呈現全班同學經歷桃園各處聲景的動機。關於「桃園聲音結集」這件作品，劉同學寫道：「Soundwalk 的本質是聲音。在這次作品的製作過程中，我漸漸認為，我們真的應當尊重這些聲音，這些平時不易被覺察，卻真實存在著的聲音。這也正是我們決定用 QR code+H5 的形式來展示各位同學辛苦收集來的 Soundwalk 的初衷。」[32]

　　因此，劉同學和組員在桃園行政區地圖上標列出全班同學的 Soundwalk 體驗地點和錄音檔。這組同學盼觀展者掃描 QR code 後能體驗不同地點在特定時間的聲景重現。由海報可見，修習 106-1 學期「藝術說桃園＋說桃園」的 17 位同學的 Soundwalk 足跡遍布桃園市 13 個行政區中的 10 區。其中，最多學生聆聽中壢，他們平時活動的主要範圍。另外，學生造訪之處北至大園竹圍漁港，西至新屋石滬，東南至復興蝙蝠洞，也有八德埤塘生態公園和石母娘娘浣衣池，以及平鎮山仔頂公園。

　　因為學生的 Soundwalk 作業內容由聽覺為出發點，結合錄音檔和視覺描述，使桃園各區的地景描繪更加生動立體。例如：一個場景的錄音檔可對照影相紀錄，如一張照片可以用構圖、視角、光影、顏色、景深和聚焦等視覺元素引導觀眾進入某個都市環境的當下，一段錄音裡各種聲音的大小、遠近、質地、soundmark、sound signal、sound object 和 acousmatic 亦可帶領聆聽者進行都市一角、特定時段的聲景賞析。

　　除了海報呈現手法，另外四位選修 106-1 學期的「藝術說桃園＋說桃園」

---

[32]　106-1 劉同學期末製作研討會心得。

學生選擇用模型描繪她們的桃園觀察。她們的作品用鮮明的視覺元素視化桃園各處的聲景：桃園車站、龜山陸光二村與南崁溪、中壢夜市中源大戲院周遭，以及中原大學旁埤塘（今已改造為中原埤塘生態公園）。[33] 這四位學生用顏色和線條區別她們聽到的聲音，例如：聲音的強度、長度以線條長短和顏色深淺表達，車水馬龍的聲音質地、營造的感受用鋸齒型線呈現。她們運用紙板模型、簽字筆、色鉛筆、水彩手繪、新詩和照片輸出鋪陳聲景並同時融入觀眾可手動操作的元素。無論是牽動埤塘邊欲捕食綠繡眼的鳳頭蒼鷹、拉動車道下的聲波紙條移動街道上車輛、旋轉「中源戲院」螢幕和簾幔前的聲波轉盤連動上方的各式攤販，或是經桃園車站的景福宮藝陣發出的聲響，互動性的設計增加作品的可親性和趣味性，也加深觀展者的桃園聲景印象。

　　最後，108-2 學期的「桃欺郎」五人小組製作的「Soundwalk 聲音地圖」用另一種創作手法串聯全班的桃園地景觀察。他們用聲音為全班合作，以中壢火車展為中心、半徑一公里的圓為主題的大型手工書開設目錄和第一章（圖 1、2 與 7）。「桃欺郎」五人小組如此簡介他們的「Soundwalk 聲音地圖」創作理念：

> 我們利用 Soundwalk 的方式繪製中壢車站的聲音地圖，透過聲音讓人產生想像的空間，而不是依靠著別人所說的話語把中壢車站的印象刻在腦中。因為閉上眼睛，聽力的敏銳度就會提升，能使人聽出一些細微的聲音並引發想像當時正在發生的事。透過 Soundwalk，大家了解到：我們不只能用視覺和觸覺體驗生活中的藝術，還可以選擇用聆聽的方式，藉由聽覺去感受自然的美。

---

[33] 陳凱俊（2020）。又一家手繪看板戲院熄燈 39 年中源大戲院宣布歇業。鏡 Mirror Media：檢自：https://www.mirrormedia.mg/story/20200616edi009/

圖 7：「Soundwalk 聲音地圖」桃園學成果展手
工書製作，學生用傳話筒遊戲的概念聯結
聲景相關詞彙和註釋。圖片：筆者提供

處處都可以是藝術，聲音雖然渺小，卻是不可或缺的元素之一，我們
相信聽力所帶來的刺激能夠讓人們在枯燥乏味的生活中注入一股新的
活力！[34]

　　視覺方面，「桃欺郎」小組的魏同學、張同學、姚同學、陳同學和李同
學結合平面設計和 3D 元素呈現他們的創作理念。尺寸 A1 的版面上除了橘
紅和青綠的顏色對比、文字方塊拼貼和水彩畫作以外，目錄部分，火車頭和
車廂環繞中凸的「以中壢火車站為中心，半徑一公里的圓」形模型。同時，
papier mâché 紙漿建築模型和牙籤支撐的 QR code 告示牌標示出手工書各章
節的主題地標。搭配中壢火車站附近的手繪鐵軌及車道地圖，手工書目錄簡
明展示此區域交通路線。此面手工書篇幅的桃園地景描繪活潑、概念表達清
楚、視覺元素豐富。聽覺層面，「桃欺郎」的「Soundwalk 聲音地圖」版面
用棉線連結紙杯增添立體感及趣味。傳話筒遊戲、電話及電纜兩種聲波傳達
系統強調聆聽與聲音行走主題。

---

[34]　108-2「桃到中原」桃園學系列課程成果展，「桃欺郎」「Soundwalk 聲音地圖」作品說明。

　　上舉例，為創意發揮聲音行走理論於聆聽桃園之實踐作品，包含視化聲音、運用程式設計、QR code 及網頁製作網路科技描繪桃園的聲音地景。以下將評估行動者課程目設計與教學法成效。

陸、研究結果與教學法評鑑

　　中原大學「藝術說桃園＋說桃園」深碗通識課程中的 Soundwalk 單元結合理論介紹、課堂體驗、作業實踐，以及成果展創作體認聽覺層面的都市描繪。其中，聆聽校園的小組課堂體驗引導學生共同應用 Soundwalk 理論，建立其獨立執行作業的信心及基礎。106-1 至 108-2 的個人 Soundwalk 作業顯示：學生擅長觀察、紀錄聲景，以及反思聆聽桃園經驗。同時，多數學生對特定詞彙，如 sound mark 的理解及應用能力強於如 keynote、sound object 與 acousmatic 抽象性高的概念。此現象可能歸咎於部分學生欠缺類似察覺經驗或抽象思考能力，同時另行動者 A 思索如何加強課堂上的詞彙解釋和活動引導，幫助學生明白。

　　除了轉化聆聽桃園的歷程為多元形式的地景描繪，也有學生因聆聽桃園的「新」都市探索方式，思考其他感官，如嗅覺和觸覺主導，體驗桃園的可能性。中原通識桃園學系列成果展，『桃到中原』的「藝術說桃園＋說桃園」作品呈現學生的創意和統整聽覺體驗、視覺元素、文字和科技素描繪桃園的多元風貌。同時，學生的 Soundwalk 作業和成果展作品顯示：針對聲音的更多延伸敘述將豐富桃園地景描繪。以風聲為例：因風聲種類諸多，若學生能用擬聲詞形容特定風聲的質感，當下聲景的表述將更精確、更細膩。如此，讀者和觀展者便能更貼近原創作者（學生）當下的聲景體驗。

　　Soundwalk 理論介紹結合實務的做中學、經驗中學習教學法除了幫助學生用聽覺體察桃園，實務成果也幫助教學者評量學生對理論的理解及應用能力。此教學法組合適於環境體認、地方學與都市藝術等主題。

柒、結論

中原大學桃園學「藝術說桃園＋說桃園」課程融入「聲音行走」單元，為引導學生運用主導性強的視覺之外的聆聽方法體驗其身處之都市環境，用多元感官詞彙描繪桃園地景。「行走」與「聆聽」不但啟動學生的桃園五感體驗與紀錄，更開展新的桃園文化地景建構法。以上的學生作業與成果展內容亦可當作文化歷史檔案，與本文導論提及的臺灣專業 Soundwalk 活動與哲學會對話，盼增添臺灣聆聽觀察史料。即便大多數同學正式的「桃園學經驗」為期僅僅 17 週，Soundwalk 的都市環境互動方法啟發學生運用感知觀察能力和描繪環境力。

關於未來的展望，以學習者為中心，行動者 A 期待修習過「藝術說桃園」的學員能繼續嘗試用不同的角度看世界，同時秉持「聆聽行走」細膩敏銳的觀察精神、結合自身的統整力與創造力與所到之處互動。若此，他們不但能用聽覺關懷自己的生活環境，更能鼓舞身邊的人一同留心、留意欣賞和描繪環境中的豐富。從中原通識桃園學的角度，未來的挑戰則是如何在課程設計中的一個單元與每學期更換的學員中建立長期 Soundwalk 研究人力並整合研究資料、發表具系統性的研究成果。行動者 A 企盼此聆聽桃園計畫將有更多跨領域的教育研究者加入，整合各專業於桃園文化地景紀錄和呈現。

參考文獻

康旻杰（2017）。「地景敘事的詮釋與建構」。地理學報，第八十六期，頁 49-69。檢自：chrome-extension://ohfgljdgelakfkefopgklcohadegdpjf/https://webpageprod-ws.ntu.edu.tw/Download.ashx?u=LzAwMS9VcGxvYWQvMjY4L3JlbGZpbGUvMC8xNTkwMy9lODkzMmUxMC03NzkyLTRlZjgtYWI5Mi0xMzM5ZDUyNDJhOGIucGRm&n=5bq35pe75p2wX%2BWcsOaZr%2BaVmOS6i%2Be

ahOiprumHi%2BiIh%2BW7uuani%2B%2B8muiHuuWMl%2BekvuWtkOWztuaW
h%2BWMluWcsOaZr%2BeahOWvpumpl%2BaAp%2BaVmOS6i%2BaTjeS9nC5w
ZGY%3D（Jun.14.2021）

黃明哲（2002）。「音景」環境科學大辭典，國家教育研究院雙語詞彙、
學術名詞暨辭書資訊網。檢自：http://terms.naer.edu.tw/detail/1318165/
（Jul.22,2020）

陳凱俊（2020）「又一家手繪看板戲院熄燈 39 年中源大戲院宣布歇
業」鏡 Mirror Media. 2020.06.16 11: 檢自：https://www.mirrormedia.mg/
story/20200616edi009/（Mar.24,2021）

Fabian Hutmacher. (2020). Why Is There So Much More Research on Vision Than on
Any Other Sensory Modality?Front Psychology

https://www.ncbi.nlm.nih.gov/pmc/articles/PMC6787282（Oct.22,2022）

Hayden, D. 1996. *The Power of Place: Urban Landscapes as Public History*. Cambridge,
MA: MIT Press.

Meinig, D.W., ed. 1979. Introduction. In *The Interpretation of Ordinary Landscapes:
Geographical Essays*, 1-10. New York, Oxford: Oxford University Press.

Östen Axelsson1, Catherine Guastavino2 and Sarah R. Payne3 (2019). Editorial
on The Research Topic: Soundscape Assessment. *Frontiers in Psychology*
https://doi.org/10.3389/fpsyg.2019.02514 (Oct.22,2022)

Schaeffer, P. (1966). *Traité des objets musicaux*, Le Seuil, Paris.

Schafer, R. Murray. (1994). *Our Sonic Environment and The Soundscape: The Tuning of the
World*. Destiny Books: Rochester, Vermont.

Shand, Patricia. (1974). The Music of the Environment. *Canadian Music Educator. 15* (2),
5-12.

Southworth, Michael Frank. (1969). "The Sonic Environment of Cities." *Environment and
Behavior. 1* (1): 49-70. doi:10.1177/001391656900100104. hdl:1721.1/102214
https://www.sfu.ca/sonic-studio-webdav/WSP/index.html（Jul.24,2020）

Westerkamp, Hildegard. (2020). Hildegard Westerkamp: Inside the Soundscape. *Biography Website. https://www.hildegardwesterkamp.ca (Jul.24,2020)*

Ibid. (November 3, 2006). "Soundwalking as Ecological Practice." *Author's website.* https://www.hildegardwesterkamp.ca/writings/writingsby/?post_id=14&title=% E2%80%8Bsoundwalking-as-ecological-practice- 2020/7/24 讀取

World Forum for Acoustic Ecology. https://www.wfae.net (Jul.24,2020)

Wylie, J. (2007). *Landscape.* New York, Routledge.

附錄

平鎮田野箚記

巫秀淇 *

楔子

　　現今，台灣社區工作似乎已經成為顯學了！政府每年撥大筆經費投在社區工作上，從社福、社造、藝文、景觀、環境……乃至於所謂的地方創生，資源龐大，而民間的力量似乎也風起雲湧，方興未艾。觀察這二十幾年來的社區面貌，實在不得不說此時無寧是台灣百年來社區工作最鼎盛的時期了！

　　平鎮區位處桃園南區，北接中壢，南鄰龍潭，東與大溪交界，西與楊梅接壤。平鎮以前稱作安平鎮，開發起始處約位於今南平路鎮安宮（在地人稱平鎮廟）一帶，早年漢人來此地拓墾初期因與原住民爭地，迭有衝突，加之地方盜匪猖獗，治安敗壞，先民遂於今楊梅埔心高地設隘寮，僱隘勇看守，以收警衛防禦之效，治安始漸為好轉，於是逐漸形成安平鎮的地名。1920 年（日本大正 9 年）日本政府將全台灣三個字以上的鄉鎮名稱全部改成二個字，安平鎮自此改稱作平鎮。

　　這篇文字係自身做為在地蹲點多年的社區工作者，以平鎮一地為基礎，以人文、空間做為觀察社區工作的二大方向，以簡短的文字，做為溝通的媒介，提供正在參與社區工作或者有意願參與社區工作的朋友，一個思維軸線與實作的經驗參考。

虔誠

顯靈公

　　荷蘭人到底有沒有涉足過桃園？如果有，那是涉足多廣、多深？我其實不知道，但東勢庄的陳武雄老師認為是有的。

　　「顯靈公這個故事流傳好幾代人了。當時聽長一輩人的說法是，紅毛仔揹著大背包從北往南逃，行經此處，當地人認定這個紅毛仔背包裡一定藏滿了金銀財寶，非奪下不可。於是殺了紅毛、奪了背包。但是背包打開來一看，卻不過是一些換洗衣物罷了！事發後，大家害怕紅毛仔挾怨報復，於是將之隆重安葬於此地，這就是顯靈公的由來。」

1939 年生的陳武雄老師係東勢國小教務主任退休，對於東勢地方的歷史，大概沒有人比他更熟悉了，即便已年過八十，記憶力仍然十分之好。不過陳老師的故事裡面有幾個點是有趣的，例如，因為認定紅毛仔背包裡面是金銀財寶，便起而殺之？這簡直是梁山泊的盜匪行徑啊！又例如，紅毛仔一定就是荷蘭人？又再例如，這個紅毛仔之墓，怎麼會變成顯靈公呢？他真有顯靈了嗎？真有顯靈的話，那豈不是成了真真切切的洋鬼子了？我看我改天得去找陳老師再好好聊一聊！

三王公興外庄？

老人家若提到平鎮東勢的三王公廟，總會說上一句，三王公興外庄。今天，遠在湖口的北辰宮，親見神桌上明寫著「東勢三王公」，我還真不得不信老人言啊！

平鎮東勢的三王公廟，學名謂之建安宮，俗名則曰東勢廟，主祀的是開漳聖王，過去許多人提出疑問，開漳聖王不是河洛神嗎？怎麼會出現在客家庄平鎮？並且，平鎮早年的八大庄，幾乎每一個庄的大廟，都是主祀三界爺，何以東勢庄的大廟－東勢廟獨獨例外？據此，很多人直接推論平鎮東勢早年怕是河洛人來此開墾的吧！然而這個推論卻又遍尋不著任何河洛人拓墾東勢的蛛絲馬跡，問題遂糾結著許多文史研究的朋友。

有一個方向是可以探探的，當年捧著開漳聖王的牌位遠來東勢開天闢地的漳州人，是不是土生土長的漳州在地人呢？如果是，則判作河洛人大致無誤。但漳州乃千年古城，城市發展的過程中，自鄰近市鎮移入漳州成為漳州人者不知凡幾，假設，是從客家市鎮例如永定、寧化來的，那就是漳籍客家人而非河洛人了！雖然，他們可能已經不會說客語了。

至於三王公興外庄，我倒是多有訪知，三王公的靈驗確確實實令許多外地人欽服、感念啊！只是，東勢庄自己在地人反覺得意外！

「哇！三王公真的這麼靈？」

伯公！請你來看戲哦！l

　　「阿水伯，那一座伯公是不是真的很靈？他們都有在傳，有一年伯公廟火災，伯公早早就已預知，所以起大火的前一天就先跳出來跳到田裡！大家看到伯公躺在田裡，這麼靈驗，趕快又起了一間更大的伯公廟給伯公住？」

　　「哎！我偷偷跟你說不要講出去，是那個籤六彩的摃龜，一氣之下把伯公扔到田裏的，之後，憤恨未消，又再放一把火把伯公廟給燒了！」

　　「啊……真相竟然是這樣？」

　　「哎呀！這個庄頭裡的大大小小伯公，我熟的啦！」

　　「既然是這樣，我倒是要請教一下了！今天請神，坑西伯公請了庄頭裡的好多伯公來坑西看戲，連那麼遠的樟樹伯公都專程開車去請了，阿水伯您

家田頭的水汴頭伯公就在坑西伯公前面，不過就是短短一百公尺的距離，怎麼卻沒有請呢？」

　　「啊！……那麼近，明天週年慶鑼鼓喧天，祂聽到聲自己走過來看也就可以了！」

伯公！請你來看戲哦！ II

　　沿革上寫的看來不會錯，文瀾宮這伯公的名字是初建伯公廟時，地方上一個飽讀詩書的人安的，用字很有深度啊！乾隆皇帝當年編印總文字量多達八億字的四庫全書，出版後丟到全國各大圖書館，其中杭州館便是叫作文瀾閣。文瀾宮，多麼有文學氣息呀！但瀾？說穿了不過就是，這伯公位處北勢溪畔，以前就是一片爛泥地罷了！過去，大多數地方是用「湳」字來替換「爛」字，這裡更提昇了！瀾！

「木麟叔！這黃紙上面寫著文瀾宮字樣的香，請神的整個儀式中都不用點燃對嗎？」

「哦！不能點不能點，前幾年，也是這樣請神的時候，文瀾宮的香和其他幾隻點燃了的香插得太近了，結果半路上燒了起來，我們只好趕快換一隻香，重新把文瀾宮三個字寫上。等隔二天送神回來時，巷口的伯母跑過來告訴我，說她前一天晚上夢到文瀾伯公跟她說，這一次坑西伯公做戲祂完全沒有跟到！」

「嚇……這麼靈？」

伯公！請你來看戲哦！III

常言道禮尚往來！今天你收了人家的禮，改天總也是要回禮還給人家的，循這個道理，今天這些來坑西看戲的各方伯公，他日，也會請坑西伯公

到他們那兒看戲對吧？

「沒有哦！除了三界爺會請庄頭內的伯公到廟裏看戲之外，其他伯公沒有這樣辦過的哦！」

「這個庄頭就只有坑西伯公這樣？」

「是啊！」

這就奇了！論神格，坑西伯公也不是最大；論廟齡，祂也不是最老；論財力，那就排更後面了，但是固定每年都會請眾神來自己家看戲的，卻只有坑西伯公？這也太酷了吧！

「寶哥！明年是坑西卅週年，更盛大來辦理那肯定是必須的囉？」

「嘿呀！嘿呀！嘿呀！……」

「既是如此，我們來公開受理報名，讓也想跟著我們去請神的人可以參加如何？我相信，屆時，請神的隊伍就決計不只我們今天的二台車而已了！因為，這麼特別的伯公信仰文化，就我們才有啊！」

「欸！可以哦！到時候應該會很熱鬧！」

「那當然，不過……」

「不過怎樣？」

「寶哥！我們如果搞得更熱鬧，這些伯公怕是不敢再來了！」

「怎麼說？」

「哎！你每年給朋友請，讓朋友熱情招待，年復一年，但你卻從來不曾回請過朋友，你心裡會是什麼感受？伯公也是一樣的吧！哈哈！」

罐頭塔不見了？

原來，喪禮行之有年的罐頭塔已不復見了！

google 一下台灣罐頭塔的由來，原來是早年大稻埕有一個大老板葉金塗（1882-1946），曾創立泰芳商會，在台灣首創鳳梨罐頭販售，因此致富，成為一代台灣鳳梨大王。他死後，親人用鳳梨罐頭堆成塔弔祭。沒想到，一個小小的偶然竟引發了喪禮的大變革，自 1946 迄今，台灣罐頭塔大大流行，而罐頭也由鳳梨改成各式各樣的易開罐飲料。

在經歷逾七十年後，罐頭塔的文化仍在，但塔上的罐頭已換成了盒裝的白米。也是啦！這些塔擺在外頭，經常得放上好幾天，日曬雨淋的，易開罐飲料會有保鮮的問題，若是白米，就沒什麼問題，並且，在地農家種植的白米因此多了一個行銷的管道。

如此說來，這個變革很是正面啊！那麼以後，咱用語也須改一改了！不好再說罐頭塔，應該說……米塔？

眾生

老人與咖啡

「這什麼咖啡？」

「阿叔！這是曼巴！」

「好喝！好喝！」

我培養社區長者成為喝咖啡一族的詭計，貌似收效了！今日，主動向我討咖啡喝的長者不少嘿！

「儘管喝，阿叔！豆子沒了我會再帶過來！」

為什麼要鼓勵他們喝咖啡呢？為了公益？為了社區關懷？……得了吧！我哪這麼偉大呀！

我發現，喝茶之時，他們便不自覺地會聊當年勇，聊他們以前多麼辛苦，聊他們以前走過的橋是怎麼怎麼比我走過的路還要多。但喝咖啡之時，好明顯，他們便不再提當年勇了，他們會與我聊……時尚。

牙研目皺 [1]

　　在社區關懷據點煮咖啡給長者
喝，算算也有一年多的時間了！除
了一位二位真的完全不碰，絕大部
分的長者，其實已經很熟悉我幫他
們煮的曼巴的味道了！甚至有好幾
位還會追著要續杯，不過……

　　「里長伯母！看您牙研目皺
的，曼巴不合您的口味對嗎？」

　　「合！合！只是……好苦！我
可以加糖嗎？」

　　「加糖會酸哦！」

　　「那怎麼辦呢？」

　　「是的！我們還缺一些東西，爵士樂……還有 Lotus，這些都備齊後，
相信您再喝咖啡，就不會覺得苦了！哈哈！」

　　「爵士樂？ Lotus ？麼該 [2] 小？」

屎缸 [3] 伯母

　　「屎缸伯母？真的有這種神啊？亮叔！」

　　「我哪裡知道，老人家就是這樣一直傳下來的話啊！老家的屎缸，好大
一間，你應該知道吧？」

　　「我記得，小時候，我們用的是同一間屎缸啊！」

　　「這個屎缸似乎永遠都保持著滿滿的樣子，我每一次去上廁所的時候，

---

[1]　牙研目皺：客語，皺眉的樣子！
[2]　麼該：客語，什麼的意思！
[3]　屎缸：客語，糞坑！

那些糞便表面就會汩汩的冒著氣泡，翻滾著，我就以為是屎缸伯母不高興了！上個廁所都得膽戰心驚。」

「現在講起來，其實應該就是沼氣造成的吧？」

「應該是，但那個時候，小孩子哪裡懂這麼多？每一次上廁所都怕得要命，我哥就不敢上啊！然後我老爸就會帶著鋤頭到竹林底下，挖個臨時的屎缸給他用，是不是小孩子的大便比較天然還是怎樣？大便痾出來，狗立刻就會衝上來吃掉。那一次，我哥大得慢，才痾半截出來，二條爭搶著大便的紅狗跟白狗，張口就去咬，結果咬到我哥的睪丸。消息傳出去之後，鄰居都跑來探視，探視的時候，就會叫我哥把褲子脫下來讓他們看一下，鄰居每來一次，我哥的褲子就要脫一次，這樣穿穿脫脫一整天……」

「亮叔！您的描述真是生動啊！……我有點懷疑，那個遭受到不幸的孩子，該不會是你自己，不是你哥吧？」

王老先生有塊地

　　沒錯！這塊大坵田的主人老阿北真的是姓王無誤。昨天在這大坵田辦的創意稻草人活動，兵荒馬亂的，搞不好還有人熱到，但是，這塊地的景緻，真的好！

　　「欸！我這天來這裡巡田水，就看到好多人停下來一直拍照哦！不錯不錯！」

　　「那……阿北，有真的幫到你的忙，把麻雀嚇走嗎？」

　　「我看是沒什麼差！你說是稻草人把麻雀嚇走的，我看倒不如說是拍照的人嚇走的還比較差不多！」

　　「啊？」

　　「不過這真的很有意思啦！我看吼！你也不必說我稻子要收割，你就急著撤掉，不然，到時你就改綁在馬路對面，河壩的欄杆上怎麼樣？」

「這當然也是可以的。」

「那你要記得再做一個包青天、一個關公來哦！看能不能拜託這一個文的、一個武的，替我伸張正義一下！」

王老先生有塊地呀！咿呀咿呀唷！

他的要求真不少呀！咿呀咿呀唷！

阿雄

「阿雄！待會吃飽飯，我煮咖啡給你喝，休息休息好嗎？」

這位來自越南的阿雄，真的很厲害！技術好，效率高，重點是工作態度特別樂觀積極。難怪，我們家鐵工老師傅寶哥，對阿雄會那麼讚譽有加。

「欸！不用不用，我吃飽了！我直接繼續做事」

「中午吃飯休息一個小時，很自然、很正常的不是嗎？」

「欸！不用不用，我中午繼續算工時，不必休息，我吃飯不會超過 10

分鐘，5 點下班的時候，我一定也會做超過 5 點 10 分把吃飯時間補回來的」

「哇！全越南的人都像你這麼拼嗎？」

「哈哈！我也不知道！」

「哇！，台灣會不會有一天被你們越南幹掉啊？……那你先過去吧！我待會送咖啡過去給你！」

kue Lapis

這個食物真的很有趣，它算是印尼點心無誤，但據前輩說，它其實是由移民過去印尼的客家人的水粄演化來的，但名字裡面的 Kue 分明是由閩南語的「粿」轉過來的啊！所以囉！這個 Lapis 真是多元文化的結晶啊！

絹錦大姐的原鄉就是印尼，下次我一定要來開辦一堂印尼 vs 客家的料理班，請絹錦姊來當講師！

會調音的菜農

舉辦歲末健走，致贈千餘位參加者每人一包青菜，提供青菜給我的人就是劉得光兄，那時看著他開著三噸半的貨卡來，幾個少年仔跟著，車上滿滿的青蔬，我以為德光兄就是一位專職的農夫了，後來知道，他也兼任社區發展協會的理事長。但直到今天我才知道，原來他還有另外一個身份—專業的鋼琴調音師，菜農？調音師？若非親眼見，真萬難聯想在一起啊！

「以前整個大中壢所有的鋼琴酒吧，很多鋼琴都是我在顧的，那一段中壢的鋼琴史，嘿嘿！我熟的了！」

「我知道，以前復興路有一間書香門第，我去過。」

「他鋼琴也是我在顧的。」

「哇！」

「我現在手邊有一堆鋼琴的外殼，甚麼牌子的都有，你有要空間裝飾用的話，看是要平台還是直立式的，送個給你好了！」

「欸……聽起來很有趣耶！」

無招勝有招

今晚又來這家沒有店招的「吃粗飽」吃飯了，果如預期，二個孩子全都又因為覺得好吃，然後吃得太撐，正哎哎叫個不停。

雖然我叫它作新光飯店，那是因為它鄰近新光紡織廠，可它一路走來根本就沒有店招啊！但即便無招，它生意卻勝過好多有店招的餐廳，真的是異數！異數！

以前，最慣常看到的客人，大多是計程車司機、業務員，以及卡車司機。卡車司機會駐腳用餐的店家，大抵三個條件是缺一不可的，一是菜要好吃、一是出菜要快，這二個條件自不必說，再來則是須方便停卡車。這間店，很淺間，但長度卻橫跨好幾個店面，同時停二部大卡完全沒有問題，難怪會深受垂愛。

除了已提到的這些客群，近來我發現，好多移工也愛來這裡用餐嘿！這跟停不停得了卡車當然無關，那是因為菜好吃？出菜快？還是……？真的是有趣！有趣！

「阿姐！您連續做二餐，忙到晚上九點多才打烊，會不會累啊？」

「什麼二餐，我清晨五點就來店裡備料囉！那些做事的人，也要吃早餐啊！」

「媽媽咪呀！二隻小人，起立！向阿叔婆敬禮……」

我愛柯P

我是說我們社區的柯大姊，大家也叫她柯P，我愛的是這個柯P。

我們社區的這位柯P和北國的柯P不一樣，她就是中國人，遠從廣西嫁來台灣已有若干年的中國大姊，九月，社區的鼓隊成立之後，柯大姊加入了鼓隊的陣容，和大家一塊兒跟著鄭安良老師習鼓，在不住掉落的鼓聲中，我驚訝的發現，柯大姊打鼓的那個……依他們的說法……那個范兒，非常的有力道、非常的有自信、非常的閃亮啊！透過參與擊打很台灣味的鼓，柯大姊變成實實在在的台灣人了！這鼓的魔力真是巨大呀！

寶哥的一杯水主義

　　五一勞動節，寶哥難得例假，小紅樓的茄冬樹下，和著一杯咖啡，分享著屬於他的一杯水主義。這個一杯水主義，說的是寶哥的人生哲學，和俄國的一杯水主義意涵不一樣。

　　「我是沒有去細算啦！我這大半生被倒的錢，真要細算的話，加加起來早就可以另起一間樓不只了。你說我不心疼嗎？辛辛苦苦賺的，當然心疼啊！但是我一直覺得我的人生就像桌子上的這一杯水，今年如果賺得比較多，超過這杯子的水了，欸！隔年就很奇怪，會這邊虧一點，那邊不見一點；如果今年被倒錢，就像杯子裡的水變少了，說來奇怪，明年我就又會賺的比較多，把虧的給補回來。然後怎麼弄就還是這一杯水，非常靈驗，屢試不爽。到最後，賺多賺少，我就也看得開了，反正冥冥之中，自然就會有保佑，我也不去強求跟計算，我每天晚上一躺下，立刻可以睡著，沒有要牽掛的，也沒有對誰虧欠會讓我感到不安的……」

　　「唉！輸給寶哥，我常會因為牽掛許多事而睡不好。」

雷公根的故事

「唉唷！老媽！這雷公根？烏矬矬[4]啊！」

「快喝！你不是中暑了？」

「我要生你的時候，五月冬，也是中暑了，從秧地壁下回家的時候，正好看見阿叔婆割了一畚箕的雷公根，那原本是要拿給豬吃的，我跟她分了一點點過來，放在石頭上搗，把汁倒進碗裡，就像你碗裡的這樣，烏矬矬。阿叔婆一直吩咐我，這個東西很利，快生了的人千萬不能多吃，所以我也就只喝了幾口，當下就覺得有好一些了！但是沒想到，當天凌晨，你就蹦出來了！不過，可能也是因為雷公根吃得少，中暑沒有斷根，那整個月坐月子，我身體都很不舒服，幾乎每一餐都只吃了二匙淋了雞酒的飯，雞酒裡面的肉，我一塊都沒吃。過了一個禮拜，阿伯婆上來探視我的時候，你阿嬤就偷偷地跟她告狀，抱怨我怎麼都七朝了，還不肯下床幫忙洗米煮飯。等你阿伯婆走進房門，我才跟她說，我不是偷懶，我是根本生不出一點力氣下床啊！

---

[4]　烏矬矬：客語，黑漆漆的意思！

那一整個月，都沒有人來問我說怎麼雞酒一整鍋都好好的沒有動。到了第三
十一朝的時候，我踏出房門，隔壁的寡雲仔，一看到我，非常驚奇的問我怎
麼一雙腳跟鳥仔腳一樣那麼細？我把我中暑沒有斷根，身體不舒服，完全沒
食慾的事跟他說了，寡雲仔立刻把在你在竹頭下的老爸叫了過來，非常嚴厲
的斥責你老爸，是不是不要這個老婆了？一雙腳跟鳥仔腳一樣，竟然都沒有
發現，還不快點帶她去看醫生？……想起來，你寡雲伯，雖然平常看起來很
兇，但人真的很好，是個好鄰居啊！也好在他，你老爸趕忙就帶著我去龍潭
看醫生。吃完藥之後，當天晚上，我的食慾就恢復了，還連吃了好幾碗飯。」

　　「欸！老媽！這件我有牽涉在裡面的事，你竟然隔了幾十年，到現在才
跟我說？真的很不夠意思耶！」

　　「平常我哪裡會記得？是看到你在喝雷公根，我這才想起來的！」

濃烈

主委好！

　　我認識不少擔任主委職務的人，各式各樣的主委，但這位陳大哥，他的主委一職卻是相當罕見，中國青年黨桃園黨部主委，好酷吧！

　　以前國民黨在台灣一黨獨大，屬行威權統治的時候，其實也有二個花瓶政黨聊加陪襯的，青年黨即是其一。話說，青年黨創黨之時，也曾有過一番局面，老大李璜也曾頗思要有一番作為，而早期一些黨外的前輩也曾短暫棲身於青年黨，但是沒辦法，國民黨當時太強大了，僅憑極少數的幾個秀異份子，真的很難敵得過時勢。

　　這位青年黨桃園黨部主委陳東亮大哥，其實很可愛！他當時並沒有把目標擺在如何把黨部搞成擴張政治勢力的組織，反而是藉由黨部的平台籌募基金，大行扶幼濟貧的善舉，非常的非常的接地氣。

客語景觀

　　結合了興建平鎮社區活動中心的坑西伯公修建計劃，歷經二年多，終於完工了！這是一個完全由在地民眾自力捐款，沒有公家機關經費挹注的修建計劃。為了酬謝與銘記捐款人士，刻了所有捐款人姓名的碑石正式掛在伯公廟右側的外牆上了！

　　最值得一書的是，碑石標題並沒有依照傳統使用封建味很重的敬語「坑西福德宮」或是「坑西福德祠」，在地人平常既然就是以客語「坑西伯公」呼之，碑石上就這麼寫了！另外，落款記年揚棄了天干地支，也不再使用民國，直接採西元紀年，以信仰建築論，這也算是重大進步了！

　　剛修建完成的坑西伯公，在門面上創造了幾個不一樣，包含捨去傳統上土地公肯定會使用的敬稱，例如某某福德宮、某某福德祠，直接以在地人慣常說的「伯公」稱之；也包含捨去文字由右而左的慣例，改成了由左至右；也包含了在中文下方加註了客語拼音 Hang Xi Bag Gung，好友志杰說，怎麼好像到了馬來西亞的感覺。

　　坑西伯公這個做法，我猜，極有可能是全台灣眾土地公的第一次喔！

　　坑西伯公不在馬來西亞，在桃園平鎮。

小紅樓留言板

　　幾天前，留言板的黑板漆剛剛上好的時候，很多關心的話一直進來……

　　「不用做這個啦！現在大家都用 FB、用 IG、用 Line 了，誰還給你用這個粉筆留言的啊？」

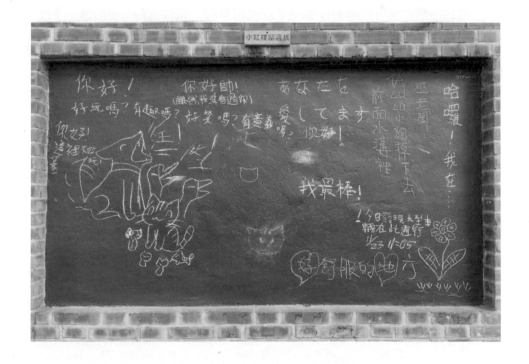

「這是在外面的路邊耶！就不怕人家亂寫一些有的沒有的嗎？」

「弄這幹嘛？到時一定亂七八糟的！」

「不要啦！你粉筆一定會被幹光的啦！」

哈哈！就當是縱容一下我這個還在無可救藥的留戀白紙黑字的傳情方式的人好啦！

平德路候車站

費時多日的平德路候車站，在社區多位伙伴的幫忙之下，今日終於「做完工」了！

蓋候車站的理由是讓出門訪親友的長者、趕赴市場賣菜的大姊、和朋友約逛街的新住民朋友……，在搭乘免費市民公車的時候，有一個遮陽避雨的所在。起初，社區伙伴的想法非常簡單，幾支 C 型鋼、幾塊鐵皮，一個半天就可以搞定的東西，一點都不必囉嗦。

可我在想，還可以有些什麼呢？社區可以有、值得有的一些什麼，把它們的元素放進來，會有什麼不同呢？

民主的小小實驗場！

近 1200 個人參加的歲末健走活動，對社區來說，壓力真的不小，所以今晚的籌備會議，儘管真的好冷，但討論仍十分熱烈，感覺好像是一家人在討論辦一場喜事那樣。

其實，也不需要太多的議事規則進來，稍微掌握一下時間，然後盡可能讓伙伴們都可以表述意見，庶乎可以矣！

在社區最老的大庄伯公前，進行的是民主生活的具體實驗與實踐。這個 FU，我喜歡！

平鎮社區遇見和平咖啡

之前，訂下帶社區的大哥大姊們拜訪和平的日子時，完全沒有注意到今天是情人節！又或者說，沒在過情人節的我，哪裡會去留意呢？

　　大哥大姊！下次你們在教訓孩子的時候，千萬別再說我也年輕過這樣的話，你們可以改說，

　　「我到過和平咖啡啦！怎樣？」

親愛的，我把國家音樂廳搬到社區來了！

　　社區的大哥哥大姊姊、阿公阿嬤，大概有好多好多人，一輩子從不曾走進過國家音樂廳欣賞一場演出吧！但如果把國家音樂廳搬到社區來呢？

　　很好奇！我們社區的大哥哥大姊姊、阿公阿嬤，悠閒的或坐或臥、或站或蹲在田裡，聽著《杜蘭朵》的公主徹夜未眠，亦或是喬瓦尼的 'O sole mio，那會是甚麼樣的光景呢？

　　試試看！試試看！

專業的小工

「阿姊，粉牆壁的功夫很專業耶！以前有練過哦？」

「哎！什麼練過？以前什麼工作我也做過，不單是泥水，包括割稻、插秧、採茶……不論是什麼工作，只要是哪裡有人欠小工，我就會去做。」

「妳爸爸這麼捨得啊？」

「捨得？我七歲就被我爸爸賣掉了，捨得？從秀才窩賣到高山頂，七百元，一歲一百，哈哈！」

「七歲？很大了耶！被賣掉的那個時候，妳應該哭死了吧？」

「這個不用說了！家裡沒有飯吃，我爸爸也就只能這麼做，只是，賣？竟然是賣給同樣也耕保留田的，一樣得辛苦討生活。有一年，大水把田沖光了，我連飯都沒得吃，只好到處找工作。」

「先生對妳好嗎？」

　　「我那老的？菸、酒、檳榔、賭博……樣樣來，以前他還活著的時候，幾十年也不曾給過我一分錢。有一次，實在手頭很緊，跟他討二千元，結果，屌XX！也沒過幾天，他就來追了！追著我討他借我的二千元。」

　　從七歲到七十歲的童養媳，真的不容易！

　　「阿姊！咖啡快一點喝，冷了！」

今之俠女

　　唐人傳奇小說裡面，《虯髯客傳》算是很膾炙人口的一篇，裏頭紅拂女這號人物，寫得鮮明動人。文章對紅拂女有不少描述，例如寫她的勇敢，大半夜的跑去找他所愛，直言「絲蘿非獨生，願托喬木」；例如寫她的高情商，搞定虯髯客，把一場可能的爭風吃醋打鬥，移轉成以兄妹相稱的和諧關係，也成就了後世稱頌的風塵三俠……此真俠女也！

　　我有時候在想，她這個角色之所以鮮明動人，恐怕仍有很大一部份原因是來自於她係「十八九佳麗人也」，一個年輕的美少女，又或者如她男朋友所觀察的「觀其肌膚、儀狀、言詞、氣性，真天人也」，不只是個美少女，

還是個氣質美少女啊！假設，這二個部份去掉了，紅拂女還會是紅拂女嗎？

　　不管如何，《虯髯客傳》是小說，寫的是二千多年前的人物、二千多年前的故事。而很幸運的，我卻認識了一位今之俠女。和二千多年前的紅拂女相比較，這位今之俠女，年逾六十，既非十八九之齡，也非佳麗，更不會是天人。這位今之俠女和紅拂女的唯一共同處是二位都姓張，我心目中的俠女—張姊。

　　張姊和紅拂女最悲催的不同，是紅拂女幸運的覓得喬木可以託付，而張姊卻遇人不淑，愛上一個敗盡家產的賭徒。

　　可是即便如此，張姊感情上傾其所有，極盡對賭徒的關懷與照顧；理智上，用其所能，守護住賭徒的最後一份家產，讓賭徒後半生的生活可免於匱乏，在這過程中，張姊飽受質疑……

　　「這個女人，怕是要吞了他的錢之後，一走了之吧？」

　　「我真要貪他家產的話，早在五年前我就可以騙到手，然後遠走高飛了！又何必挨到今日？他九十幾歲的媽媽走之前，我去看她，人已經說不出話來了，但是很用力地抓著我的手，看著我。她雖然沒有說出口，我也沒有

問出聲，但我完全知道她要跟我說的是甚麼，我跟她說她不用掛心，我會盡全力顧好她的兒子……，然後，她才鬆開手，閉上眼睛。二天後，他媽媽走了！我跟你說，我現在做的，就是在努力做到我當時對他媽媽所許下的承諾罷了。」

張姊去賭場堵人時，用的不是紅拂女的紅拂，是比七大武器之首的折凳更高一等的安全帽，揮著帽子，從樓上追打到樓下，從店裡追打到店外，打到最後，賭場眾小弟弟小妹妹，看到張姊來無不驚恐。

「唉呀呀！張姊您有這一面啊？看不出，真看不出！」

「我手頭上還留著他寫給我的悔過書，好多封呢！內容真摯感人，但內容寫得再動人又怎麼樣呢？寫完隔沒有幾天，又去賭了，我知道你很會寫文章，下次你要寫他故事的時候，我拷貝一份給你參考！」

「張姊！留著留著，等時機到了再跟您討，我會想寫，但不是寫他，我想寫您！」

沒共樣个大庄伯公

平地息風雲賡歌載道

　　鎮民循禮樂俎豆馨香

　　這是大庄伯公的伯公廟對聯，文氣濃郁，清雅而不落俗套，老實說，我很少看到伯公廟的對聯寫這麼好的。

　　為了這副對聯，過去好多年，在為大庄伯公所舉辦的相關活動中，我很努力的嘗試，可以不負這樣的文采。伯公廟前，我辦過露天電影院、辦過搖滾音樂會、辦過講座、辦過客語童謠朗誦、辦過輕旅行導覽、辦過健走；辦過各類靜態影像展；也曾協助整理空間、架設文學詩牆……。而大庄伯公也夠勁辣，修建之時，門楣上摘除了「大庄福德宮」的封建敬語，直接掛上完全緊貼生活的「大庄伯公」四個大字。

　　勁辣的還不只是這樣，今天大庄伯公，直接拔擢女性，票選鄧淑英淑英姐擔任管委會主委了。

　　夠勁啊！大庄伯公！向您獻上崇高的敬意！

哈囉！月曆送你！

　　平鎮照相館今天過了之後，就要正式熄燈，在 2020 的最後一天，報紙刊出了月曆的消息，既感歡喜，也覺感傷，這份月曆正是平鎮相館的好朋友世啟幫我做的。

　　除了跟平鎮相館有緣，跟中原大學也是，這些年，和中原大學的往來互動算是相當密切，也藉此結識了好多位中原任教的優秀老師、中原畢業的優秀年輕朋友、有念但沒畢業的優秀年輕朋友……以及還在學的優秀年輕學生。

　　他們都好有才，並且願意將所學綻放開來分享給社區。這一點，特別感謝！

　　初次遇到怡婷，是在中原大學「桃園學」課程的期末成果展現場，先是看到了怡婷的插畫作品，感覺非常喜歡，接著才看到人。當下就開了口邀請怡婷有機會的話，是不是願意到社區來……畫，畫社區。八月份社區開辦兒童夏令營，怡婷來社區帶小朋友上一堂「胸章彩繪 DIY」的課程，我總算真正認識了怡婷，面對十幾位野生動物般的孩子，怡婷所展現的耐心與溫軟，實在令人印象深刻！這也讓我對怡婷的作品有了更深一層的體會。然後才是年終，這份月曆的誕生。很可惜的是，因為經費有限，篇幅無法增大，要不然，怡婷的畫，張力會更加巨大，但說真的，我已經好喜歡了！感謝怡婷！

　　同時也要感謝這份月曆後面幾位不可或缺的人，感謝何彩滿老師，感謝陳俊愷，感謝潘世啟！

北國之春

　　說北國之春並不是無的放矢啊！

　　這個路口，是和平路與金陵路的路口，路口是一間 85 度 C，受房屋主人的邀請，踏上 85 度 C 的 5 樓樓頂，這也是我第一次站在這樣的高度俯看這個路口，85 度 C 這邊屬於平鎮區北端，過了十字路口，對面就是中壢區了！相較於中壢，以平鎮的視角看，稱北國並無違和之處。

　　雖說是 5 樓，並非高樓層，但樓頂四週沒有更高的樓房遮掩視線、遮掩日光，放眼環顧，單看著就覺舒服。

　　房屋的年輕主人是一位音樂家，他計劃要將這個近百坪的 5 樓樓頂改造成一個露天音樂廳，憑欄處搭建舞台；左側，原有的水塔移至樓梯間之後，改造成演出人員的休息室；週邊架設好燈光；廣場中間則擺放坐椅，作成觀眾席。

　　一邊聽主人描述他的構想，我的腦海就一邊浮現，暮春，日近黃昏之時，華燈初上，5 樓頂座無虛席，舞台上，一曲曲動人的旋律正飄送著……

　　跟主人商議定，之後音樂會的策辦，算我一份！

縱橫

訪久琪

　　以前做訪談，訪的對象常是白髮蒼蒼的耆老、長者……賢拜！記錄的是耆老、長者……賢拜悠遠的生命故事。這回不同，這回訪的是後生人，採擷後生人的生命故事，也聆聽他們當下的喜悅、不滿、憤怒、慨歎、感動……非常棒的訪談啊！

　　初識袁久琪，是 2003 年 2004 年的事了！因為協助和成八音團一些事，就此認識了這個團體，那個時候，感覺久琪還是個桀驁不馴的少年，極度不滿老爸雖然把團長一職改成他的名子，名曰傳承，但其實卻如乾隆皇一樣，一手大權在握。即便久琪的嗩吶、二胡吹拉功力早已備受肯定，在團裡卻仍舊還是個孩子！

　　那個時候，我們討論好久，終於建立了一些基礎的共識，之後，傳統的出團，包含婚喪喜慶，且仍是由老團長爸爸負責，而與公部門合作的計畫，嘗試

讓和成走向一個精緻的傳統藝術表演團體的方向，就由久琪來全權主導吧！

　　這樣的模式一路走到今日，經過近二十年的磨練，久琪早已獨當一面，成為整個團的核心要角！只是，我知道，這段路⋯⋯肯定辛苦！

訪忠敏

　　忠敏原來叫陳忠敏銘啊！

　　好久沒有踏進 VOICE 了，因為疫情，最近 VOICE 少有人來，但也因為這樣，我反而有了比較完整的時間可以訪忠敏，細細聽他分享屬於他的故事。

　　受訪過程中，忠敏說了好多故事，他說他大學畢業之後，打工三個月，把薪水拿去買了機票，在沒有出過國、一句日語都不會說、沒有認識任何一個住日本的人的情況下，就隻身飛東京，展開他個人式的日本複合式經營文化商店考察計畫，這個的確勇氣不小，而這勇氣，應該也是他後來開 VOICE 的基礎吧！

　　他說，初到大觀園—中原大學旁的舊眷村開設 VOICE 時，每天都會拿著一根掃帚，從店門口一路掃到巷子底，每天掃每天掃，終而引起了眷村阿公阿嬤的注意，甚至引動了許多阿公阿嬤也開始掃地，並且不是僅僅只有自

掃門前雪。

忠敏也說，為了實踐複合式的文化創意商店經營模式，從唱片行、咖啡館、酒吧、音樂會、書店、講座、市集⋯⋯，他投入好多好多金錢⋯⋯和心力，好辛苦！但也很高興因此結識了許多好朋友！

有一點，是我尊敬的，近二十年的蹲點，從草創初期的「革命」，到現在的「VOICE」，撐持二十年，大觀園眷村的許多房舍已倒塌、許多眷村阿公阿嬤已離世，但忠敏還在！VOICE的樂聲、咖啡香、酒味、市集的歡鬧⋯⋯還一直在！這一點，非常非常令人尊敬！

我是平鎮人，不是中壢人，可是謝謝忠敏！

但忠敏其實是平鎮人不是中壢人！忠敏！記得有空時也幫幫平鎮唷！

訪何彩滿

何彩滿老師是中原大學《桃園學》課程的創辦者、先行者。

彩滿老師的原鄉其實是台中，但誠如老師自己說的，假設老師之後一直在中原待到退休的話，那麼她在桃園的時間勢必將遠遠超過台中，意思就是說，她早晚都會變成桃園人！哈哈！

　　但謔而又虐的是，宜蘭人曾經擁有過傲視全台的「宜蘭經驗」，所以宜蘭人說自己是宜蘭人時，表情是驕傲的！而台南人呢？仗著他們是古都城腳的子民，當他們說自己是台南人時，表情也是驕傲的。那麼桃園人呢？

　　「我是桃園人！」

　　當我自己這麼說的時候，真心覺得，啊不過就一個事實陳述而已呀！驕何在？傲又何在？哎！……

　　彩滿老師的《桃園學》課程，不是只有她自己孤軍奮戰唷！她從不同的學術領域，分別邀請到魏老師、皮老師、葉老師一起協同作戰，課一開就是開四個班，其中有共同課程，亦有獨立課程，課程不僅僅開在校內，也親赴桃園許多在地，這樣的操作，我只能說，真的是精彩滿滿呀！

　　如果，在地的東西可以移做大學的學術養份，而大學裡的東西，亦可介入社區，陪伴、襄助社區成長，或許真的有那麼一天，「我是桃園人」也會是一句令人驕傲的美言啊！

訪成富

　　吳成富去年剛拿下全國十大神農獎喔！好厲害！他辛苦經營多年的沛芳有機農場算是開花結果了！

　　富哥跟我說他最在意的還不是拿到神農獎，而是長久以來務農總是會被媒體塑造成一個悲壯的行動，例如哪一家媒體又在報導了！某個年輕人甘願放棄百萬年薪，回鄉務農，好令人敬佩呀！又例如某個阿婆為了幫孫子籌學費，蹲在街角辛苦的賣菜，一賣就是十幾年，好可憐呀！

　　媒體的炒作行徑無非就是想說明放棄百萬年薪這件事很偉大，因為務農的都賺不了什麼錢對嗎？蹲在街角賣菜賣了十幾年？拜託！阿嬤！都十幾年了，你的孫子還沒畢業嗎？

　　為什麼不多報導一些真正就是熱愛農然後回鄉務農的人呢？沒有放棄百萬年薪的悲壯與煽情，也沒有為了兒孫賣菜的淒涼與苦情，就只是單純的因為喜歡農而務農，這就不值得稱許了嗎？

　　成富就是一個單純因為喜歡農而務農的人，他也從農的角度，讓大家知道，台灣這塊不過 3 萬 6 千多平方公里的小島，是怎麼樣在多樣性氣候以及多樣性土壤的條件下，孕育出多樣性的農產品，再加上技術的不斷提升與精進，台灣因此成為擁有傲人的優質蔬果產能的真正寶島。

　　「你可能認識你的老師、認識你的牙醫……認識很多你的誰誰誰，但你認識你的廚師、認識賣菜給你的農夫嗎？」

　　「真的不認識呀！也從來沒想過去認識」

　　「但那可是我們每天會吃下肚、攸關我們的安全……與快樂的事呀！不是嗎？」

　　為了這一點，成富和在地的餐廳、社團進行了一項金三角合作計畫，藉由在地多元族群與多元文化內涵的基礎，結合餐廳的廚師、種菜的農夫，以及導覽的老師，形成一個友善的食農鏈結，那麼你從你享用你所喜愛的多元料理中，你會知道你吃的料理是誰烹飪的、你會知道這些菜蔬是種在哪裡、你也會知道種這些菜蔬的農夫是怎麼樣的一個人、怎麼樣的一個種植方式……！嘿！光想便覺有趣了啊！

　　「以前！老人家總是要說，不讀書？那就回家務農吧！現在不是囉！現在要務農？拜託！要多讀書喔！」

　　酷哉此言！帥哉此言！富哥！

訪安良

　　若說從內在到外在而覺溫文儒雅，我看過不少四五十歲或者更年長的人有這樣的氣質，而年歲不過三十出頭者，我還真的是罕見啊！鄭安良正是這麼一位從內在到外在均覺無比溫文儒雅的年輕人。

　　之前，初邀請安良來社區教鼓的時候，心情真是忐忑難安，雖說安良拿的是美國加州藝術學院的打擊樂碩士，但是我看他所創設的鼓魯擊樂團，他和他的團員們好像都在打印度鼓嘿！而社區的鼓則是五顆傳統的梅花鼓，敢行？後來知道，我是大大外行了！梅花鼓在他手裡，倒像是整個換了新的生命一般，時而激昂、時而低吟。

　　「秀淇！我修的是世界打擊樂，印度、巴西、非洲迦納、拉丁美洲、波斯、秘魯、巴爾幹、西班牙佛朗明哥……我都親近的，更何況是我們台灣自己的鼓呢？」

　　我另外也在想，安良其實大多數的演出都是在藝術館、台北中山堂……，若是要在社區表演的話，那就只剩伯公廟埕了！而且伯公隨時人進人出唒！敢行？後來知道，即便是在伯公的廟埕，安良演出的專業自我要求以及呈現，和在藝術館、在台北中山堂，是完全一樣的。

　　後來才知道，除了溫文儒雅，安良自有屬於他自己的堅韌不移

　　安良小時候，家裡開的是雜貨店，而雜貨店本身就是社區很重要的生活聚集點，這也是很特別且有趣的生命經驗啊！難怪！安良現在在社區裡面可以那麼自在。

　　「秀淇！跟你說，我有一個想法！現在，家裡的雜貨店沒有開了！一樓租給 85 度 C，二樓是阿嬤住，三四樓我就想把它打造成一個民間的音樂中心，這裡可以提供修習音樂，經濟上比較窘迫的年輕朋友，也可以來！不用

擔心錢！而裡頭會有小房間，累了還可以安心躺下，至於頂樓，我想把它變成一個露天的音樂廳，我會規畫好演出人員的休息室、舞台、燈光、觀眾座席⋯⋯，我好希望，這裡可以四時飄盪著樂音⋯⋯」

結語：一路繁花看不盡

　　大凡論及社區工作，最常使用的即是所謂社區營造一詞，許多人總將之視作外來之物，然而，吾以為並非如此，先人是有社區營造這樣的內涵在的，一直都有，只是未曾有社造一詞冠之，當代的我們或許可以嘗試做努力，檢鍊出先人許多內蘊社造精神的美質，用當代的語言、理解方式重新建構，化作新的成長能量，我們相信！我們的社區，一定會越來越好！

作者介紹

● 何彩滿

　　中原大學通識教育中心副教授。東海大學社會學博士，曾擔任香港大學亞洲研究中心博士後研究員與榮譽助理教授。除華人家族企業研究外，亦同時從事經濟社會學、資本主義和全球化課題的研究。

● 魏立心

　　社會觀察者，13 歲起獨立周遊列國，求學於紐西蘭、英國和美國。喜歡學語言、品文化、親近大自然。熱衷藝術創作及賞析。研究興趣包括：參與式藝術、都市公共藝術、生態藝術、原住民文化、藝術與人權。美國 Ohio University 跨領域藝術博士。曾任教於國立台北藝術大學、聖約翰大學，現於中原大學通識教育中心開設藝術說桃園、藝術和都市、環境藝術、街頭行動藝術，以及生態工程與藝術的對話等課程。

● 皮國立

　　國立臺灣師範大學歷史所博士，曾任中原大學通識中心助理教授、副教授，現為國立中央大學歷史所副教授。研究興趣為中國醫療社會史、疾病史、中國近代戰爭科技、史學史等領域。著有《近代中醫的身體與思想轉型》、《臺灣日日新：當中藥碰上西藥》、《「氣」與「細菌」的近代中國醫療史》、《國族、國醫與病人：近代中國的醫療和身體》、《中醫抗菌史：近代中西醫的博弈》、《虛弱史：近代華人中西醫學的情慾詮釋與藥品文化（1912-1949）》、《跟史家一起創作：近代史學的閱讀方法與寫作技藝》等專書，另有學術論文、專書篇章、學術書評等 80 餘篇。

● 鄭政誠

　　臺灣師範大學歷史研究所博士，曾任教輔仁大學及臺南師範學院，現為中央大學歷史研究所教授兼桃園學研究中心主任、臺灣藝術史研究學會理事、《臺灣文獻》編輯委員。著有《三重埔的社會變遷》、《臨時臺灣舊慣調查會之研究》、《日治時期臺灣原住民的觀光行旅》、《殖民地時期的臺南師範學校研究》、《帝國殖民教育的佚出》等學術論著數十種。另總纂《續修桃園市志》，編纂《續修臺北市志經濟志商業金融篇》、《新修桃園縣志志首》、《梧棲鎮志》等地方志書，主編《秉筆治史：賴澤涵教授八秩壽慶論文集》、《移轉與質化：桃園閩南文化論集》、《臺灣教育史研究會通訊》、《史匯》、《兩岸發展史研究》、《桃園文獻》等學術刊物。研究興趣為近代臺灣史、區域研究與歷史教育。

● 陳康芬

　　國立東華大學中國語文學系博士。現任中原大學通識教育中心副教授暨全球客家與多元文化研究中心主任。專長領域為台灣現當代文學（含客家文學）、通俗文學、文學社會與文化理論。著有專書《詩語言的美學革命－台灣五〇、六〇年代新詩論戰與現代軌跡》（2018）、《The Societal Research of Taiwan's Anti-Communism Literature in 1950's》（2015）、《政治意識形態、文學歷史與文學敘事：台灣五〇年代反共文學研究》（2014），以及〈意識之於人工智能通識教育課程的倫理議題探究與反思價值素養〉、〈曾貴海《原鄉‧夜合》詩語言的台灣客家性建構與台灣主體認同〉（2021）等多篇論文。

● 鄭芳祥

　　1978 年生，成大中文系博士，中央中文系專案助理教授。主要關注宋代散文，近年亦在因緣際會下，接觸民間信仰、廟宇文化調查。正是這生命的

轉彎處，澆熄我自以為是知識菁英的傲氣，導正我因學術研究範圍囿限而生的偏執，讓我能自然且誠心的禮敬天地諸神，在香火繚繞、信徒駢肩的聖域中，雙手合十、鞠躬行禮。

● 巫秀淇

　　桃園平鎮人，國立政治大學政治系畢業，目前擔任桃園市社區營造協會理事長。致力於推動人與人間，以及人與土地間的親密對話，藉由社區營造的方式，走入社區，與社區的人、事、物互動，嘗試在營造一個成熟的公民社會的方向上做努力。

國家圖書館出版品預行編目

桃李成蹊：桃園文史藝術與社會研究 / 皮國立,
何彩滿, 巫秀淇, 陳康芬, 鄭芳祥, 鄭政誠, 魏
立心作. -- 初版. -- 新北市：喆閎人文工作
室, 2021.12
　　面；　公分
　ISBN 978-986-99268-2-9(平裝)

　1. 歷史 2. 人文地理 3. 桃園市

733.9/109.2　　　　　　　　110022734

桃李成蹊

——桃園文史藝術與社會研究

主　　　編／何彩滿、魏立心

作　　　者／皮國立、何彩滿、巫秀淇、陳康芬、鄭芳祥、鄭政
　　　　　　誠、魏立心

指導單位／教育部高等教育深耕計畫

策　　　劃／中原大學通識教育中心

共同策劃／教育部大學社會責任計畫《團結經濟、文化夥伴－
　　　　　　桃園大海社區文化創生計畫II-台日軍事文化創生連
　　　　　　結》

出　　　版／喆閎人文工作室

地　　　址／新北市新莊區中華路一段100號10樓

電　　　話／+886-2-2277-0675

執行編輯／楊善堯

校　　　對／黃宜焄、陳育諄

封面設計／泰有文化藝術有限公司

排版印製／秀威資訊科技股份有限公司

初版一刷／2021年12月　　定價／新臺幣450元
ISBN／978-986-99268-2-9